Nordhausen
Sondershausen
Bad
Frankenhausen
Heiligenstadt
Keula
Ebeleben
Merseburg
Mühlhausen
Weißenfels
Sömmerda
Naumburg
Bad Langensalza
Zeitz
Alten-
burg
Dornburg
Eisenberg
Eisenach
Gotha
Erfurt
Weimar
Jena
Gera
Marksuhl
Arnstadt
Rudolstadt
Schmalkalden
Ilmenau
Schwarzburg
Saalfeld
Greiz
Suhl
Meiningen
Burgk
Schleiz
Leutenberg
Schleusingen
Ebersdorf
Loben-
stein
Hildburghausen
Eisfeld
Hirschberg
Römhild
Sonne-
berg
Coburg

Residenz-Schlösser
in Thüringen

Die Deutsche Bibliothek – CIP-Einheitsaufnahme
Jacobsen, Roswitha; Bärnighausen, Hendrik (Herausgeber);
Residenz-Schlösser in Thüringen.
Kulturhistorische Porträts.
Roswitha Jacobsen, Hendrik Bärnighausen. – 1. Aufl. –
Bucha bei Jena: quartus-Verlag 1998
ISBN 3-931505-39-1

Titel und Rücktitel:
Blick zum Stadtschloß in Weimar.
Im Bildvordergrund das Reiterstandbild Großherzog Carl Augusts
(Weimar, 1997)
Fotos: Frank Naumann, Erfurt.

1. Auflage 1998

ISBN 3-931505-39-1

Einbandgestaltung, Zeichnung der Übersichten
und der Karte: Frank Naumann, AGD, Erfurt.
Layout, Satz, Lithographien: Frank Naumann, AGD, Erfurt.
Schrift: Garamond, Post Antiqua.
Belichtung, Druck: Gutenberg Druckerei GmbH Weimar.
Bindung: Großbuchbinderei Schirmer, Erfurt.

Roswitha Jacobsen · Hendrik Bärnighausen
Herausgeber

RESIDENZ-SCHLÖSSER IN THÜRINGEN

Kulturhistorische Porträts

qV
quartus-Verlag

Inhaltsverzeichnis

Die Residenz-Schlösser der Schwarzburger

Die Residenz-Schlösser der Reussen

Vorbemerkung

Thüringen zählt zu den an Burgen und Schlössern reichen Landschaften Deutschlands. Mehr oder weniger gut erhalten, geben diese Herrschaftssitze Zeugnis von den über die Jahrhunderte hinweg bestehenden und häufig auch wechselnden Territorialherrschaften. Anstelle vieler mittelalterlicher Burgen entstanden in der Frühen Neuzeit Schloßbauten. Diese „Residenzhäuser" waren Wohnstätten der herrschaftlichen Familien, zugleich aber auch administrative, wirtschaftliche und kulturelle Zentren. Immer dienten sie auch zur Repräsentation von Herrschaft. Die Pracht der Bauten und ihre prunkvolle Ausstattung im Inneren, die üppig bestückten Zeughäuser und Marställe, die Einrichtung von Kapellen und Komödiensälen, die Bücher- und Kunstsammlungen, die Anlage von Gärten und Parks vor den Schlössern, die Errichtung von Lustbauten in oft nur geringer Entfernung von ihnen – das alles bezeugt nicht nur die weitgehende Verfügungsgewalt der Landesfürsten über die materiellen und personellen Ressourcen ihrer Staaten, sondern stets auch einen kulturellen Anspruch, der mehr oder weniger ausgeprägt bei den einzelnen Herrschern und Häusern zutage tritt.

Ausgehend von der Geschichte der Schlösser diesen besonderen kulturellen Profilen nachzuspüren, ist das Anliegen der in unserem Band vereinigten Porträts von 33 Residenzschlössern. Der Band bildet damit den ersten Versuch überhaupt, Thüringer Residenzschlösser unter kulturellen Aspekten im Überblick darzustellen.

Unter „Residenzen" verstehen wir hier die Hauptherrschaftsorte der regierenden Häuser und ihrer Nebenlinien in Thüringen: der Ernestiner, der Schwarzburger, der Reußen, der Henneberger, der hessischen Landgrafen und der nur zum Teil auf thüringischem Boden liegenden albertinischen Nebenlinien, schließlich auch der kurmainzischen Statthalter in ihrer thüringischen Exklave Erfurt. Kriterium für die Auswahl der Schlösser war, daß sie als stetiger oder zumindest kurzzeitiger Hauptherrschaftsort einer Linie seit der Frühen Neuzeit genutzt wurden. Ausgeschlossen wurden alle Schlösser, die ausschließlich als Sommerresidenzen, Jagdaufenthalte oder Witwensitze gedient haben. Unbeachtet blieben auch die vielen adeligen Kleinresidenzen.

Daß sich die territoriale Zuordnung der Residenzschlösser gelegentlich problematisch darstellt, hängt mit dem über die Jahrhunderte hinweg administrativ nicht klar abgrenzbaren Begriff „Thüringen" zusammen. Am fraglichsten ist sicher die Aufnahme des albertinischen Schlosses in Merseburg, das zu keiner Zeit als thüringische Residenz verstanden werden kann. In diesem Falle haben wir dem kulturellen Zusammenhang Merseburgs mit den Schlössern in Weißenfels und Zeitz, den Residenzen der albertinischen Sekundogenituren, den Vorrang vor dem territorialen gegeben.

Dreiundzwanzig Autoren haben an dem Band mitgewirkt: Historiker, Kunsthistoriker, Germanisten, Bibliothekare, Architekten, Museologen und Archivare – sämtlich ausgewiesene Kenner der von ihnen beschriebenen Schlösser und ihrer Geschichte. Die Handschriften sind unterschiedlich, und auch die Blickwinkel sind verschiedene. Jeder einzelne Beitrag aber versucht, die bemerkenswertesten und charakteristischen Aspekte des kulturellen Lebens eines Residenzschlosses zu beschreiben. Diese können im Bereich der Architektur oder des Theaters liegen, in besonderen Formen der Religiosität oder in der Förderung der Wissenschaften und Künste. Im Ganzen entsteht ein Bild von der Vielfalt höfischer Kultur in Thüringen.

Die Herausgeber — Erfurt und Saalfeld im Juni 1998.

Die Residenz-Schlösser der Ernestiner

Das Stadtschloss in Weimar

Detlef Ignasiak

Blick auf den ältesten – die „Bastille" – und den jüngsten Teil – den erst 1913/14 errichteten Südflügel – des Weimarer Residenzschlosses. Fotografie von F. Herzer (1996).

Anstelle einer mittelalterlichen Wasserburg entstand im 15. Jahrhundert der Hornstein, der Mitte des 16. Jahrhunderts zur Hauptresidenz der Ernestiner wurde und im Zusammenhang damit Umbauten erfuhr. 1618 vernichtete ein Brand den Ostflügel, der bis 1623 wieder aufgebaut wurde. 1630 wurde die Schloßkirche geweiht. Weitere Umbauten zur Wilhelmsburg erfolgten zwischen 1651 und 1662. 1726 erhielt der Hausmannsturm eine barocke Haube. 1774 wurde das gesamte Schloß mit Ausnahme des Schloßturms und des alten Torbaus durch Feuer zerstört. Der Neuaufbau im klassizistischen Stil zur Carlsburg begann zwischen 1789 und 1803, den Westflügel baute man ab 1830 aus. 1914 wurde die Dreiflügelanlage durch den neobarocken Südflügel geschlossen.

Das Stadtschloß in Weimar ist, so wie es sich heute zeigt, weitgehend ein Bau des Klassizismus, mithin also ein Denkmal der Zeit Carl Augusts und Goethes. Das wiegt um so schwerer, da das Theatergebäude der klassischen Zeit, miterbaut von Nikolaus Friedrich Thouret, der auch am Schloß gearbeitet hat, nicht erhalten ist.
Doch spiegelt sich in dem Hauptschloß der Ernestiner in Thüringen nicht nur die Klassik. So gehen die Fundamente des 1439 fertiggestellten Hausmannsturmes vermutlich auf die schon im 10. Jahrhundert nachweisbare und als „Hus tu Wymar" bezeichnete Wasserburg, den Herrschaftssitz der Grafen von Weimar-Orlamünde, zurück. 1726 setzte Gottfried Heinrich Krohne dem Bergfried die barocke Haube auf, mit der er noch heute die Silhouette Weimars bestimmt. Auch das wuchtige, den Turm umgebende Torhaus, von einst darin wohnenden Hofdamen spöttisch „Bastille" genannt, wurde schon im 15. Jahrhundert erbaut. Es war mit seinem Renaissance-Portal der Eingang in den „Hornstein", Weimars erstem, noch burgähnlichen Schloß.

Weimar verfügt über eine bis ins frühe Mittelalter zurückreichende Residenztradition. Das Schloß legt dafür immer noch Zeugnis ab, wenn auch die in den verschiedenen Epochen errichteten Bauten immer wieder der Zerstörung anheimgefallen sind, im Mittelalter vor allem durch Belagerungen, in der Neuzeit durch verheerende Brände. Für Kontinuität spricht allein der Standort des Schlosses, das für den Kenner der thüringischen Verhältnisse immer noch eine schier unvergleichliche Aura besitzt. Wie Kirchen immer wieder an dem selben (oft schon in vorchristlicher Zeit für Kultzwecke ausgesuchten) Ort errichtet wurden, so haben auch die adeligen Herrschaftssitze selten ihren Standort gewechselt. Deshalb ist es gut möglich, daß an dem leicht erhöhten Platz an der Ilm im frühen 6. Jahrhundert schon die Thüringerkönige Hof hielten. Wirklich faßbar sind aber erst die Grafen von Weimar (ab 1139 von Weimar-Orlamünde), deren Ahnherr, ein Otto von Weimar, im 9. Jahrhundert gelebt haben soll. Ins Licht der Geschichte rückt das Geschlecht unter einem Grafen Wilhelm im Jahre 975, als auf der Weimarer Burg ein von Kaiser Otto II. einberufener Conventus magnus stattfand. Doch schon Wilhelms Sohn stand gegen die Ottonen, so daß 984 Anhänger Ottos III. das „Hus tu Wymar" belagerten wie später auch die Ekkehardinger, die landsässigen

Konkurrenten der Grafen von Weimar. 1173/74 brachten die Thüringer Landgrafen die Burg in Bedrängnis, 1299 brannte die vermutlich weitgehend aus Holz gebaute Anlage nieder, da war es aber auch schon mit der Landesherrlichkeit der Weimar-Orlamünder vorbei. Ihr Besitz fiel an die aufstrebenden Wettiner, die Erben der Thüringer Landgrafen. Nach dem großen Feuer von 1424 baute vor allem Wilhelm der Tapfere, der erste Wettiner, der sich über längere Zeit in Weimar aufhielt, die Burg wieder auf, diesmal als eine vollkommen steinerne Anlage.

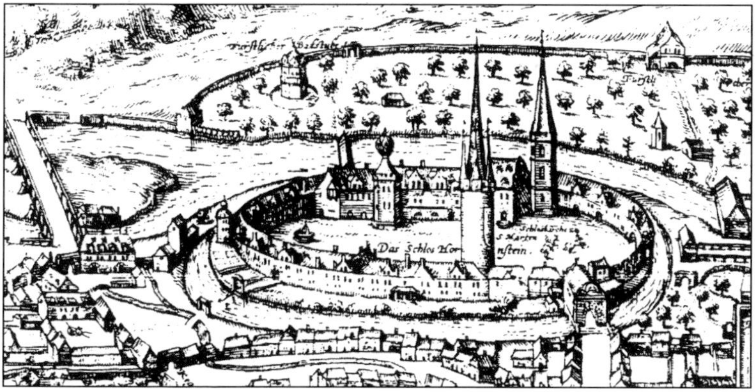

Schloß mit Schloßkirche St. Martin und Vorwerk am Kegeltor. Ausschnitt aus dem (ältesten) Plan der Stadt Weimar von Johannes Wolf (1569).

Nach der 1485 erfolgten Teilung des Kurfüstentums Sachsen fiel Weimar wie fast ganz Thüringen an die in Torgau und Wittenberg residierende ernestinische Linie der Wettiner. Ihr berühmtester Vertreter, der Luther-Beschützer Friedrich der Weise, hielt sich oft und gern in Weimar auf. 1513 richtete sich Johann der Beständige, Friedrichs verheirateter Bruder, auf dem Hornstein eine eigene Hofhaltung ein. Nun war Weimar offizielle Nebenresidenz der Ernestiner. Als Kurfürst Johann Friedrich I., Johanns auf dem Hornstein aufgewachsener Sohn, 1547 durch die im Schmalkaldischen Krieg erlittene Niederlage die Kurlande und damit seine Residenzstädte auf kaiserlichen Befehl an die siegreichen Albertiner abgeben mußte, übersiedelte er mit seiner Familie nach Weimar. Seitdem ist der weimarische Hornstein, der noch unter Johann Friedrich vom Baumeister Nicolaus Gromann zum Renaissance-Schloß um- und neugestaltet wurde, der Stammsitz aller nachfolgenden, bald durch Landesteilungen sich rasch vermehrenden ernestinischen Fürsten. Erst mit dem Ende der Monarchien 1918 mußten sie die Weimarer Residenz verlassen.

Als Herzog Johann 1605 auf dem Hornstein starb, hinterließ er eine Witwe mit acht Söhnen, von denen drei später auf unterschiedliche Weise Ruhm erlangten: Wilhelm IV. als zweites Oberhaupt der Fruchtbringenden Gesellschaft, Ernst der Fromme als Begründer des Hauses Sachsen-Gotha, Bernhard als berühmter Feldherr und Sieger von Lützen.

Unter der Regentschaft von Johanns Witwe Dorothea Maria, einer klugen, energischen und weitblickenden Frau, deren Bedeutung für die Kulturgeschichte Weimars kaum zu überschätzen ist, machte die nur 2500 Einwohner zählende Residenzstadt erstmals als ein Musenort von sich reden. Als Prinzenerzieher wirkte der Historiker Friedrich Hortleder, die Schloßmusik hatte Melchior Vulpius inne, einer der Vorfahren von Goethes Frau Christiane. Übertroffen wurde deren Wirken noch von der Tätigkeit des Reformpädagogen Wolfgang Ratke, der 1612 nach Weimar eingeladen wurde und im Auftrage der Herzogin eine deutsche Schule führte.

Als Dorothea Maria nach einem schweren Sturz vom Pferd plötzlich und unerwartet starb, war dies ein schwerer Verlust für die aufblühende Residenz. Anläßlich ihrer Beisetzung am 24. August 1617, wie es heißt „bey einer vornehmen / wiewol trawrigen Fürstlicher und Adelicher Personenzusammenkunfft“, kam es auf dem Hornstein zur Gründung der Fruchtbringenden Gesellschaft, der ersten deutschen Akademie, die sich Verdienste um die Förderung der deutschen Spache und Literatur erworben hat. Das war das bedeutendste kulturelle Ereignis, das jemals im Weimarer Residenzschloß stattgefunden hat. Der Überlieferung nach machte der Weimarer Hofmarschall und Jenaer Hofgerichtsassessor Caspar von Teutleben nach dem Vorbild der Florentiner Accademia della crusca den Gründungsvorschlag, doch müssen die anwesenden Fürsten, Ludwig I. von Anhalt-Köthen, der Bruder der Verstorbenen, und Johann Ernst d. J., deren Sohn, gleichfalls ein Förderer Ratkes, als die eigentlichen Stifter und Träger der Gesellschaft angesehen werden.

Indessen brach am 2. August 1618 über das Schloß ein Unglück herein – fast zeitgleich mit dem Ausbruch des Dreißigjährigen Krieges. Der zur Ilm hin gelegene Osttrakt des Schlosses, der eigentliche Wohnflügel, brante ab. Ausgelöst wurde das Feuer vermutlich durch den Leichtsinn eines Goldmachers. Johann Ernst d. J. dachte sofort an einen Wiederaufbau und verpflichtete den schon länger in Deutschland tätigen berühmten Italiener Giovanni Bonalino zum Schloßbaumeister. Sein Programm sah vor, den beschädigten und immer noch burgähnlichen Hornstein in ein vierflügeliges und ob dieser Größe allen repräsentativen Zwecken genügendes Barockschloß zu verwandeln. Neben den Wohnteilen sollte darin die Kirche einen bestimmenden Platz einnehmen. Mit ihrer Errichtung an der Südostecke begannen dann auch die Arbeiten. 1630 wurde das Gotteshaus, wegen ihres weit aufragenden Altaraufsatzes bald „Himmelsburg" genannt, geweiht, da war Bonalino aber schon nicht mehr in Weimar. Der von Böhmen herkommende Krieg hatte längst Thüringen erreicht; Herzog Johann Ernst war 1626 umgekommen. Daraufhin konnte der Italiener wohl nicht mehr bezahlt werden, der Bau wurde für viele Jahre unterbrochen. Um so mehr machte in dieser düsteren Zeit die präch-

Ostflügel des Schlosses nach dem Brand von 1618. Zeichnung von Wilhelm Richter (1652).

tige Schloßkirche von sich reden. Als einige Generationen später, von 1708 bis 1717, der junge Johann Sebastian Bach in der Schloßkirche wirkte, wurde sie zu einem Ort der Weltmusik.
Seit 1626 regierte in Weimar Johann Ernsts jüngerer Bruder Wilhelm IV. Er nahm den Schloßbau 1651 wieder auf und bestellte den aus einer alteingesessenen thüringischen Künstlerfamilie stammenden Johann Moritz Richter d. Ä. zum Baumeister. Dieser orientierte sich zwar in vielen Einzelheiten an den Plänen seines Vorgängers, verzichtete aber auf den Bau einer geschlossenen Anlage. Mit der Konzipierung eines Dreiflügelbaus öffnete Richter das Schloß zu dem gerade nach italienischen und französischen Vorbildern angelegten Park hin und entwickelte ein neues und später über Thüringen hinaus wirkendes Residenzkonzept. Die in der zweiten Hälfte des 17. Jahrhunderts ausgeführten Schloßbauten von Weißenfels, Saalfeld, Eisenberg und Zeitz gehen wenigstens in Teilen auf die Weimarer Vorlage zurück, obwohl das barocke Weimarer Residenzschloß nie vollendet wurde. Wilhelm war zwar an einem zügigen Weiterbau interessiert, doch kam es wegen Geldmangels immer wieder zu Unterbrechungen. Als der Herzog schließlich 1662 starb, waren nur der Ost- und der Nordtrakt vollendet. Der Westflügel dagegen wurde nie fertiggebaut. Die Wilhelmsburg, wie das Schloß nun nach seinem letzten Bauherrn genannt wurde, blieb ein Torso. Vermutlich genügten die fertiggewordenen Teile den Bedürfnissen des infolge der Landesteilung von 1640/41 verkleinerten Hofes. Große Festlichkeiten gab es in Weimar kaum noch, Wilhelms Nachfolger ließ sogar die Musiker seiner Kapelle nach

Blick auf die „Wilhelmsburg" von der Ilm her. Zeichnung von Wilhelm Richter (1657).

Jena ziehen, das Residenzstadt einer Weimarer Nebenlinie geworden war. Dennoch erlangte Wilhelm IV. kulturgeschichtliche Bedeutung als Oberhaupt der Fruchtbringenden Gesellschaft, zu dem er 1651 nach dem Tod von Fürst Ludwig I. von Anhalt-Köthen gewählt worden war. Mit Georg Neumark, dem Weimarer Bibliothekar und berühmten Poeten, stand ihm ein bedeutender Gelehrter und Schriftsteller zur Verfügung, der die umfangreiche Korrespondenz der Sprachgesellschaft führte. Abgesehen von dieser zwölf Jahre währenden Episode, in der die Fäden der deutschen Spracharbeit und Dichtkunst in Weimar zusammenliefen, hatte der Weimarer Fürstenhof seine kulturell führende Rolle in Thüringen bereits an das aufstrebende Haus Sachsen-Gotha abgegeben, wo auch noch mit Ernsts Nachkommen kunstsinnige und politisch stark engagierte Fürsten regierten. An der bescheidenen Stellung Weimars über Jahrzehnte hin konnte auch die 1696 nach Gothaer Vorbild eingerichtete Opernbühne nur wenig ändern. Der junge Bach genoß zwar eine gewisse Förderung, halten wollte man ihn aber nicht. So wechselte der mit seinem Landesherrn in Konflikt gekommene Musiker ins anhaltinische Köthen.

Erst mit Herzog Ernst August setzte im ersten Drittel des 18. Jahrhunderts wieder ein kultureller Aufschwung ein. Jedoch machte sich der Herzog nichts aus der Wilhelmsburg, die ihm eher düster und wegen der

Das Weimarer Residenzschloß nach 1730, Blick von Süden in die offene Schloßanlage. Aquarell von einem unbekannten Künstler.

starken Mauern noch immer mittelalterlich vorkam. Sein Regierungsamt führte er ziemlich grobschlächtig, doch liebte Weimars einziger Rokokofürst mit absolutistischen Neigungen ein prächtiges und graziles Ambiente. Das schuf er sich mit dem Sommerschloß Belvedere weit vor den Toren der Stadt und mit dem Jagdschloß Wilhelmsthal, gelegen in dem 1741 hinzugewonnenen Eisenacher Landesteil. Die Wilhelmsburg trat immer mehr in den Schatten und war nur noch selten Schauplatz des höfischen Lebens.

Das sollte sich erst nach 1759 ändern, als unter der Regentschaft von Herzogin Anna Amalia Weimar als Musenort wieder von sich reden machte. Unter der Regierung ihres Sohnes Carl August stieg die kleine Residenzstadt schließlich zu einem europaweit ausstrahlenden geistigen Zentrum auf und rückte nach und nach auf den nahezu ein Jahrhundert von Gotha eingenommenen Platz. Allerdings muß man sich das klassische Weimar ohne das Schloß vorstellen, denn das war am 6. Mai 1774 abgebrannt, vermutlich durch einen schadhaften Rauchfang im Küchentrakt, nicht – wie offiziell gemeldet – durch Blitzschlag. Da die Glut lange schwelte, blieb das Unglück einige Zeit unbemerkt. Um so schneller sprangen dann ausbrechende Flammen von Stockwerk zu Stockwerk und vernichteten nahezu das gesamte Schloß. Selbst die Herzogin, die krank darnieder lag, kam in Gefahr. Da war es noch ein Glück, daß Anna Amalia die

Die niedergebrannte „Wilhelmsburg“ nach dem 6. Mai 1774.

reiche fürstliche Büchersammlung schon 1763 in das Grüne Schloß hatte umlagern lassen, womit sie für die Nachwelt gerettet war.
Anna Amalia gehörte – wie Louise Dorothée von Sachsen-Gotha – zu den außergewöhnlichen Frauengestalten des 18. Jahrhunderts. 1772 hatte sie Christoph Martin Wieland an ihren Hof verpflichtet. Er sollte die Ausbildung des Erbprinzen Carl August vollenden. Auch in das Schloß zog in diesen Jahren neues Leben ein. Bald nach Wielands Ankunft gründete Anna Amalia dort eine Schaubühne, für die sie Privatmittel zur Verfügung stellte und dem Publikum kostenlos Eintritt gewährte. An dieser Bühne wurde Wielands *Alceste* mit der Musik von Anton Schweitzer uraufgeführt. Unter den Schauspielern war auch Conrad Ekhof, den schon Lessing in Hamburg bewundert hatte. Ohne den Brand wäre der Wilhelmsburg wohl ein wichtiger Platz in der deutschen Theatergeschichte sicher gewesen. Den darf nun Gotha beanspruchen, wohin Ekhof mit den anderen Schauspielern nach dem Brand übergewechselt war. Als Goethe am 7. November 1775 erstmals Weimar betrat, gab es dort weder ein Residenzschloß noch einen Platz für Theateraufführungen.
Ehe an die Fortführung des Bühnenbetriebes gedacht werden konnte, mußte sich die fürstliche Familie nach einem Ausweichquartier umsehen. Das fand sie schließlich in dem eilig hergerichteten und anfangs wenig repräsentativen Haus der Landstände, dem späteren Fürstenhaus, der heutigen Musikhochschule. Die Herzoginwitwe Anna Amalia kam in dem prächtigen Stadthaus ihres ehemaligen Kanzlers von Fritsch unter, das heute unter dem Namen Wittumspalais bekannt ist. Die Brandruine, die nur notdürftig gesichert wurde, machte die ganze Ärmlichkeit des kleinen Herzogtums sichtbar. Der junge Herzog Carl August wird seinem Freund Goethe bald mitgeteilt haben, daß die bescheidenen finanziellen Verhältnisse seines Landes einen baldigen Wiederaufbau des Residenzschlosses kaum zulassen werden. Als Goethe Jahre später selbst die Finanzverwaltung leitete, konnte er dies nur noch bestätigen. So stand die fürstliche Tafel, an die Goethe nach seiner Nobilitierung 1782 mittäglich geladen wurde, noch lange im Fürstenhaus. Damals war wohl auch kaum abzusehen, daß Goethe einmal entscheidenden Anteil an den Planungen zu dem heute vorhandenen Schloßneubau haben würde.
Erst 1788, als kostspieligere Sicherungen an der Schloßruine erforderlich wurden, begann Carl August über einen Neubau nachzudenken. Es ist

gut möglich, daß die entscheidenden Anstöße dafür von Goethe kamen, dem nach seiner Rückkehr aus Italien und den dortigen großen Architekturerlebnissen Weimar auch in dieser Hinsicht als äußerst rückständig erscheinen mußte. Zudem war Goethe als ein völlig Veränderter heimgekehrt, in Weimar fand er jedoch alles so, wie er es zwei Jahre zuvor verlassen hatte. Als Carl August im März 1789 endlich eine Schloßbaukommission ins Leben rief, wurde Goethe darin die treibende Kraft. Mit dem vielbeschäftigten jungen Hamburger Architekten Johann August Arens, den der Dichter 1787 in Rom kennengelernt hatte, konnte er einen Mann gewinnen, dem an der Erhaltung der alten Bausubstanz des Richterschen Barockschlosses gelegen war, ohne den modernen Stil des Klassizismus hintanzusetzen.

Arens begann den Wiederaufbau an dem zur Ilm hin gelegenen Ostflügel; diesen wollte er zur Schauseite umgestalten. Die Arbeiten gingen zügig voran, obwohl Arens kaum in Weimar weilte. In Goethe hatte er aber einen wirkungsvollen Fürsprecher bei Hofe. Dennoch geriet im Sommer 1791 alles ins Stocken. Das Geld war ausgegangen. Der vielbeschäftigte Arens verlor das Interesse an Weimar. Goethe war aber inzwischen so gut mit dem Schloßbau vertraut, daß die Hauptarbeiten unter seiner Leitung fortgeführt werden konnten. Es soll damals kaum einen Tag gegeben ha-

Das Schloß nach dem Wiederaufbau, Ostflügel.
Kupferstich von Christian Müller nach Georg Melchior Kraus (undat.)

ben, an dem sich der Dichter nicht um die Baustelle kümmerte. 1796 schwebte auf dem Rohbau die Richtkrone. Doch ohne leitenden Architekten ließen sich die ehrgeizigen Pläne von Arens letztlich doch nicht umsetzen. So konnte mit dem Innenausbau erst 1797 begonnen werden, als Goethe mit dem Schweizer Nikolaus Friedrich Thouret einen neuen Schloßbaumeister gewinnen konnte. Carl August ließ seinem Freund völlig freie Hand und akzeptierte seine gestalterischen Ideen. Thouret hielt sich im großen und ganzen an Arens' Pläne, entwickelte aber eigene Vorstellungen für die Innengliederung.
Als Thouret das Stuttgarter Hofbaumeisteramt angeboten wurde, griff er zu, obwohl er auch in Weimar gut bezahlt wurde. Da er aber mit dem Herzog nicht zurechtkam – Thouret war zu oft von Weimar abwesend, was ihm Carl August mehrfach vorhielt – verließ er Ende 1800 die Stadt. Da hatte Carl August schon den Preußen Heinrich Gentz für seine Residenz gewonnen. Als Schüler der Klassizisten Carl von Gontard und Carl Gotthard Langhans, dem Erbauer der Brandenburger Tores in Berlin, war er für das Schloß ein Glücksfall. Gentz kann als der eigentliche Weimarer Schloßbaumeister angesehen werden. Daß Arens' unvollendeter Festsaal noch zu einem einzigartigen harmonischen Ganzen geriet, war Gentz' Leistung, ebenso die Fertigstellung des vielgestaltigen weiten Treppenhauses. Daß auch er den Ideen Goethes und dessen Freundes Meyer aufgeschlossen gegenüberstand, spricht für Gentz' Souveränität als Architekt. Als eigentliche Meisterleistung des Preußen wird oft die Falkengalerie angesehen. Sie ist ein Musterbeispiel dafür, wie der Architekt die barokken Außenmauern klassizistisch zu überformen vermochte und damit dem Geist der Zeit Carl Augusts und Goethes einen einzigartigen künstlerischen Ausdruck verlieh. Als Gentz 1803 von Weimar fortging, war das Schloß zwar noch längst nicht vollendet, das Festhalten am Konzept der Dreiflügelanlage stand aber unwiderruflich fest.
Am 1. August 1803, fast dreißig Jahre nach der Brandkatastrophe, wurde der Ostflügel des neuen Schlosses von Herzog Carl August und seiner Familie bezogen. Am 9. November des folgenden Jahres hielt der Erbprinz Carl Friedrich mit seiner Gemahlin Maria Pawlowna, einer Tochter Zar Pauls und Enkelin Katharinas der Großen, in Weimar seinen Einzug. Das Herzogtum Sachsen-Weimar und Eisenach war zwar immer noch ein Kleinstaat, doch mit hochrangiger europäischer Verwandtschaft. Ver-

mutlich hat das Ansehen der Großfürstin von Rußland und Erbprinzessin Maria Pawlowna Kaiser Napoleon wenige Jahre später davon abgehalten, das Herzogtum aufzuheben und die Stadt in die Bedeutungslosigkeit zu schicken. Als der Sieger von Jena in den frühen Abendstunden des 15. Oktober 1806 das Schloß betrat, begannen seine Soldaten gerade, die Klassikerstadt zu plündern, einer bedrohte gar Goethes Leben. Die her-

Herzogin Luise von Sachsen-Weimar und Eisenach.
Öl auf Leinwand von J. F. A. Tischbein (1810).

zogliche Familie war geflohen; einzig die sonst eher zurückhaltende Herzogin Luise hielt im Schloß die Stellung. Als sie sich dem Eroberer im Treppenhaus stolz entgegenstellte, ihn mit mutigen Worten brüskierend, erlebte das neuerbaute Schloß seine welthistorische Feuertaufe und Napoleon eine Szene, die ihn Respekt vor dem Namen Weimar lehrte, wenn er sich später ihrer auch nur ungern erinnerte.

Herzog Carl August von Sachsen-Weimar und Eisenach. Kreidezeichnung (undatiert).

In den Kriegswirren vor und nach 1806 war an einen Weiterbau des Schlosses nicht zu denken. Aber auch noch lange danach fiel es dem Land schwer, die nötigen Gelder aufzubringen. Auch in dem sich nun flächenmäßig verdoppelten Großherzogtum konnte man nicht aus dem vollen schöpfen, und Steuererhöhungen lehnte Carl August ab. So übte man sich in Geduld, zumal der nunmerige Großherzog mit dem Erreichten zufrieden war. Erst 1830 begann Clemens Wenzeslaus Coudray, der seit 1816 in der Residenz wirkte, mit dem Ausbau des Westflügels für Großherzog Carl Friedrich und seine Gemahlin Maria Pawlowna. Im Westflügel befinden sich unter anderem die von der Großherzogin initiierten berühmten „Dichterzimmer", die dem Schloß in der nachklassischen Zeit beabsichtigtermaßen einen musealen Charakter verliehen mit ihren Erinnerungen an die zuendegegangene Epoche. Als Krönung dieses Konzeptes entstand unter der Oberaufsicht Karl Friedrich Schinkels zum Schluß die reich geschmückte Goethe-Galerie. Wenn zur selben Zeit unter der geistigen Führung des Erbprinzen Carl Alexander die Wartburg als ein Monument vergegangener mittelalterlicher Größe wiedererstand, so geriet das Schloß immer mehr zu einem Denkmal der Weimarer Klassik – wie

„Souvenir de la Cour des Weimar".
Stich nach einer Zeichnung von B. von Arnswaldt (um 1835).

sie nun allenthalben schon genannt wurde. Carl Alexanders Gemahlin Sophie, Prinzessin der Niederlande, traf zudem im Schloß Entscheidungen, die die schriftliche Hinterlassenschaft Goethes und Schillers zusammenhielten und in einem eigens zu diesem Zwecke errichteten repräsentativen – in vielem einem Schloß ähnlichen – Archivgebäude unterbrachten. Seitdem korrespondiert dieser hoch über der Ilm errichtete Bau ästhetisch mit dem unten in Weimar stehenden Schloß. Hinzugefügt werden muß noch, daß es Carl Alexander war, der Bruder der Königin von Preußen und ersten deutschen Kaiserin, der dem Weimarer Residenzschloß seit der Mitte des 19. Jahrhunderts eine neue Würde verlieh, der sich Feste und diplomatische Empfänge unterzuordnen hatten. Er gab seinem Hof, der sich hohen Ansehens erfreute, den sprichwörtlich gewordenen Weimarer Glanz. Dazu trugen nicht zuletzt auch die Künstler bei, denen der Weimarer Hof Weltläufigkeit verdankt und eine geistige Weite, wie sie im 19. Jahrhundert in Thüringen vielleicht nur noch der Coburger Hof aufweisen konnte.

Als Großherzog Wilhelm Ernst, Carl Alexanders Nachfolger und wenig geliebter Enkel, 1913/14 durch die Errichtung eines Südflügels die Bauidee der Richter/Arens aufgab, verabschiedete er sich wenigstens äußerlich auch vom klassischen Weimar, das in dem Residenzschloß sein bedeutendstes architektonisches Denkmal gefunden hatte. Aus der zum Park hin offenen – für jedermann einsichtigen – Anlage, Symbol und Programm einer an Ideale glaubenden Zeit, wurde nun ein geschlossener, in mancher Hinsicht dunkler Bau. Daß dessen Vollendung zeitlich beinahe zusammenfiel mit dem Ende der Monarchien, mag Zufall sein, ohne tiefere Bedeutung war es aber nicht. Am 9. November 1918 unterschrieb Wilhelm Ernst im Residenzschloß die Abdankungsurkunde, noch am selben Tage begab er sich auf sein Gut im schlesischen Heinrichau.

Wenige Wochen später konstituierte sich im Weimarer Residenzschloß die erste republikanische Reichsregierung, während das Parlament in dem 1908 neuerbauten Hoftheater tagte. Als Regierung und Parlament ins beruhigte Berlin zurückkehrten, versank Weimar in Provinzialität, das Schloß wurde Museum. Die Nationalsozialisten, die Weimar auf ihre Weise wieder ins Zentrum rückten, konnten mit der Residenztradition wenig anfangen. Der Gauleiter hatte sich einen eigenen Herrschaftssitz errichten lassen, und Hitler stieg lieber im umgebauten „Elephanten“ ab. Daß es seit ein paar Jahren im Schloß wenigstens zeitweilig wieder lebendiger zugeht, erweckt Hoffnungen. Als Repräsentationsort ist es von den Politikern, und nicht nur von den deutschen, wiederentdeckt worden. Das seit 1923 bestehende Schloßmuseum zieht vor allem dank seiner Lucas-Cranach-Galerie Besucher aus aller Welt an. Ein wenig strahlt wieder der Glanz von Weimar. Und nichts ist für ein Schloß schlimmer, als nur Architekturdenkmal zu sein.

Blick in den Innenhof des Residenzschlosses.
Fotografie von F. Herzer (1996).

Das Stadtschloss in Eisenach

Gerd Bergmann

Blick zum Residenzschloß. Fotografie von G. Bergmann.

Der mittelalterliche Steinhof südlich der Georgenkirche wurde im Spätmittelalter um ein rechtwinklig dazu stehendes Gebäude mit einem Treppenturm ergänzt und zwischen 1596 und 1598 durch den „Johann-Ernst-Bau" zu einem stattlichen Ensemble erweitert, das bis 1741 existierte, dann zum Teil abgerissen wurde. Ein neues Stadtschloß ließ Herzog Ernst August von Sachsen-Weimar durch Gottfried Heinrich Krohne an der Nordseite des Marktes ab 1742 errichten, das ab Ende 1744 teilweise nutzbar war.

Bereits zur Zeit der Ludowinger hatte sich Eisenach zur bevorzugten Residenz der Landgrafen entwickelt, die sich sowohl auf der Wartburg als auch im innerhalb der Stadt gelegenen Steinhof aufhielten. Der sagenhaft ausgeschmückte Sängerwettstreit zur Zeit des Landgrafen Hermann I. mag hierfür als Beispiel gelten. Die Ausstellungsorte der landgräflichen Urkunden lassen erkennen, daß Heinrich Raspe, der Landgraf und „Pfaffenkönig", sich ebenfalls überwiegend hier aufhielt. Das setzte sich fort, nachdem sich die wettinischen Nachfolger in Thüringen und insbesondere in Eisenach durchgesetzt hatten. Erst seit dem späteren Mittelalter erhielten andere Städte den Vorzug.

Dennoch galt Eisenach immer zumindest als zeitweilige Residenz. Kurfürst Friedrich der Weise hatte zwar seine Residenzen in Wittenberg, Torgau und Lochau, um aber im Bedarfsfalle auch in Eisenach ein angemessenes Quartier zur Verfügung zu haben, ließ er sich 1507 neben dem alten Steinhof an der späteren Esplanade ein Gebäude errichten, das noch heute vorhanden ist. Diesem mußte damals die Georgenschule weichen, die der junge Martin Luther von 1498 bis 1501 besucht hatte.

Infolge einer Länderteilung zwischen den herzoglichen Brüdern Johann Casimir und Johann Ernst im Jahre 1596 entstand das Herzogtum Sachsen-Eisenach, das dann bis zum Aussterben der Linie mit Herzog Wilhelm Heinrich im Jahre 1741 seinen Residenzkomplex in der Nachbarschaft des alten Steinhofes im Bereich der heutigen Esplanade, südlich der Georgenkirche, besaß. Herzog Johann Ernst, der bis 1598 seinen Sitz in Marksuhl hatte, fand in Eisenach den alten Steinhof, auch Zollhof genannt, vor. Das Gebäude mit dem Treppenturm war von Friedrich dem Weisen errichtet worden. Die Baulichkeiten reichten Johann Ernst jedoch nicht mehr aus. Deshalb ließ er an der westlichen Seite der Esplanade ein Schloßgebäude errichten, das nach ihm die Bezeichnung „Johann-Ernst-Bau" erhielt. Ferner erwarb er das Haus des Kaufmanns Cunz Kreuznacher und ließ einen Verbindungsbau zum „Residenzhaus" von 1507 errichten, der ebenfalls noch vorhanden ist. In diesen repräsentativen Gebäudekomplex hielt Herzog Johann Ernst 1598 mit seiner Gemahlin Christine aus dem Hause Hessen-Kassel Einzug. Das blieb für die Stadt nicht ohne Wirkung. Eine rege Bautätigkeit begann.

Die Herzöge der mittleren und jüngeren Eisenacher Linie residierten ebenfalls im Eisenacher Schloß. Die wichtigste Persönlichkeit im Umfeld des

Hofes in der zweiten Hälfte des 17. Jahrhunderts ist der gebürtige Erfurter Kaspar Stieler, der von 1666 bis 1675 als Kammer-, Lehns- und Gerichtssekretär in Eisenach bestallt war. Seine Dienstwohnung befand sich in der Münze, die der herzoglichen Kammer gehörte und später Daniel Eberlin als Wohnung diente. Stieler hatte bereits einen umfangreichen Band mit Gedichten unter dem Titel *Die geharnschte Venus* veröffentlicht und für den Rudolstädter Hof eine Serie dramatischer Spiele geschaffen. 1668 wurde er von Herzog August von Sachsen-Weißenfels in die Fruchtbringende Gesellschaft aufgenommen, in der er den Namen „der Spate" trug. Die sprachpatriotischen Ziele der Gesellschaft vertrat er in einer Reihe bedeutender juristischer, poetologischer und sprachtheoretischer Werke. In der Eisenacher Zeit entstand die zweitausend Seiten umfassende *Teutsche Secretariats-Kunst* sowie ein Gesangbuch und mehrere Andachtsbücher. Gleichzeitig sammelte er bereits Wortmaterial für das mehrbändige Wörterbuch *Der teutschen Sprache Stammbaum und Fortwachs*, das 1691 als das erste deutsche Wörterbuch überhaupt erschien.

Der Eisenacher Marktplatz, links das Residenzschloß, rechts das Rathaus. Nach einer Zeichnung aus der ersten Hälfte des 19. Jh.s.

Als 1698 Herzog Johann Wilhelm die Regierung antrat, begann für die Eisenacher Residenz ein goldenes Zeitalter. Zunächst ließ der Herzog den „Johann-Ernst-Bau“ durch die Brüder Castelli stuckieren. Mit Malereien, gold- und silberdurchwirkten Tapeten, Spiegeln und Leuchtern wurde die Ausstattung ergänzt. Die Dreiflügelanlage erhielt an der Nordseite einen vierten Flügel. Der neu entstandene Zwischenbau, der neben Erdgeschoß und Mansarde zwei weitere Stockwerke besaß, wurde wegen seiner prunkvollen Ausstattung nun zum Hauptgebäude der Eisenacher Residenz.

In diesem nur noch in Resten existierenden Schlosse entfaltete sich ein reiches kulturelles Leben. Besonders die Musik wurde gepflegt. Der Vater Johann Sebastian Bachs, Johann Ambrosius Bach, Daniel Eberlin und Georg Philipp Telemann trugen hier zur Unterhaltung des Hofes bei. Die von den Herzögen unterhaltene Hofkapelle setzte sich aus Musikern zusammen, die gleichzeitig das eine oder andere Hofamt bekleideten. So wirkte zum Beispiel Daniel Eberlin als Münzmeister.

Der letzte Eisenacher Herzog hatte seiner Gemahlin, einer Prinzessin von Brandenburg-Schwedt, die bewegliche Habe vermacht. Über seine Länder konnte er nicht verfügen. Der damals noch junge Preußenkönig Friedrich II., später der Große genannt, nahm die Rechte seiner Base als Testamentsvollstrecker wahr. Alles, was nicht niet- und nagelfest war, ließ er aus der Eisenacher Residenz entfernen, einschließlich der gewebten Tapeten von den Wänden. Der Beauftragte des Landeserben, des Herzogs Ernst August von Sachsen-Weimar, der durch Ausschneiden eines Spans aus der Tür der Residenz gemäß damaligem Rechtsbrauch für diesen förmlich Besitz ergriffen hatte, konnte das nicht hindern. Angesichts des demütigenden Vorgehens des Preußenkönigs weigerte sich Ernst August, die Eisenacher Residenz auch nur zu betreten. Vielmehr gab er 1742 den Befehl, einen Teil dieser Gebäude abzureißen. Nur das 1507 errichtete Residenzhaus mit dem Treppenturm, das Kreuznacher-Haus und den daran anschließenden schlichten Zwischenbau ließ man stehen, um diese Gebäude als Kanzlei zu nutzen. Im gleichen Jahr noch befahl Herzog Ernst August seinem Landbaumeister Gottfried Heinrich Krohne an der Nordseite des Marktes ein neues Residenzschloß zu errichten. Am Markt und an der Untergasse, der heutigen Alexanderstraße, wurden insgesamt sechs Bürgerhäuser erworben und teilweise abgerissen. Ihre Grundmauern und

Wände wurden teils für das zu errichtende Schloß genutzt. Abbruchmaterial der Residenz und der Kanzlei, des spätmittelalterlichen gotischen Eisenacher Rathauses, verwendete man ebenfalls beim Bau. Hierzu war Krohne wegen des ständigen Geldmangels gezwungen, wie er überhaupt nur Fachwerkwände für die Obergeschosse errichten konnte, die durch Verputz den Anschein massiver Bauweise erhielten. Den Herzog kümmerten die Geldnöte nicht. Er wies die Eisenacher Rentkammer an, die benötigten Mittel für den Bau bereitzustellen, „möget ihr das Geld dazu hernehmen, wo ihr wollt".

Trotz aller Schwierigkeiten verstand es Krohne, ein ansehnliches Rokokoschloß zu errichten, das heute noch beeindruckt. Der Nordflügel enthält mit dem Rokokosaal ein besonderes Kleinod. Der Stuckmarmor an den Wänden ist mit einer bewundernswürdigen Fertigkeit hergestellt.

Schon zwei Jahre nach Baubeginn war das Schloß seit 1744 teilweise nutzbar. Der Nordflügel war als völliger Neubau errichtet worden. Im Rokoko-

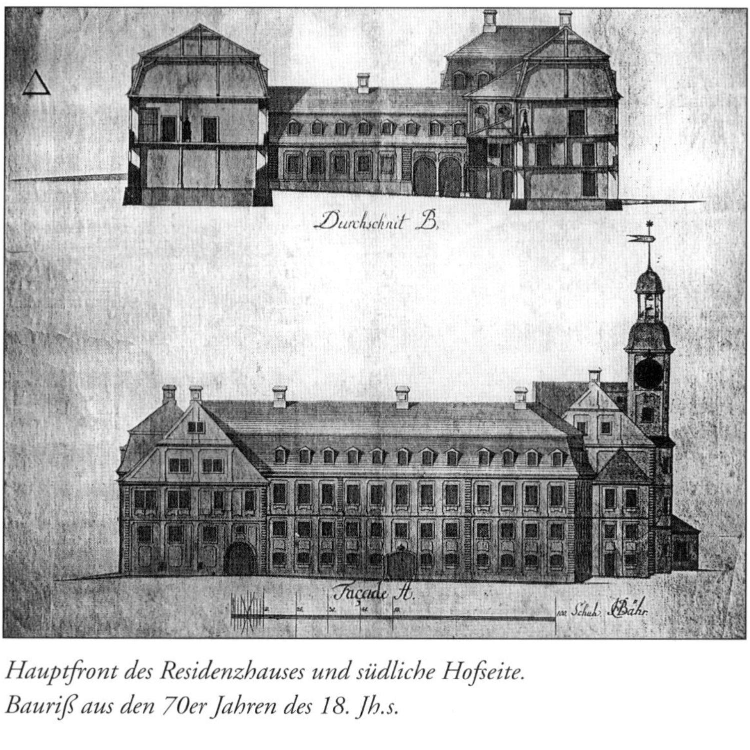

Hauptfront des Residenzhauses und südliche Hofseite.
Bauriß aus den 70er Jahren des 18. Jh.s.

saal fand im November 1744 die Vermählung einer Tochter des Herzogs mit dem Fürsten Johann Friedrich von Schwarzburg-Rudolstadt statt. Die Ausstuckierung erfolgte erst später. Die Wände des Saales wurden mit den bereits für die alte Residenz geschaffenen Fürstenporträts verziert. In der Deckenkehle fanden ovale Porträts Aufnahme, und die Decke ziert ein aufwendig gerahmtes Gemälde, das den Triumph der Meeresnymphe Galatea über den Riesen Polyphem darstellt.
Die dem Markt zugekehrte südliche Front des Schlosses wahrt eine wohltuende Symmetrie. Neben den Portalen sind in Stein gearbeitete Nischen angeordnet, die Schilderhäuser darstellen und mit Rokokoornamenten verziert sind. Das Dach wird in der Mitte von einem Kuppelpavillon bekrönt, in dem man einst den Tee nahm. Der Altan auf dem Dach war 1875 verkleinert worden. Die Fassade war ursprünglich mit einem Spinnenwerk von Rokokoverzierungen überspannt, das zu Beginn des 19. Jahrhunderts entfernt worden war, weil es dem Zeitgeschmack nicht mehr entsprochen hatte. Ursprünglich handelte es sich um eine geschlossene Vierflügelanlage, deren Hof nur durch die in der Mitte der Marktfront gelegene Toreinfahrt erreichbar war. Der Ostflügel mußte jedoch 1934 wegen Baufälligkeit abgetragen und durch einen Eisenzaun ersetzt werden.

Der Eisenacher Mittwochsmarkt Ende des 18. Jh.s. Zeitgen. Stich.

Als das Schloß im Jahre 1745 in wesentlichen Teilen fertiggestellt war, zog Herzog Ernst August ein und residierte hier bis zu seinem Tod am 19. Januar 1748. Nur wenn er sich in Wilhelmsthal aufhielt, war sein Eisenacher Schloß verwaist. Die Vorliebe für Eisenach und Wilhelmsthal hat vor allem mit der Jagdleidenschaft des Herzogs zu tun. Jedoch muß man auch in Betracht ziehen, daß Eisenach in jener Zeit, gemessen an der

Herzog Ernst August I. von Sachsen-Weimar und Eisenach.

Einwohnerzahl und der florierenden Wirtschaft, die Stadt Weimar übertraf. Ernst August verlegte unter anderem die Münze von Weimar nach Eisenach, wo schon im 12. Jahrhundert und dann wieder seit dem 17. Jahrhundert Münzen geprägt wurden. Die herzogliche Residenz blieb allerdings in Weimar. Sowohl das Weimarer Land als auch das Eisenacher Territorium blieben zu jener Zeit noch selbständige Fürstentümer mit eigenen Behörden, die nur in der Personalunion des Herzogs miteinander verbunden waren.

Für die Weimarer Nachfolger Herzog Ernst Augusts war Eisenach die Nebenresidenz, in der man nur gelegentlich abstieg, um zu jagen oder einer Versammlung der Eisenacher Stände beizuwohnen. Lediglich Herzogin Anna Amalia bewohnte das Schloß öfter.

Eine an einem Putzbossen neben dem mittleren Portal des Stadtschlosses an der Marktseite angebrachte, durch Verwitterung nur noch schwer lesbare Inschrift weist darauf hin, daß Charlotte von Schardt, die spätere Charlotte von Stein, und Louise von Göchhausen in Eisenach geboren sind. Es ist nicht bekannt, wo die Familie des herzoglichen Kammerjunkers Johann Wilhelm Christian von Schardt, Charlottes Vater, in Eisenach wohnte. Die Annahme, das Stadtschloß sei der Geburtsort Charlotte von Steins, ist jedoch unbegründet. Denn am 25. Dezember 1742, dem Tag ihrer Geburt, war mit dem Bau des Schlosses gerade erst begonnen worden. Zwar schrieb Goethe in seinem Brief an Charlotte vom 6. September 1777, daß er genau in dem Zimmer übernachtet habe, in dem sie zuvor gewohnt hatte. Darin irrte er offenbar. Denn noch bevor das Schloß bewohnbar war, lebte die Familie bereits in Weimar, wo Schardt zum Hausmarschall avanciert war. Auch die alte Residenz, die 1742 abgerissen wurde, kommt als Geburtsort Charlottes nicht in Frage.

Louise von Göchhausen indes ist tatsächlich im Eisenacher Stadtschloß geboren worden, und zwar am 13. Februar 1752 als Tochter des Eisenacher Schloßhauptmanns Ernst Friedrich von Göchhausen. Sie war seit 1775 Gesellschafterin und Hofdame der Herzogin Anna Amalia. Durch ihre Schlagfertigkeit und ihren geistreichen Witz erwarb sie sich die Achtung ihrer Zeitgenossen. Unvergessen ist ihre Leistung für die Literaturgeschichte: Sie schrieb den Text von Goethes erstem *Faust* heimlich ab und überlieferte ihn damit der Nachwelt, während Goethe seinen handschriftlichen Entwurf vernichtete.

Goethe selbst hat bei seinen wiederholten Besuchen in Eisenach im Schlosse gewohnt, nachweislich am 8. September 1777. Als Mitglied des Geheimen Consiliums begleitete er den Herzog zur Beratung mit den Eisenacher Landständen. In einem Brief an Charlotte von Stein vom 12. September 1777 berichtet er über ein Gespräch mit dem Syndikus der Eisenacher Landesregierung, Wilhelm Carl Appelius, der ihm über die Verhältnisse im Lande berichtet hatte: „(...) diesen Abend mit einem sehr braven Manne von unserer Landschaft Unzähliges geschwätzt. Stündlich seh ich mehr, daß man sich aus diesem Strome des Lebens ans Ufer retten, drinnen mit allen Kräften arbeiten oder ersaufen muss."
Ende des 18. Jahrhunderts erfolgte eine Instandsetzung des Schlosses, um Herzog Ludwig Ernst von Braunschweig-Wolfenbüttel in den Jahren 1786 bis 1788 repräsentative Unterkunft bieten zu können. Auch im 19. Jahrhundert wurde das Eisenacher Stadtschloß von illustren Gästen bewohnt. Mit dem Ende der Monarchie im November 1918 verlor das Schloß seine Eigenschaft als fürstliche Nebenresidenz und Aufenthaltsort hochrangiger Gäste der fürstlichen Familie. Die Stadt Eisenach, die sich bis dahin im amtlichen Verkehr stolz als Residenzstadt bezeichnet hatte, führte fortan das Attribut Wartburgstadt. Das Schloß kam zunächst an das Land Thüringen, von dem es die Stadt Eisenach schließlich erwarb. Es wurde Sitz

Aufmarsch der Wache im Hof des Residenzschlosses.
Nach einem Gemälde (um 1740).

städtischer Behörden. Seit dem Jahre 1931 wurde dem Thüringer Museum, das im Jahre 1899 gestiftet und 1900 im einstigen Dominikanerkloster untergebracht war, der bis dahin von der Reichswehr noch als Pferdestall genutzte Marstall im Westflügel des Schlosses zur Verfügung gestellt. Hier entstand eine Ausstellung für Thüringer Glas und Porzellan, die voraussichtlich 1999 der Öffentlichkeit wieder zugänglich sein wird. Im Nordflügel zog das Stadtarchiv ein.

Das Schloss in Marksuhl

Heiko Laß

Die Ostseite des Schlosses mit Treppenturm (Schloßhof). Fotografie von R. Jacobsen (1998).

Das Schloß wurde zwischen 1587 und 1591 errichtet. 1714 verkürzte man den ursprünglich dreigeschossigen Hauptfügel um ein Geschoß. 1720 wurde der Stallfügel um ein Stockwerk erhöht, 1722 an der Nordseite des Hofes ein vierter Flügel errichtet, den man 1803 schon wieder niederlegte.

Weitgehend unbekannt ist die kurzlebige Residenz Herzog Johann Georgs I. von Sachsen-Marksuhl. Als die Söhne Herzog Wilhelms IV. von Sachsen-Weimar nach seinem Tode ihr Erbe aufteilten, vermerkten sie im 26. Artikel des Haupttteilungsrezesses von 1662, „daß Hertzog Johann Görgen das Schloß undt Hauß zu Marck=Suhla und Uns Hertzog Bernhardten das Schloß zu Jehna, zu unsern Fürstl. Residenzien zukommen." Das Schloß in Marksuhl war jedoch „zu einer Fürstl. Residenz nicht wohl gelegen, Sintemahl es in einem offenen Dorffe begriffen und sonderlich bey Kriegsleufften vor Einfall und Plünderung gar nicht sicher" sei.

Knapp achtzig Jahre zuvor war das Schloß in Marksuhl von Johann Ernst, dem späteren Herzog von Sachsen-Eisenach, in den Jahren 1587 bis 1591 erbaut worden. 1586 hatten Johann Ernst und sein älterer Bruder Johann Casimir von Sachsen-Coburg eine Mutschierung vorgenommen, in der Johann Ernst unter anderem die Ämter Gerstungen, Creuzburg und Volkenroda erhalten hatte. Er wählte das damals zu Creuzburg gehörende Marksuhl zu seinem Wohnsitz. Der Ort lag verkehrsgünstig an der Hohen Straße von Frankfurt nach Leipzig. Zudem war der Ort von wildreichen Wäldern umgeben, und Johann Ernst liebte die Jagd ebenso wie sein Bruder Johann Casimir.

1591 erfolgte der feierliche Einzug des kurz zuvor verheirateten Herzogspaares in Marksuhl. Eine Residenz wurde Marksuhl damals freilich nicht, denn Johann Ernst war kein regierender Fürst. Schon 1592 gebar Herzogin Elisabeth einen Sohn, der aber noch am selben Tage verstarb. Nur vier Tage später verschied auch die Mutter. Beide wurden in der Nikolaikirche in Creuzburg beigesetzt. Trauer kehrte in Marksuhl ein und als am 4. Dezember 1596 ein Erbteilungsvertrag mit seinem Bruder erfolgte, in dem Johann Ernst jetzt auch Eisenach erhielt, übersiedelte der Hof nach dort.

Das Schloß Johann Ernsts war für damalige Verhältnisse durchaus modern. Der zweigeschossige Hauptbau hatte zu dieser Zeit noch ein weiteres Geschoß, vermutlich wie das übrige Gebäude aus Stein oder Fachwerk mit den typischen Giebeln der Zeit. Bemerkenswert sind die gepaarten Fenster, die dem Schloß zusammen mit den Erkern sein charakteristisches Aussehen geben. Aufwendig ist der plastische Fassadenschmuck wie die Sandsteinköpfe in den Giebelfeldern der Fensterbekrönungen des Erdgeschosses oder die atlantenähnlichen Figuren, die die zwei Eckerker tragen. Die Eckquaderungen geben dem Schloß Festigkeit und Halt, was durchaus symbolisch zu verstehen ist. Der Eingang zum Schloß befindet sich noch heute an der Hofseite im Treppenturm. Er akzentuiert die Mittelachse des Hauptflügels zum Schloßhof hin. Im Schloß haben sich außer einigen Türgewänden und Profilen kaum Reste aus der Erbauungszeit erhalten. Der Herzog wohnte im ersten Obergeschoß. Hier befand sich auch ein Festsaal, der aber später verbaut wurde. Die Architektur des Schlosses ist den Bauten Johann Casimirs in Coburg eng verwandt. Sie war durchaus aufwendig, konnte und wollte jedoch die Ansprüche einer Residenz nicht erfüllen.

1613 kehrte Herzog Johann Ernst nach Marksuhl zurück, um für seine großen Hofjagden ein Jagdzeughaus bauen zu lassen. Hier ließ der Herzog das für das ‚Eingestellte Jagen' benötigte ‚Zeug' sowie weitere Jagdgerätschaften verwahren. Aufgrund seiner günstigen Lage zwischen den Wäldern südlich von Eisenach und des nun vorhandenen Jagdzeughauses wurde Marksuhl zu einem Mittelpunkt des Jagdgeschehens im Eisenacher Raum. Besonders beliebt zur Jagd war das nahegelegene Pfarrholz.

1662 erhielt Johann Georg I. das Schloß von Marksuhl zur Residenz. Eigentlich war die Stadt ebensowenig Residenz, wie unter Johann Ernst, wurde aber als „Fürstl. Residenz" angesehen. Der Herzog nannte sich Johann Georg I. von Sachsen-Marksuhl. Er war mit Johannetta von Sayn-Wittgenstein vermählt, die die Grafschaft Altenkirchen an das Haus Eisenach brachte.

Johann Georg I. ließ einige Modernisierungen vornehmen, so in der dem Schloß gegenüberliegenden Kirche, wo das Herzogspaar seinen Fürstenstand hatte. Doch auch Herzog Johann Georg I. verließ Marksuhl schon nach einigen Jahren wieder: Nachdem der letzte Prinz von Sachsen-Eisenach gestorben war, fiel das Herzogtum in der Erbteilung von 1672 Johann Georg I. zu. Eisenach wurde seine Residenz, die Linie Sachsen-Marksuhl wurde zur Linie Sachsen-Eisenach.

Das Schloß Marksuhl diente hinfort als Lust- und Jagdsitz. Als 1714 das oberste Stockwerk baufällig war und abgetragen werden mußte, ließ Herzog Johann Wilhelm, ein Sohn Johann Georgs I., schon 1722 einen vierten Schloßflügel errichten, der den bis dahin nach Süden offenen Hof abschloß. Schon 1803 wurde dieser Flügel wieder abgerissen. Doch erkennt man noch heute in der abschließenden Hofmauer die zugemauerten Fenster und Türen des ehemaligen Erdgeschosses. Der Herzog ließ auch den kleinen Schloßgarten erweitern und ein Orangenhaus errichten.

1736 wurde unter dem jagdfreudigen Herzog Wilhelm Heinrich, einem Enkel Johann Georgs I., vom Schloß ausgehend ein gedeckter Gang über die Straße zur gegenüberliegenden Kirche gebaut, um bequemer zum Gottesdienst zu gelangen. Der Herrschaftsstand wurde zum Eingang des neuen Ganges in die Kirche auf die obere Empore verlegt. Darüber hinaus ließ Herzog Ernst August von Sachsen-Weimar und Eisenach 1739 den alten Festsaal in Zimmer aufteilen und den Fachwerkaufsatz des achteckigen Treppenturmes aufführen. So verlor das Schloß im Innern von seinem repräsentativen Charakter. Der Herzog achtete mehr auf Bequemlichkeit, ‚comodité' und moderne Raumstrukturen. Mit der Turmerhöhung setzte er jedoch zugleich ein Zeichen seiner Landesherrschaft. Der Turm ist noch heute weithin sichtbar.

Der Westflügel des Schlosses (um 1915).

1741 verstarb Herzog Wilhelm Heinrich nach einer ausgiebigen Jagd im Marksuhler Schloß. Zugleich starb mit ihm die durch Johann Georg I. begründete Linie Sachsen-Eisenach aus. Das Herzogtum fiel an Herzog Ernst August von Sachsen-Weimar. Dieser Herzog war ebenfalls ein leidenschaftlicher Jäger. Vor allem deshalb brachte er Marksuhl ein starkes Interesse entgegen. Auch war das Schloß im Gegensatz zum Eisenacher sofort beziehbar und verfügte über das zur Jagd unabdingbare Jagdzeughaus sowie über ausgebildetes Jagdpersonal. Der Herzog verlangte nach gehobenerem Wohnkomfort und ließ noch 1741 die Zimmer des Schlosses modernisieren und neu gestalten, so daß die Binnenstruktur des Schosses nochmals verändert wurde. Beiderseits eines „Tafelzimmers" sollten die Gemächer des Herzogs und seiner Frau untergebracht werden, und zwar derart, daß jeweils „Zimmer, Cabinett und alcoffen aneinander" lagen. In vier Räumen im Seitenflügel ist der Stuck der damaligen Umbauten noch erhalten.
Des weiteren befahl Ernst August den Umbau der Orangerie im Schloßgarten zu einem Jägerhaus mit Hundezwinger. Angefügt werden sollten zwei weitere Flügel zur Unterbringung der Pferde. Der Herzog bevorzugte nämlich die Parforcejagd, zu der viele Pferde und Hunde benötigt wurden. Das Schloß wurde unter Ernst August endgültig zum Jagdschloß, verdeutlicht auch durch die von ihm am Tor zum Schloßhof angebrachten Hirschreliefs.
Nachdem Ernst August 1748 gestorben war und ein gänzlich verschuldetes Herzogtum hinterlassen hatte, wurde es stiller in Marksuhl. Höfisches Leben kehrte im Schloß nur noch selten ein. Die alte Residenz Marksuhl ist heute nahezu vergessen, erlangten ihre Herrscher doch bald die Eisenacher Herzogswürde. Für die Eisenacher Herzöge nahm Marksuhl jedoch einen unverzichtbaren Platz im Rahmen der wichtigen Hofjagden ein.
Heute beherbergt das immer noch ansehnliche Schloß in Marksuhl verschiedene Ämter und Büros.

Schloss Ehrenburg in Coburg

Harald Bachmann

Blick auf die „Ehrenburg" vom Schloßplatz aus.
Fotografie von F. Herzer (1996).

Unter Nutzung von Gebäuden des ehemaligen Barfüßerklosters wurde das Schloß vornehmlich in den Jahren 1543 bis 1547 erbaut. 1623 und später entstand ein Erweiterungsbau mit der „Hornstube". Eine Feuersbrunst vernichtete 1690 den größten Teil der Residenz, darunter auch die Schloßkapelle. Sofort begann der Wiederaufbau, so daß das Schloß schon ab 1693 wieder bewohnbar war. Die Schloßkirche wurde jedoch erst 1738 vollendet. Im zweiten Jahrzehnt des 19. Jahrhunderts erhielt die Ehrenburg unter Herzog Ernst I. ihr heutiges Aussehen.

Der Ausbau Coburgs zur Residenzstadt begann mit der Reformation. Bei der Leipziger Teilung im Hause Wettin im Jahre 1485 verblieb das Coburger Land bei der ernestinischen Linie, und zwar weiterhin als „Pflege Franken" oder „Ortland in Franken", das heißt als südlichstes Vorland des Kurfürstentums Sachsen. Die Landpfleger residierten im Auftrag der sächsischen Kurfürsten auf der Veste Coburg. Der Hofmaler Lucas Cranach d.Ä. wirkte hier im Auftrag Kurfürst Friedrichs des Weisen. Kurfürst Johann der Beständige, Friedrichs Bruder und Nachfolger, nutzte die Veste Coburg zeitweilig als Residenz. Während des Augsburger Reichstags von 1530 gewährte er Martin Luther hier für ein halbes Jahr einen gesicherten Aufenthalt.

Kurfürst Johann Friedrich I., der Großmütige, Johanns Sohn, war es, der im Torgauer Teilungsvertrag von 1541 seinem Stiefbruder Johann Ernst, der 1521 in Coburg geboren wurde und 1553 dort starb, die Coburger Landesportion erstmals als selbständiges Herzogtum zuwies. Mit Johann Ernst begann 1543 der Ausbau des Stadtschlosses Ehrenburg auf den Mauern des säkularisierten Barfüßerklosters unmittelbar am Rand der bisherigen Altstadt. Ohne Zweifel hatte der junge Landesherr die Vorteile des Ortes erkannt: Die die Altstadt einengende Ummauerung konnte aufgesprengt werden, eine Erweiterungsmöglichkeit bot sich zudem auf dem späteren Schloßplatz, der zum Hofgarten am Abhang der Veste übergehen konnte. Alle späteren Landesherren haben von dieser Idee der Raumerweiterung für Coburg als Residenzstadt bis tief ins 19. Jahrhundert hinein profitiert, zumal sich in der alten Bürgerstadt kein Platz für eine Stadtresidenz anbot. Mit seiner Entscheidung für den Ort des Schloßbaus folgte auch der Coburger Landesherr der für die Frühe Neuzeit typischen Verlegung der Residenz von dem unwirtlich gewordenen und auch allmählich der ritterlichen Schutzfunktion entkleideten „Hochsitz" auf der Stammburg der Väter in die Talstadt.

Johann Ernst hatte sich gründlich bei den territorialen Nachbarn Rat eingeholt und die entsprechenden Baukünstler nach Coburg verpflichtet, so Paulus Behaim aus der Reichsstadt Nürnberg, den Baumeister Caspar Vischer, der im Dienst des Bamberger Bischofs an der dortigen Alten Hofhaltung wirkte, und vor allem Nicolaus Gromann, der in Weimar, Torgau und Weida an den dortigen Schloßbauten als Nachfolger von Konrad Krebs gearbeitet hatte. Der „Wendelstein" (Treppenturm) im In-

nenhof der Ehrenburg und die Zwerchgiebel im Dachgeschoß des Südtrakts weisen enge architektonische Verwandtschaft mit so manchem Schloß in Thüringen auf, an dem Gromann mitgewirkt hatte.
1547 konnte Johann Ernst mit seinem Hofstaat endgültig in die inzwischen fertiggestellten Teile seines Stadtschlosses einziehen, um dort dem höchsten Repräsentanten des Reiches, Kaiser Karl V., der legendären Überlieferung zufolge einen würdigen Empfang zu bereiten. Seit diesem Empfang für den Kaiser bürgerte sich zunehmend der Name „Ehrenburg" für die Coburger Stadtresidenz ein. Der Coburger Herzog hatte Karl V. angeblich erklären können, daß er seine Bauern und Handwerker nicht in Fron, sondern gegen Entlohnung am Schloßbau arbeiten ließ, so daß sie die „Burg zu Ehren" ihres Landesherrn mitgebaut hätten. Wie dem auch sei, diese sozial anrührende Legende veranlaßte den Direktor des Coburger Gymnasiums Casimirianum, Johann Matthäus Meyfart, 1626 in seinem bekannten Kirchenlied *Jerusalem, du hochgebaute Stadt ...* in der dritten Strophe zu der euphorischen Metapher für Jerusalem „O Ehrenburg, nun sei gegrüßet mir ..."
Johann Ernst starb bereits 1553 ohne Nachkommen, so daß Coburg seinen Residenzcharakter bis auf weiteres wieder einbüßte. Zwar kümmerte sich Nicolaus Gromann weiterhin um Instandsetzungsarbeiten an der Ehrenburg, doch litt das Land sehr unter den herrschenden Thronwirren. Johann Friedrich der Mittlere kämpfte während der Grumbachschen Händel vergeblich um die Rückgewinnung der Kurwürde und wurde in lebenslange kaiserliche Gefangenschaft nach Österreich abgeführt. Seine unmündigen Söhne Johann Casimir und Johann Ernst standen zunächst unter Vormundschaft des albertinischen Vetters in Dresden. Selbstverständlich hat Herzog Johann Casimir eine Umgestaltung seines Stadtschlosses Ehrenburg im zeitgenössischem Stil nicht vernachlässigt. Bereits 1589 verpflichtete er den Architekten Michael Frey aus Gotha zur Ausstattung des Trakts an der Steingasse mit Amtsstuben und der herzoglichen Münze. Das Casimirianische Prunkportal an der Südfront geht ebenfalls auf ihn zurück.
Als Verbindungsstück und als Abschluß des Vorderen Hofes nach Osten läßt Herzog Johann Casimir 1623 durch den in bambergischen Diensten stehenden italienischen Baumeister Giovanni Bonalino ganz in italienischer Laubenmanier den Altanbau errichten. Als Abschluß zum Hofgar-

ten hin errichtet Bonalino ein Ballhaus für das höfische Federballspiel ebenfalls in italienischer Renaissance.
Auf dem Höhepunkt des Dreißigjährigen Krieges stirbt Herzog Johann Casimir im Jahre 1633. Fast fünfzig Jahre ist Coburg wieder ohne Herrensitz. Mit Herzog Albrecht, dem Sohn Ernsts des Frommen von Sachsen-Gotha und Altenburg, übernimmt im Jahre 1680 ein ganz dem Barockgeschmack zugetaner Herrscher die Regierung in Coburg. Zunächst läßt er nach französischem Vorbild den ansteigenden Platz zwischen der Schloßanlage und dem Hofgarten einebnen, in Quadrate aufteilen und einen Schieß- und Exerzierplatz anlegen. Dabei entsteht auch ein neues Marstallgebäude. Am 9. März 1690 legte „ein plötzlicher und erschröcklicher Brand" vor allem den Nordtrakt des Schlosses Ehrenburg in Schutt und Asche. Dem Herzog schien diese „warme Sanierung" gar nicht so ungelegen, konnte er nun doch in den folgenden Jahren tatkräftig an den Um- und Erweiterungsbau seines Schlosses in barocker Manier gehen, zumal man sich ringsum in den Residenzstädten, hier seien Bamberg oder Würzburg genannt, ebenfalls zu Bauten im „französischen Stil" entschloß. Da durfte man auch in Coburg nicht zurückstehen, wenn auch alles wegen des permanenten Geldmangels um eine Nuance bescheidener ausfiel. Neben Albrechts Hofbaumeister Justinus Bieler wirkte nun Christian Richter aus Weimar mit und schuf nach französischem Vorbild ein typisches Barockschloß. Den bisherigen Nordtrakt ließ er zum „Corps de logis" umbauen und zwei Seitentrakte, zum heutigen Schloßplatz vorstoßend, errichten. Viergeschossige Eckpavillons mit dem typischen Mansardendach schlossen jeweils die Seitenflügel ab, zwischen denen sich nun der Ehrenhof, der „Cour d'honneur", abzeichnete.
Im Zentrum wurden die Wohn- und Repräsentationsräume für die herzogliche Familie untergebracht, im Westflügel entstand die Hofkirche mit dem Riesensaal direkt darüber. Es sind die beiden aus dem Tessin stammenden Stukkateure Bartolomeo und Carlo Domenico Luchese, die 1697 bis 1699 diesen prunkvollen Festsaal gestalteten. 28 barocke überlebensgroße Atlantenfiguren stützen die Decke mit den üppig stukkierten 56 Wappenfeldern des Hauses Wettin und reich bemalten großflächigen Bildfeldern. Der Boden des Riesensaals ist zugleich die Decke für die darunter befindliche Hofkirche, deren Grundstein bereits am 23. Juni 1690 gelegt worden war. Die Stuckarbeiten versahen von 1697 bis 1701 ebenfalls die

Brüder Luchese. Doch zog sich der Ausbau der Hofkirche noch lange hin, so daß sie erst am 4. Februar 1738 eingeweiht werden konnte. Nachdem Herzog Albrecht 1699 kinderlos verstorben war, begann ein langwieriger Erbschaftsstreit, der erst 1735 endete.
Von diesem Zeitpunkt an blieb die Ehrenburg dann ununterbrochen die Stadtresidenz der Coburger Herzöge bis zum Jahre 1918. Es war daher nicht verwunderlich, daß der von 1806 bis 1844 regierende Herzog Ernst I. schon bald nach dem Wiener Kongreß das Schloß umbauen und den Schloßplatz ausgestalten ließ, um seiner Residenzstadt das Aussehen zu verleihen, das sie bis heute zu einer der städtebaulich gelungenen Kleinresidenzen Deutschlands machte. 1827 gründete er im oben erwähnten Ballhaus das Coburger Hoftheater. Als er 1840 das neue Theatergebäude, das den Schloßplatz im Norden bis heute abschließt, erbauen ließ, wurde das Ballhaus abgebrochen und zu den heute noch bestehenden Arkaden umgebaut, wobei die Vorlagen des berühmten Berliner Architekten Karl Friedrich Schinkel maßgebend waren. Dieser wurde auch bei den ersten Planungen zum Umbau der Ehrenburg hinzugezogen. Auf ihn dürften

Der um 1699 fertiggestellte Riesensaal der „Ehrenburg". Fotografie von J. Härtl.

Blick in die Hofkirche der „Ehrenburg".
Fotografie von J. Härtl.

wohl die gotisierenden Fassadenumgestaltungen an der Dreiflügelanlage zurückzuführen sein, die die Ehrenburg zu einem frühen Beispiel einer Stadtresidenz im neugotischen Stil werden ließen. An die Stelle von Schinkel trat bald der Karlsruher Weinbrenner-Schüler Friedrich Streib; die Innenausstattung der Ehrenburg übernahm der französische Architekt André-Marie Renié-Grétry, der auch zusehends die Bauleitung in den Händen hatte. Die eindrucksvollen Prunkräume – Riesensaal, Weißer Saal, Rotes Empfangszimmer, Schlafzimmer des Herzogs Albrecht mit dem übertriebenen, naturalistischen Stuckwerk an der Decke – ließ er unverändert bestehen, der Thronsaal wurde im Stil des nachnapoleonischen Empire umgestaltet und möbliert, das Haupttreppenhaus nach der Vorlage Schinkels klassizistisch umgestaltet.
Die Stadtresidenz Ehrenburg verdankt somit Herzog Ernst I., dessen Standbild nicht von ungefähr inmitten des Schloßplatzes steht, sowohl ihre innere Ausstattung als auch ihr neugotisches äußeres Erscheinungsbild, die sie bis heute bewahrt hat. Er ließ sie zum Mittelpunkt der im 19. Jahrhundert aufgrund ihrer europäischen Heiratspolitik weit über Co-

Die Ehrenburg nach dem 1738 abgeschlossenen Um- und Erweiterungsbau. Der im Vordergrund sichtbare Stetzenbach wurde Anfang des 19. Jh.s zugeschüttet, die Wirtschaftsgebäude später abgebrochen.

burg hinausgreifenden Dynastie werden. Die Fäden der europäischen Politik liefen hier zusammen. Mehrere Familienfeste machten die Ehrenburg zum Schauplatz von Begegnungen der Mächtigen Europas in der Zeit vor dem Ersten Weltkrieg.
Ende August 1863 trafen sich im Riesensaal Kaiser Franz Joseph, der auf dem Rückweg vom Frankfurter Fürstentag in Coburg Station machte, und Königin Victoria von England, um über die deutsche Frage zu diskutieren. Wenige Tage darauf führte die Königin auf Schloß Rosenau entsprechende Gespräche mit König Wilhelm von Preußen, dem Schwiegervater ihrer ältesten Tochter Vicky, der Gemahlin des späteren Kaiser Friedrichs III. Leider führten diese Coburger Gespräche von 1863 zu keinem Ergebnis.

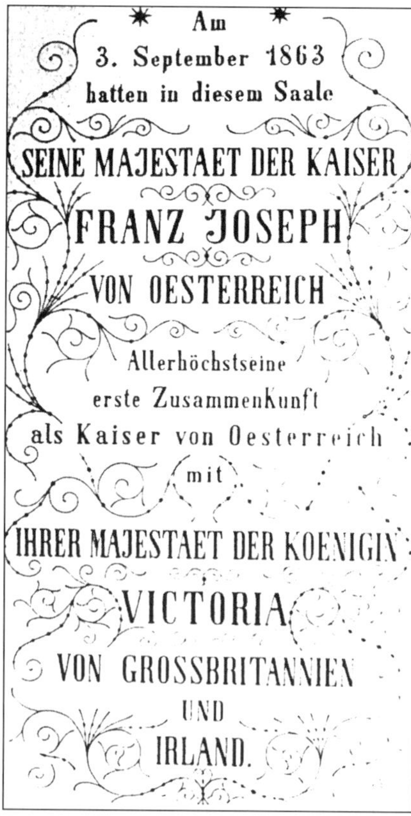

Gedenktafel im Riesensaal; sie erinnert an Coburgs große Zeit, als die „Ehrenburg" Schauplatz weltgeschichtlicher Begegnungen war.

Bei ihrem letzten Besuch anläßlich der Hochzeit ihres Enkels, des Großherzogs Ernst Ludwig von Hessen-Darmstadt, mit ihrer Enkelin, der Prinzessin Victoria Melita von Sachsen-Coburg und Gotha, am 19. April 1894, versammelte Queen Victoria ein letztes Mal den gesamten Hochadel Europas um sich, darunter ihren Enkel, den deutschen Kaiser Wilhelm II., und den zukünftigen Zaren Nikolaus II. Die große Überraschung dieser

Die Coburger Fürstenhochzeit von 1894. (Fotografie) Unter den Gästen Königin Victoria von Großbritannien und Irland (untere Bildmitte), der Deutsche Kaiser Wilhelm II. (sitzend links) und der spätere Zar Nikolaus II. von Rußland (stehend mit Melone) und seine Verlobte, die hessische Prinzessin Alix. Alle waren sie mit dem Haus Sachsen-Coburg und Gotha verwandt.

Coburger Fürstenhochzeit war die Bekanntgabe der Verlobung des Zarennachfolgers mit der Prinzessin Alix von Hessen-Darmstadt, ebenfalls einer Enkelin der Queen. Beide wurden 1918 im Laufe der Russischen Revolution mit der gesamten Zarenfamilie erschossen.
Am 20. April 1896 bildete Schloß Ehrenburg den Schauplatz für die Hochzeit der dritten Tochter Herzog Alfreds, Prinzessin Alexandra, mit Ernst Fürst zu Hohenlohe-Langenburg, der dann von 1900 bis 1905 Prinzregent für den noch minderjährigen letzten Herzog Carl Eduard war. Am 2. August 1898 fand die Hochzeit zwischen Prinzessin Dorothea von Sachsen-Coburg und Gotha (Familienzweig Kohary), einer Nichte des Zaren Ferdinand von Bulgarien, mit Herzog Ernst Günther von Schleswig-Holstein ebenfalls hier statt.

Denkmal Herzog Ernsts I. auf dem Rondell des Schloßplatzes. Fotografie von F. Herzer (1996).

Das Schloss in Altenburg

Juliane Brandsch

Blick zum hochgelegenen Residenzschloß. Fotografie von W. Haun (1993).

Der östlich der Stadt gelegene, strategisch günstige Porphyrfelsen ist seit dem frühen Mittelalter besiedelt. Mitte des 10. Jahrhunderts ließen Liudolfinger-Kaiser hier eine Burg errichten, von der bzw. deren Nachfolgerbauten (u. a. 1444 und 1518 hatten Brände die Burg zerstört) bis ins 16. Jahrhundert keine sichtbaren Spuren geblieben sind. Einzig ein Kupferstich von Merian zeigt das imposante Schloß in seiner Gestalt vor 1605. 1606/09 wurde im westlichen Burgbezirk ein Neubau aufgeführt, von dem nur der Südflügel in der Gegenwart noch Zeugnis gibt. Die heutige Gesamtgestalt des Schlosses geht auf den Barockneu- und -ausbau der Jahre 1706/44 zurück. Die Großbrände in den Jahren 1864, 1868 und 1905 richteten beträchtliche Schäden an und machten neue Ausgestaltungen erforderlich.

Die wettinischen Markgrafen, denen die Reichsburg Altenburg Mitte des 13. Jahrhunderts bereits verpfändet worden war, entrissen diese den kaiserlichen Truppen nach der Schlacht bei Lucka 1307 durch List. Am 23. Juni 1329 wurde diesem Tatbestand mit der förmlichen Belehnung des gerade mündigen Markgrafen Friedrich II., des Ernsthaften, mit dem Burggrafenamt, dem Mantelturm – der sogenannten „Flasche", einem aus dem 11. Jahrhundert stammenden Wohnturm, der später als Getreidespeicher und Gefängnis benutzt wurde – und den zugehörigen Reichsgütern und Rechten auch rechtskräftig entsprochen.
Der erste Wettiner, der Altenburg zu seiner ständigen Residenz erhob, war Friedrich III., der Strenge. Sein Nachfolger Markgraf Wilhelm II., der Reiche, wirkte mit großem Eifer für die Verstärkung und Verschönerung seiner Residenz. Die Erhebung der Kapelle St. Georg 1413 zur Stiftskirche, ihr demgemäßer Ausbau mit einem großen Chorraum, gehen auf ihn zurück. Das 15. Jahrhundert prägte überhaupt die Gestalt der heutigen Schloßkirche: Der äußerlich schönste und reichste Schmuck sind die Strebepfeiler am Chor, deren Bögen für den Übergang von der Hoch- zur Spätgotik bezeichnend sind. Die Gestaltung des Hauptschiffes, des ältesten Kirchenteils, war in der Ausführung damals wohl schlichter, doch

Das Schloß zu Altenburg in einem Stich aus dem 19. Jh.

hat eine spätere Verzierung mit Blendmaßwerk es dem Chor angeglichen. In der 2. Hälfte des 15. Jahrhunderts ist dem Hauptschiff ein niedrigeres Nordschiff angebaut worden, das sich in zwei Bögen zum Hauptschiff öffnet und mit Sternengewölben gedeckt ist. An der Ostwand dieses Nordschiffes, die damals wohl an einen noch stehenden Kirchturm angelehnt war, fand sich innen unter mehreren Putz- und Farbschichten bei Restaurierungsarbeiten in den 70er Jahren ein 1488 datiertes Seccogemälde. Die hohen, reichen Fischmaßwerkfenster wurden ebenfalls damals ausgeführt und die Südfenster des Langhauses vergrößert. Die zuvor nur über den Hof zugängliche Kirche erhielt an der Außenseite einen Altan. Mit der Reformation wurde das Stift 1533 aufgehoben, geblieben ist das Domherrengestühl in der Schloßkirche.

Blick in den Schloßhof. Der Turm stammt noch von der mittelalterlichen Burg, der Lieblingspfalz des Stauferkaisers Friedrich I. Barbarossa. Fotografie von F. Herzer (1995).

Mitte des 15. Jahrhunderts wurden angesichts des Bruderzwistes zwischen Friedrich II., dem Sanftmütigen, und Wilhelm III., dem Tapferen, neben dem Schloßneubau nach einem Brand 1444 auch die Befestigungsanlagen ausgebaut und vollendet. Aber ein anderes Ereignis, das mit diesem Krieg in Zusammenhang stand, erwies sich als von weit größerer Bedeutung: der Altenburger Prinzenraub.

Ritter Kunz von Kauffungen, der schon zuvor einen gewissen Ruf als Straßenräuber erworben hatte, focht im Bruderkrieg 1446 bis 1451 für die

Darstellung vom „Sächsischen Prinzenraub" aus dem 19. Jh.

Kurfürst Friedrich der Sanftmütige und seine Söhne Ernst und Albrecht im Dresdner „Fürstenzug", der zwischen 1872 und 1876 von Adolf Wilhelm Walter für das Dresdner Residenzschloß geschaffen wurde.

Partei des Kurfürsten Friedrich. Mit diesem Krieg in Zusammenhang stehende Schäden, die Kunz entstanden waren und für die er Genugtuung forderte, etwa ein Lösegeld, das seine Familie zahlen mußte, um ihn aus der Gefangenschaft der gegnerischen Truppen zu befreien, wurden vom Kurfürsten nicht beglichen. Um dieses zu erzwingen, verschaffte sich Kunz mit den damals 14- bzw. 12jährigen Söhnen des Kurfürsten, Ernst und Albrecht, zwei Faustpfänder. In der Nacht vom 7. zum 8. Juli 1455 – der Kurfürst war mit einem Teil der Hofleute nach Leipzig gefahren, der Kanzler und der Rest des Hofes vergnügten sich auf einer Verlobungsfeier, der Pförtner der Burg lag krank im Bett – erkletterte Kunz von Kauffungen mit seinen Gesellen die Außenmauern, drang in die Prinzengemächer ein und raubte die Kinder. In zwei Gruppen versuchten die Entführer, mit den Geiseln außer Landes zu kommen, doch die Flucht mißlang. Kurfürst Friedrich und seine Gemahlin Margarethe von Österreich konnten die Prinzen unversehrt in Empfang nehmen, Kunz von Kauffungen wurde am 14. Juli 1455 auf dem Freiberger Markt mit dem Schwert hingerichtet. Diese Geschichte war wahrhaft ein Stoff für Moritaten. In allen literarischen Genres wurde das Thema des Altenburger Prinzenraubs aufgenommen. Auf Gemälden, auf Spielkarten finden sich bildliche Darstellungen. Auf der wohl ältesten dramatischen Fassung des Stoffes, handschriftlichen Seiten von Nikolaus Rosthius aus Altenburg (1585), basierte im übrigen eine Theateraufführung am 15. Mai 1589 im Schloß zu Weimar vor fürstlichen Personen.

Margarethe, die Mutter der beiden Knaben, galt als eine der bedeutendsten Fürstinnen im Hause Wettin. In Abwesenheit ihres Mannes führte sie alle Regierungsgeschäfte und nahm auf politische Entscheidungen Einfluß. Auch die Beilegung des Bruderzwistes soll ihr zu danken sein. Anläßlich ihrer Hochzeit im Jahre 1431 setzte sie – Beispiel ihrer strengen Religiosität und ihres Durchsetzungsvermögens, weniger ihrer Toleranz – die Vertreibung sämtlicher Juden aus den meißnischen Ländern durch. Nachdem Kurfürst Friedrich II. 1464 gestorben war, behielt Margarethe ihren Witwensitz in Altenburg. Damals ließ sie das Kornhaus im Südosten der Burg errichten, dessen Vorräte in Teuerungszeiten die Stadt vor Hunger bewahren sollten. Margarethe beeinflußte auch die gemeinsame Regierung ihrer beiden damals noch in Dresden residierenden Söhne Ernst und Albrecht, Stifter der ernestinischen bzw. der albertinischen Linie der

Wettiner, die 1485 die Leipziger Landesteilung vollzogen, welche forthin die Geschicke Mitteldeutschlands bestimmte. Als die Kurfürstin 1486 starb, erhielt sie ihr Grab im Chor der Altenburger Schloßkirche, wo es noch heute zu sehen ist.

Margarethe von Österreich, die Gemahlin Friedrichs des Sanftmütigen.

Ihr Enkel, Kurfürst Friedrich der Weise, wählte wieder Altenburg zu seiner Residenz. Seinen Beinamen führte er zu Recht. Sein Vater hatte ihm eine gute Ausbildung in theologischen, altsprachlichen und naturwissenschaftlichen Fächern angedeihen lassen. Diese Wertschätzung der Wissenschaften mag Friedrich auch bewogen haben, im Jahre 1501/02 in Wittenberg eine Universität zu gründen. Die Geschichtsschreiber priesen ihn zudem als gottesfürchtig, gewissenhaft, milde, sparsam, als Freund der Malerei (Lucas Cranach) und der Musik (Johann Walther). Politisch kümmerte er sich um das Wohl der eigenen Länder ebenso wie um das des Reiches. Auf ihn ging die Forderung nach einem höchsten Gerichtshof, dem Reichskammergericht, auf dem Reichstag zu Worms 1495 zurück. Friedrich der Weise beförderte die Reformation in vielfältiger Weise, vor allem durch seinen Hofkaplan Georg Spalatin, der seit 1511 Domherr im Georgenstift auf der Altenburger Burg gewesen war. Luther selbst war zum ersten Mal im Januar 1519 in Altenburg, als er eine Unterredung mit dem päpstlichen Legaten Karl von Miltitz in des Domherren Spalatinus Wohnung hatte. Er sollte später noch öfter kommen, denn die Reformation des Altenburger Landes ging relativ rasch voran, bereits 1529 wurden hier die Klöster aufgehoben.

Im Schmalkaldischen Krieg wechselte Altenburg mehrfach den Besitzer und kam dann im Jahre 1554 endgültig an die ernestinischen Herzöge. Doch diese blieben kaum längere Zeit hier und sorgten nur für Erhaltungsmaßnahmen am Schloß.

Kurfürst Friedrich der Weise.
Kupferstich von A. Dürer (1524).

Erst Herzog Johann von Sachsen, der Altenburg erstmals bei der Huldigung im Jahre 1586 kennenlernte, zeigte sich von der Schönheit des Schlosses und seiner Lage so angetan, daß er sich hier niederzulassen entschloß. Er ließ die Gebäude wohnlicher herrichten und ausschmücken, das Innere der Schloßkirche verschönern, den damaligen Altar vergrößern. Auch der Schloßpark im östlich der Burgbefestigungen gelegenen Wäldchen wurde unter Johanns Ägide angelegt. Bei seiner Italienreise 1589 hatte er in dortigen Residenzen prächtige Gärten im Renaissance-Stil gesehen, die ihn zur Nachahmung anregten. So ließ er 1593/94 den Wald roden, das Gelände mit einer Mauer einfassen, einen Lustgarten mit rechteckigen oder quadratischen Feldern anlegen, die durch Lattenwerk zimmerartig getrennt waren, eine kleine Wasserkunst bauen, Rosen, Nelken, Salbei, Lavendel, Rosmarin, Buchsbaum und Lorbeer pflanzen. Die Gärtner kauften „welsche und fremde Gewächse von weit her". 1593 feierte Herzog Johann seine Hochzeit mit Dorothea Maria von Anhalt-Zerbst in Altenburg, neun seiner zwölf Kinder wurden hier geboren. Doch so wohl er sich hier mit seiner Familie gefühlt haben mag – nach dem Tode seines älteren Bruders Friedrich Wilhelm I. im Jahre 1602 zog er in dessen Weimarer Residenz. Das Schloß blieb dennoch nicht lange unbewohnt, denn Friedrich Wilhelms I. Witwe, Anna Maria aus dem Hause Pfalz-Neuburg, zog 1604 mit allen acht noch lebenden Kindern und dem ganzen Hofstaat des neuen Herzogtums Sachsen-Altenburg hier ein. Sogleich wurde ein völliger Neubau des Wohnschlosses im Westen der Burg beschlossen, über den man sich aus zeitgenössischen Gemälden und den Kostenvoranschlägen des Dresdner Baumeisters Melchior Brenner – eben jenes M. Brenner, der etwa gleichzeitig auch mit dem Umbau des Merseburger Residenzschlosses befaßt war – ein Bild machen kann, auch wenn dieser Bau ebenfalls nicht mehr existiert. Der Hof verließ 1611 das Schloß. Erst 1618 kam mit Johann Philipp wieder ein Regent hierher zurück, der sich vor allem die Gestaltung des Schloßgartens angelegen sein ließ: Eine Fasanerie und ein Tiergarten mit Rehen und Wildschweinen wurden angelegt. Im Teich des östlich gelegenen Vorwerks konnten Fische ebenso beobachtet werden wie Wildenten und Schwäne. Teure fremde Pflanzen wurden eingeführt und teils in der Orangerie gepflegt. Tulpen, Hyazinthen, Narzissen, Gladiolen, Iris aus Indien und Afrika, Agaven, Aloe, Kakteen und Pomeranzen wurden gezeigt, gelegentlich auch

als Gunstbeweis verschenkt. Im Lusthaus waren Statuen zu bewundern, in den Volieren war der Gesang von Finken, Drosseln und Amseln zu genießen.
Der Dreißigjährige Krieg mit seinen Plünderungen ging am Altenburger Schloß nicht spurlos vorbei, aber der gepflegte Garten wurde von den Besatzern wegen seiner Schönheit geschont. Auch in Kriegszeiten fanden Freudenfeste statt, so im Jahre 1636 die Hochzeit von Johann Philipps einziger Tochter Elisabeth Sophie mit Ernst dem Frommen von Sachsen-Weimar, dem späteren Regenten von Sachsen-Gotha, sowie die Vermählung des jüngeren Bruders von Johann Philipp, Friedrich Wilhelm II. Posthumus, mit Sophie Elisabeth von Brandenburg im Jahre 1638. Im Jahre 1646 zog noch die jüngste, seit 1644 verwitwete Schwester Johann Philipps, Dorothea von Sachsen-Eisenach, in Altenburg ein. Sie bewohnte bis zu ihrem Tod 1675 das Obergeschoß des Südflügels. Doch diese Hofhaltungen waren nicht sehr glamourös, sondern vielmehr still und fromm.

Blick zur Schloßkirche. Fotografie von F. Herzer (1995).

Als jedoch Friedrich Wilhelm II. in zweiter Ehe 1652 die Witwe des dänischen Kronprinzen, Magdalene Sibylle aus dem Hause Sachsen, heimführte, begann eine Zeit prächtiger Gastmähler und glanzvoller Lustbarkeiten. Auf Veranlassung der Herzogin wurde mit Hans Christoph Lengefeld ein Hofkomödiant fest angestellt, der von 1653 bis 1667 als Spielleiter bei Aufzügen und Ritterspielen wirkte, auch für dramatische Aufführungen im Schloßpark und im Riesensaal, einem Raum im damaligen Nordflügel des Schlosses, oder im Ballhaus sorgte und dazu fremde Komödianten engagierte. Friedrich Wilhelms II. ernsthaftes Interesse an der Pflege der Musik läßt sich daran ermessen, daß er zwei der bedeutendsten Musiker seiner Zeit nach Altenburg berief: Aus Eisenach kam 1652 Johann Jacob Löwe, ein Schüler Heinrich Schütz' und späterer Schöpfer der berühmten Braunschweiger Oper, und nach dessen Fortgang 1654 der Leipziger Johann Rosenmüller, der aber bald wieder entfloh, da er eines schweren Sittlichkeitsverbrechens bezichtigt wurde. Seitdem kann Altenburg als die älteste Pflegestätte des thüringischen Musikdramas gelten. Die vergnügten Hoffeste endeten, als die Herzogin 1668, Friedrich Wilhelm II. ein Jahr später starben. Beide wurden in der von Friedrich Wilhelm II. 1663 eingerichteten Fürstengruft bestattet. Der verwaiste Herzog Friedrich Wilhelm III. folgte nicht einmal fünfzehnjährig seinen Eltern im Jahre 1672 nach.

Ernst I., der Fromme, von Sachsen-Gotha erbte den größten Teil des Fürstentums, doch weder er noch sein Sohn Friedrich I. kümmerten sich übermäßig um Schloß und Garten in Altenburg. Vielmehr holte Friedrich die Schätze des Schlosses, Möbel, Kleinodien, Wäsche, Bilder und vor allem die umfangreiche Altenburger Bibliothek sowie wertvolle Nutz- und Zierpflanzen von hier weg nach Schloß Friedenstein. Auch den Altenburger Gartenexperten Tobias Günther d.J., der mit der damals modernen französischen Gartenkunst vertraut war, befahl er nach Gotha und Friedrichswerth.

Nach dem Tode seiner Stiefmutter Christina, die von 1691 bis 1705 in Altenburg ihren Witwensitz hatte, begann Friedrich II. von Sachsen-Gotha und Altenburg 1706 mit dem Neubau des Altenburger Schlosses, der erst unter seinem Nachfolger Friedrich III. 1744 abgeschlossen wurde. Das Gebäude, das zuletzt Anfang des 17. Jahrhunderts umgebaut worden war, entsprach den Bedürfnissen der fürstlichen Repräsentationskultur mit der nun wesentlich aufwendigeren und prunkvolleren Lebensweise am Anfang des 18. Jahrhunderts nicht mehr. Johann Heinrich Gengenbach und Gottfried Samuel Vater, der seine Ausbildung dank finanzieller Hilfe Friedrichs II. auch auf einer mehrjährigen Italienreise vervollkommnen konnte, waren die Baumeister des Altenburger Barockschlosses. Friedrich III. hatte zwar kein sonderliches Interesse an seiner Zweitresidenz in Altenburg, aber er folgte bezüglich des Schloßumbaus den Plänen seines Vaters. Das Corps de logis wurde erweitert, ein neuer Nordflügel weiter nach Norden verschoben angebaut und im rechten Winkel dazu der Saalbau, der nach einem Brand 1864 neu errichtet wurde. Die Außenfassaden aller Gebäudeteile waren äußerst schlicht, ebenso die Hoffassaden des Süd- und des Nordflügels. Nur das Corps de logis war reich geschmückt: Der Mittelrisalit wurde durch einen dreieckigen Giebel gekrönt, in dem Genien das herzogliche Wappen hielten, auf Verzierungen mit reichen floralen Motiven saßen Fanfare blasende Putten, über dem Haupteingang trugen Konsolen einen Balkon. Die Innenräume, besonders die Audienzzimmer wurden mit Stukkaturen, Gemälden und wertvollen Tapeten künstlerisch gestaltet. Zu den Neuerungen des Barockausbaus gehören auch das 1718 errichtete und 1868 wieder abgebrannte Schloßhauptmannsgebäude östlich der Schloßeinfahrt, der Brunnen im Schloßhof, die 1725 errichtete neue Schloßauffahrt mit zwei Obelisken, auf deren Postamenten Statuen der Minerva und des Hercules stehen, sowie das mit Statuen, Vasen und Trophäen geschmückte Schloßtor. Im Chor der Schloßkirche hatte Gottfried Heinrich Trost damals eine mächtige Orgel aufgerichtet, die auszuprobieren Johann Sebastian Bach 1739 eigens nach Altenburg kam: Er war des Lobes voll.

Auch dem Schloßpark wendete Friedrich II. große Aufmerksamkeit zu. Schon sein Regierungsantritt war mit einem riesigen Feuerwerk im Park gefeiert worden. Französisch beschnittene Edelobstbäume gehörten nun zum Lustgarten, ebenso wie vier Blumenquartiere mit Tulpen und Hyazinthen, in deren Mitte eine große Fontäne sprang. Sie wurden 1744 durch überlebensgroße Statuen von Johannes Jeremias Martini, Allegorien der vier Tageszeiten, ergänzt. In den Nischen der umgebenden Buchenhecke standen Götterbildnisse. Auch die Gebäude des Gartens wurden verändert: Statt der alten Pomeranzenhäuser errichtete Baumeister Gengenbach eine Orangerie, die von zwei hellen Gewächshäusern mit Orangen, Zi-

tronen, Zedern, Lorbeer und Kaffeebäumen flankiert wurde. Das Lusthaus ersetzte man durch ein Teehäuschen. Weiter unten im Park errichtete man 1720 ein Gartenhaus, Schönhaus genannt, das seinen Reiz durch den Standort über einem Wassergraben gewann. Im früheren Ballhaus östlich der Orangerie, in dem schon seit 1605 gelegentlich Schauspiele aufgeführt worden waren, richtete man 1727 aus Anlaß des Geburtstages der Herzogin nun endgültig ein Schloßgartentheater ein, wo Oper und Schauspiel bis 1864 eine Heimstatt fanden.
Die Gothaer Herzöge kamen, obgleich nun ihre Altenburger Residenz so prächtig vollendet war, nur selten hierher. Kleinere Bauprojekte wurden dennoch umgesetzt. So stattete man den Kirchsaal im Südflügel des Schlosses in der 2. Hälfte des 18. Jahrhunderts im Rokoko-Stil aus, wovon heute nur noch eine alte Fotografie zeugt. Die heutige Neorenaissance-Gestalt erhielt der Raum erst nach einem Brand im Jahre 1905. Da sich auch die Vorstellungen von einem repräsentativen Garten im weiteren Verlauf des 18. Jahrhunderts änderten, begann im Jahre 1787 unter Leitung Hans Wilhelm von Thümmels eine Umgestaltung nach englischem Vorbild, die den Pflanzen ihren natürlichen Wuchs ließ, Wert auf Asymmetrien, Wiesen, Baumgruppen und überraschende Durchblicke legte.

Großer Festsaal des Schlosses. Fotografie von E. Piehler (1995).

Die Wirrnisse der Befreiungskriege schadeten dem Schloß so sehr, daß Friedrich von Sachsen-Hildburghausen, der nach Aussterben der Gothaer Linie 1825 das Fürstentum Altenburg erhielt, lieber in Hummelshain lebte. Doch Herzog Joseph ließ dem Haus alle Pflege angedeihen, die seine Mittel zuließen. Daß er 1848 zugunsten seines Bruders Georg abdankte, war ebenso eine Folge der bürgerlichen Revolution wie der Tatsache, daß er selbst, im Gegensatz zu seinem Bruder, keine männlichen Nachkommen hatte. Doch seine Töchter waren von einer damals legendären Schönheit, wovon Gemälde im Schloß noch heute einen Eindruck vermitteln. Die jüngste von ihnen, Alexandra, heiratete 1848 einen Großfürsten von Rußland, Konstantin Nikolajewitsch Romanow. Das 19. Jahrhundert machte die Altenburger Residenz wiederum zu einem bemerkenswerten Mittelpunkt der Kultur in Thüringen. Das am Fuße des Schloßparks 1877 erbaute Lindenau-Museum bewahrt bis heute bedeutende Gemälde-, Skulptur- und Antikensammlungen, das unterhalb der Schloßauffahrt gelegene Hoftheater, das heutige Landestheater, wurde 1871 eingeweiht.

Der 1955 verstorbene letzte Herzog von Sachsen-Altenburg, Ernst II., dankte am 13. November 1918 als Regent ab und zog sich in sein Jagdschloß „Fröhliche Wiederkunft“ in Wolfersdorf zurück. Im Jahre 1943 übergab er als Vorsitzender der Herzog-Ernst-Kulturstiftung das Schloß in aller Form der Stadt Altenburg. Heute dienen Räume im Schloß und im Mantelturm als Museum – u.a. Prinzenraubausstellung, Spielkartenmuseum, Porzellan-, Uhren-, Waffenausstellungen, Ur- und Frühgeschichte –, als Konzert- und Kultursäle, für kommunale Einrichtungen und Wohnungen. Als 1987 die alte Junkerei bis auf die Außenmauern abbrannte, war der Schaden für die gesamte Anlage groß. In dem wiederaufgebauten Gebäude brachte man das Thüringische Staatsarchiv Altenburg unter. Im Prinzenpalais, östlich der Schloßeinfahrt, tagt heute unter anderem das Skatgericht. Skat aber hat die kleine thüringische Stadt in aller Welt wohl noch bekannter gemacht, als es die Fürsten und ihre Geschichte(n) vermochten.

Das Stadtschloss in Jena

Anka Zinserling

Das 1905 abgebrochene Jenaer Schloß. An seinem Platz befindet sich heute das von 1905 bis 1908 erbaute Universitätshauptgebäude.

Im Jahre 1471 wurde die ältere Schloßanlage im Zusammenhang mit einem Anbau erstmalig erwähnt. 1566 bis 1570 entstand der Johann-Wilhelmer-Bau anstelle des mittelalterlichen Westtrakts. Umfangreiche Umbauten und Erweiterungen fanden 1659/62 statt. 1905 wurde das Schloß abgebrochen; an gleicher Stelle schuf 1905/08 der Architekt Theodor Fischer unter Nutzung einiger Bauteile des Schlosses das heutige Universitätshauptgebäude.

Als im Jahre 1905 der Abriß des Jenaer Stadtschlosses in vollem Gange war, um dem Neubau des Universitätshauptgebäudes Platz zu machen, war man sich ganz offensichtlich der Geschichte des einstigen Residenzschlosses bewußt. Im Mittelalter stand an dieser Stelle vermutlich eine Wasserburg, über deren Gestalt heute keine Aussagen mehr getroffen werden können. Den spätmittelalterlichen Zustand der Schloßanlage überliefert eine Radierung von Johann Mellinger aus dem Jahre 1571. Der an der Nordseite gelegene Palas war damals der repräsentativste Teil der Gesamtanlage. An seiner Stelle wurde später der Nachfolgebau, das Barockschloß, errichtet. An der Südfront des Palas hatte Herzog Wilhelm III. im Jahre 1471 einen Reittreppenturm anfügen lassen, der vermutlich die Fundamente des alten Bergfrieds nutzte. Südlich des Palas erstreckte sich ein mit Türmchen bewehrtes Gebäude, das später als Marstall und Kornhaus diente. Herzog Johann Wilhelm ließ den mittelalterlichen Westtrakt ab 1566 abreißen und bis 1570 durch den sogenannten Johann-Wilhelmer-Bau ersetzen. Davon zeugt die noch heute erhaltene,

So sah das Schloß im 16. Jh. aus.
Ausschnitt aus dem Kupferstich von Johann Mellinger (1571).

an der Turmfassade des Universitätshauptgebäudes plazierte Bauinschrift. Sein endgültiges Erscheinungsbild erhielt das Jenaer Schloß im 17. Jahrhundert. Einen Zwischenschritt auf diesen Zustand hin bildeten die unter Herzog Johann Ernst I. um 1620 veranlaßten Bauaktivitäten. Die westliche Hälfte des alten Palas wurde abgerissen und durch ein wenig solide gebautes neues Residenzhaus ersetzt. Ein um 1650 geschaffener Kupferstich von Matthäus Merian hält diesen Zustand fest.

Herzog Wilhelm IV. von Sachsen-Weimar begann 1659 mit einer tiefgreifenden Umgestaltung des Schlosses, das er als Wohnsitz für seinen viertjüngsten Sohn, Herzog Bernhard, vorgesehen hatte. Zunächst wurde das nur vier Jahrzehnte zuvor errichtete Schloß nebst dem damals noch verbliebenen östlichen Teil des alten Palas abgebrochen. Auf starken Fundamenten und aus Steinen des „zerbrochenen Schlosses Greifberg am Hausberg über dem Saalstrohm", wie der Jenaer Stadtchronist Adrian Beier berichtet, ließ der Herzog das neue Schloß errichten, das in der Mitte des 18. Jahrhunderts unter Herzog Ernst August II. Constantin eine Restaurierung erfuhr, bis es schließlich am Anfang des 20. Jahrhunderts einem anderen Bau weichen mußte.

Nach Norden, nach dem Fürstengraben hin, bot das barocke Schloß eine karge, völlig schmucklose dreigeschossige Fassade mit hochrechteckigen Fensterreihen. Die Hauptfront lag an der Südseite gegen den Binnenhof hin und war schlicht gestaltet. Auf dem steilen, oben flachen Dach mit erkerartigen Ausbauten nach Norden und Süden hatte der Jenaer Mathematiker und Astronom Erhard Weigel im Jahre 1661 seine berühmte Himmelskugel installiert, eine Konstruktion aus Eisenblech, um die sich außen herum eine „Sphaera armillaris" befand, an der der jeweilige Planetenstand abgelesen werden konnte. Sie wurde 1692, nachdem das Jenaer Herzogshaus ausgestorben war, wieder entfernt.

Mit dem Einzug Herzog Bernhards und seiner Gemahlin, der Französin Maria von Tremouille, mit der er am 10. Juni 1662 in Paris vermählt worden war, begann die Glanzzeit des Schlosses. Bernhard umgab sich mit einem Hofstaat und richtete eine Hofkapelle aus Pfeiffern und Trompetern ein, die von Zeitgenossen gerühmt wurde. Nach der Teilung, die die Weimarer Brüder infolge des Anfalls eines Teils von Sachsen-Altenburg im Jahre 1672 vornahmen, enstand unter anderem das selbständige Herzogtum Sachsen-Jena. Bernhard wurde regierender Herzog, das Schloß

Jena seine Residenz, in der sich ein reges musikalisches Leben entfaltete, nachdem die Weimarar Hofkapelle nach Jena übernommen worden war. Der von Bernhard geförderte Komponist und Hofkapellmeister Adam Drese brachte im Schloß französische Opern und Ballette zur Aufführung.

Ausdruck dessen war auch die Bautätigkeit, die Bernhard, den geringen finanziellen Möglichkeiten des winzigen Ländchens entsprechend – es mißt ganze 515 Quadratkilometer – unternahm. 1668 ließ er das neue Schloß mit den Johann-Wilhelmer-Bau durch einen schmucklosen Verbindungsbau verknüpfen. Die alte Stechbahn im östlichen Teil des Schloßhofes war für die prachtvollen Ringrennen der höfischen Gesellschaft zu schäbig geworden. Sie mußte im gleichen Jahr einer zweigeschossigen Reithalle weichen, die mit dem rechtwinklig anstoßenden Kornhaus durch einen Zwischenbau verbunden wurde. Die östlichen niedrigen Anbauten an das Schloß, die als Küche und später als Hauptwache dienten, stammten gleichfalls aus dieser Zeit. Die südlich der Schloßanlage gelegene untergeordnete Gebäudesubstanz diente wohl schon seit jeher als Wirtschaftskomplex. 1620 entstand rechtwinklig zum Kornhaus – und in dieses teilweise eingebunden – ein neues Amtshaus, das später als Amtsgericht fungierte. Die niedrigen südlichen Fachwerkbauten enthielten Gefängnisse.

Auch das Gesicht Jenas gewann durch den Status der Stadt als Residenz eines Herzogtums. Verwaltungsbehörden und Landstände wurden in Jena ansässig. Die fürstlichen Beamten errichteten sich prunkvolle barocke Wohnhäuser in der Innenstadt. Dennoch blieb die Residenzperiode Jenas nur Episode. Der neuentstandenen Linie Sachsen-Jena war kein Glück beschieden. Die Ehe Bernhards und Marias war ausgesprochen unglücklich, zwei Kinder sterben sehr jung, eines wird tot geboren, ein Prinz stirbt fünfzehnjährig. Nur die Prinzessin Charlotte Maria erlebt ein höheres Alter und wird die Gemahlin ihres Cousins, des Herzogs Wilhelm Ernst von Sachsen-Weimar. Herzog Bernhard selbst stirbt bereits mit vierzig Jahren, da ist sein Sohn und Nachfolger Johann Wilhelm gerade drei Jahre alt. Vier Jahre später verliert der Prinz auch seine Mutter. Johann Wilhelm steht unter der Vormundschaft seines Weimarer Onkels Johann Ernst bis zu seiner Volljährigkeit, die er jedoch nicht erreicht. Mit seinem Tod im Jahre 1690 erlischt auch die Linie Sachsen-Jena und mit ihr das Herzogtum, das nicht einmal zwei Jahrzehnte lang existiert hatte. Es fällt zunächst an Sachsen-Eisenach, dann 1741 wieder an Sachsen-Weimar; das Schloß dient während dieser Zeit als Nebenresidenz.

Im 18. und 19. Jahrhundert erfuhr der Schloßkomplex keine weiteren, sein Aussehen wesentlich beeinflussenden Veränderungen. Lediglich der zur alten Stadtbefestigung gehörende Eckturm erhielt ein Obergeschoß, aus dessen stumpfkegeligem Dach eine achteckige Laterne aufstieg, die von einer Schweifkuppel bekrönt war. Auf dem abgeplatteten Dach des eigentlichen Schlosses war von 1720 bis 1751 eine hölzerne Galerie aufgestellt worden, die aus zwölf überlebensgroßen versilberten Figuren – Allegorien der Jahreszeiten, Elemente und Erdteile – bestand, die dann ein schmiedeeisernes Gitter ersetzte.

Während der Regierung Herzog Ernst August II. Constantin erhielt der von flachen Pilastern gerahmte Mittelrisalit des Schlosses an der Hofseite die dem Rokokogeschmack entsprechende dekorative Ausgestaltung. Eine Wappenkartusche über dem Eingangsportal schmückte die Supraporte, die von einem Baldachin überfangen war. Auch die im Universitätshauptgebäude wiederverwendete geschnitzte Eichenholztür, die in den Mittelfeldern die reich verschlungenen Initialen des damaligen Herzogs zeigt, entstand im Zusammenhang mit der Neugestaltung des Mittelrisalits.

Die Nutzung des Jenaer Schlosses durch die in Weimar residierende herzogliche Familie, als deren Gast auch Goethe dort oft Quartier genommen hatte, endete 1806, als das Gebäude im Anschluß an die Schlacht zwischen Napoleon und den Preußen als Lazarett Verwendung fand und demzufolge arg ramponiert wurde. Von da an dienten die Räume, wie auch die übrigen zum Gesamtkomplex der Schloßanlage gehörigen Gebäude, größtenteils Zwecken der Universität. Viele der wissenschaftlichen Einrichtungen, die sich im Laufe des 19. Jahrhunderts etablierten, wurden aus Mangel an anderen Unterbringungsmöglichkeiten zunächst in verschiedenen Räumlichkeiten des Schloßkomplexes untergebracht. Zu Neubauten fehlte es den ernestinischen Erhalterstaaten (Sachsen-Weimar-Eisenach – seit 1815 unter Carl August Großherzogtum –, Sachsen-Coburg-Gotha, Sachsen-Meiningen und Sachsen-Altenburg) an den dafür nötigen Finanzmitteln. So war bereits 1779 das herzogliche „Musäum oder Naturalien-Kabinett" von Weimar in das Jenaer Schloß verlegt worden.

Nach 1900, unmittelbar vor dem Abbruch der Anlage, wurde das Schloß für alles Mögliche genutzt. Die Abgußsammlung des Archäologischen Museums befand sich im Erdgeschoß des eigentlichen Residenzhauses, andere Bestände in den östlich an das Residenzhaus anschließenden Räumlichkeiten der ehemaligen Schloßküche. Im Mittelgeschoß waren die Sammlungen des Mineralogischen Instituts untergebracht, im Obergeschoß die Sammlungen und der Hörsaal des Archäologischen, des Kunsthistorischen und des Mineralogischen Instituts. Das Dachgeschoß schließlich beherbergte die Sammlungen des Orientalischen Münzkabinetts. Zehn Jahre zuvor, 1892, hatte sich im Mittelgeschoß das Zoologische Kabinett befunden. Im Eckturm, in dessen Obergeschoß noch 1892 das Anatomische Kabinett untergebracht war, befand sich nunmehr das „Germanische Museum", das heißt die Ur-und Frühgeschichtliche Sammlung. Im Obergeschoß des Reithauses, wo sich noch 1892 Teile des Anatomischen Kabinetts sowie das Auditorium für vergleichende Anatomie, das Physikalische Kabinett und das Oscilogische (d. h. Singvogel-) Kabinett befunden hatte, wurden dann die Sammlungen des Landwirtschaftlichen Institutes aufbewahrt. Im Johann-Wilhelmer-Bau befand sich unter anderem eine landwirtschaftliche Versuchsstation. Im alten Amtshaus, das zeitweise das Amtsgericht beherbergt hatte, waren zu Beginn des 20. Jahrhunderts das Ethnographische Museum sowie die Bibliothek des Landwirtschaftlichen Instituts untergebracht, als dessen Hauptsitz das 1664 von dem Architekten Johann Moritz Richter erbaute und seit 1667 als herzogliche Kanzlei genutzte Gebäude südlich neben dem Reithaus diente. Als am Ende des 19. Jahrhundert ein neues Kollegiengebäude für die Universität dringend notwendig geworden war, fiel die Entscheidung bezüglich des Standortes schließlich auf den Schloßkomplex, der sich bautechnisch und ästhetisch in einem derart desolaten Zustand befand, daß seine Instandsetzung mehr Mittel erfordert hätte als sein Abbruch. Zum anderen ersparte der Neubau des Universitätshauptgebäudes auf der Abbruchfläche die Kosten für den Baugrund. Mit der Standortwahl waren dem Architekten wichtige Bedingungen für die baukünstlerische Gestaltung vorgegeben. Die Universität hatte mit der Wahl des Architekten für ihr Hauptgebäude eine überaus glückliche Hand. Theodor Fischer zählte zu den führenden deutschen Baukünstlern des beginnenden 20. Jahrhunderts. Er vermochte es, Elemente des ehemaligen Schlosses in den Neubau aufzunehmen und den neuen Gebäudekomplex in das vertraute architektonische Altstadtbild harmonisch einzupassen. Das Universitätshauptgebäude weist im Ganzen und in vielen Einzelmotiven eine Fülle architekturikonologischer Zitate seiner beiden baulichen Vorgänger auf, des Schlosses und des Collegium Jenense, der Gründungsstätte der Alma mater. Das Schloß existiert zwar nicht mehr, aber vieles erinnert den aufmerksamen Betrachter des Universitätsgebäudes an das ehemalige Schloß, daß 18 Jahre lang als Residenz einer regierenden Linie gedient hatte: die Bauinschrift von 1570, die in den Neubau neben dem Eingang zum Turm plaziert wurde, drei barocke Stuckdecken im Inneren, eine eichene Schloßtür aus dem 18. Jahrhundert, die Steinkugeln des Hofportals, die einst der berühmte Erhard Weigel anfertigen ließ, die verkleinerte Nachbildung der Haube des Brunnenhauses und schließlich – neben vielen weiteren Details – das Gesamtbild der Nord- und der Ostfassade, das dem der Langseiten des ehemaligen Barockschlosses entspricht.

Das Schloß am Fürstengraben. Fotografie (um 1900).

Der Jenaer Schloßhof. Fotografie (um 1900).

Schloss Friedenstein in Gotha

Roswitha Jacobsen

Blick vom Park auf den Ostturm des Schlosses.

Von 1643 bis 1651 wurde das Schloß anstelle der 1567 geschleiften Burg Grimmenstein errichtet. Nach einem Brand im Jahre 1677 erhielt der Ostturm eine gewölbte Haube, während der Westturm sich bis heute in der ursprünglichen Form mit spitzer Haube präsentiert. Die Festungsanlagen entstanden zwischen 1657 und 1676, wurden 1700 verstärkt und schließlich zwischen 1772 und 1800 abgetragen. Die Schloßkirche erfuhr mehrere Umbauten, ebenso wie die Repräsentations- und Wohnräume im Schloß. Die beiden flügelartigen Anbauten nach der Stadtseite zu stammen aus dem 18. Jahrhundert.

Im Jahre 1640 vollziehen die Söhne des Herzogs Johann von Sachsen-Weimar eine Landesteilung: Wilhelm bekommt den weimarischen Teil, Albrecht den eisenachischen; da er 1644 ohne Nachkommen stirbt, fällt das Gebiet den beiden anderen Linien zu. Ernst erhält den gothaischen Teil. Im Hauptvertrag zwischen den Brüdern von 1641 wird unter anderem die Stadt Gotha als Residenzort Herzog Ernsts bestätigt. Die ersten Monate seiner Regierung verbringt Herzog Ernst I. von Sachsen-Gotha auf Schloß Tenneberg bei Waltershausen, währenddessen in Gotha das Kaufhaus auf dem Markt als vorübergehende Wohnstätte der fürstlichen Familie hergerichtet wird. Am 24. Oktober 1640 zieht die fürstliche Familie dort ein. Daß Ernst mit dem Bau des Residenzschlosses erst drei Jahre später beginnt, hat gute Gründe. Der Dreißigjährige Krieg währt bereits länger als zwei Jahrzehnte und hat weite Teile des Reiches verwüstet. Thüringen gehört zu den am schlimmsten betroffenen Gebieten. Die Bevölkerung mancher Ortschaft im Herzogtum ist auf ein Zehntel reduziert worden. Die Not ist unermeßlich, und ein Ende des Krieges ist Anfang der vierziger Jahre nicht abzusehen. Unter solchen Bedingungen ein Schloß zu bauen, ist bedenklich. Andererseits fehlt es an einem geeigneten Residenzhaus, das die sachlich-funktionalen und die repräsentativen Bedürfnisse fürstlicher Herrschaft erfüllen könnte. Herzog Ernst sichert sich ab, indem er das Schloßbauprojekt von seinen Räten ausführlich beraten und Gutachten erstellen läßt. Am 26. Oktober 1643 erfolgt die Grundsteinlegung für das einzige vor dem Ende des Dreißigjährigen Krieges errichtete Schloß im Deutschen Reich. Es erhält den programmatischen Namen Friedenstein und wird zum Vorbild für andere Schloßbauten in Thüringen.

In der nüchternen, fast schmucklosen Dreiflügelanlage um einen geräumigen arkadengesäumten Innenhof, nach der Landseite durch eine flache Galerie abgeschlossen, imposant durch massige Schlichtheit, hat man die architektonische Verkörperung der protestantischen Idee sehen wollen. Ernst selbst hatte in die Entwürfe des Baumeisters Andreas Rudolph immer wieder eingegriffen. Die Gestalt des Schlosses ist gut durchdacht hinsichtlich der verschiedenen Funktionen als fürstliches Wohnhaus, als Sitz der Regierungsbehörden und der Institutionen, die für fürstliche Repräsentation und höfisches Leben unentbehrlich sind: neben den Wohn- und Repräsentationsräumen Kirche und Bibliothek, Archiv und Münze, Mar-

Herzog Ernst I. (III.), der Fromme, der Bauherr von Schloß Friedenstein. Kupferstich von Johann Jacob von Sandrart (um 1690).

stall, Zeug- und Reithaus, Kunstkammer, Komödiensaal und Ballhaus. Am 17. September 1646 wird die Schloßkirche eingeweiht. Bald danach kann der Umzug der fürstlichen Familie in das Schloß erfolgen.
Die Leistungen Ernsts des Frommen für den Landesaufbau nach den Zerstörungen des Dreißigjährigen Krieges hat man zu Recht gewürdigt. Er beruft namhafte Gelehrte zu seinen Räten, schafft mit ihrer Hilfe die Regierungsbehörden und ein umfangreiches Gesetzeswerk. Er erbaut und saniert Kirchen und veranlaßt die Versorgung der Geistlichen. Immer wieder unternimmt er, wenn auch mit wenig Erfolg, Versuche zur Beilegung der Religionsstreitigkeiten zwischen den Theologen. Er reformiert mit Hilfe von Andreas Reyher den Schulunterricht und setzt die christliche Erwachseneninformation durch. Mit dem „Teutschen Fürsten-Staat" des Hof- und Kammerrates und späteren Kanzlers Veit Ludwig von Seckendorff entsteht ein viel rezipiertes ‚Handbuch' der Staatsverwaltung,

Prospekt des Friedensteins. Lavierte Federzeichnung von Andreas Rudolph (wahrscheinlich nach 1654).

das zur Vorbildwirkung Sachsen-Gothas als protestantischer Musterstaat beiträgt. Frömmigkeit und Disziplin, Fleiß, Ordnung und Sparsamkeit sind die Prinzipien, die Ernsts Handeln bestimmen und die er nicht nur von seinen Untertanen verlangt, sondern auch von sich selbst und seiner Familie. Aber ungeachtet der ihm von den Historikern attestierten Sparsamkeit ist es doch Herzog Ernst, der für sich und seine Nachfolger alle Einrichtungen schafft, die zum Standard eines frühneuzeitlichen Fürstenhofes gehören und für das Prestige des Hauses unerläßlich sind. Zunächst das riesige Schloß, das in seinen Dimensionen alle anderen Schlösser in Thüringen übertrifft. Für die wissenschaftlichen Sammlungen und die Kunstsammlungen, die den Friedenstein bis heute zu einem kulturellen Anziehungspunkt machen, hat Ernst den Grundstock geschaffen. Bücher und Handschriften für die Bibliothek, Gemälde und Kunstgegenstände bringt er aus Weimar mit. Bibliothek und Kunstkammer gibt es von Anfang an im Schloß, ebenso eine Münzsammlung als Teil der Kunstkammer. Fürstlichen Gästen werden diese Sammlungen stolz präsentiert, ebenso das Zeughaus und andere repräsentative Räume des Schlosses. Der große Festssaal, der ursprünglich die gesamte innere Breite des Mittelflügels im zweiten und dritten Obergeschoß einnahm, war von dem berühmten Weimarer Maler Christian Richter mit lebensgroßen Porträts ernestinischer Herzöge und Herzoginnen verziert worden. Die Historiengemälde im Saal des später abgebrannten Ostturms hatten Richter und der Gothaer Maler Michael Käseweiß geschaffen.

Dennoch verläuft das höfische Leben auf dem Friedenstein unter Herzog Ernst recht karg. Es herrscht ein strenges Reglement, höfische Feste sind selten. Herzog Ernst, der den bezeichnenden Beinamen „der Fromme" erhält, ist ein Verächter weltlicher Freuden. Immerhin gründet er, den Üblichkeiten entsprechend, auch eine Hofkapelle. Deren Aufgaben liegen allerdings hauptsächlich auf dem Gebiet der geistlichen Musik, auch noch zu einem Zeitpunkt, da an vielen anderen Höfen längst ein weltliches Musiktheater gepflegt wird. Theaterveranstaltungen sind selten und streng im Sinne des christlichen Erziehungsgedankens konzipiert, von dem der Herzog beseelt ist.

Nach Ernst dem Frommen prägen sechs seiner Nachfolger und ihre Gemahlinnen das kulturelle Profil des Friedensteins bis zum Aussterben dieser Linie im Jahre 1825. Dann folgen vier Herzöge der aus Sachsen-Coburg-Saalfeld hervorgegangenen Linie Sachsen-Coburg und Gotha, die den Friedenstein neben der Ehrenburg in Coburg zeitweise zu ihrer Residenz machen. Alle Nachfolger sorgen auf ihre Weise für die Erhaltung und Vergrößerung der Sammlungen, des Theaters, der Hofkapelle, und sie verschönern die Residenz durch die Anlage von Gärten, Parks, Wasserkünsten und neuen Bauten.

Friedrich I. setzt Ernsts Politik in vielen Bereichen ohne Abstriche fort. Seit dem Anfall von Dreivierteln des Herzogtums Sachsen-Altenburg im Jahre 1672 an Sachsen-Gotha hat das Haus unter anderem auch zwei Residenzstädte hinzugewonnen, Altenburg und Coburg, wo ebenfalls Regierungsbehörden ansässig sind. Der Friedenstein bleibt Herzog Friedrichs I. Hauptresidenz, aber der Herzog und sein Hof halten sich alljährlich für kürzere oder längere Zeit auch in den beiden anderen Residenzorten auf. Die auffälligste Änderung, die Herzog Friedrich nach dem Tod seines Vaters am Friedenstein vornimmt, bezieht sich auf den Stil des höfischen Lebens. Unter Friedrich entfaltet sich eine höfische Festkultur, die vorher nur in den allerbescheidensten Ansätzen vorhanden war. Das ist vor allem für die Künste förderlich, die Musik, das Theater, die Malerei, die Architektur. An den Wohn- und Festräumen des Friedensteins werden Umbauten vorgenommen, der riesige Saal wird verkleinert, der Ostturm wird nach seiner Zerstörung durch den Brand 1677 verändert wieder aufgebaut, und schließlich – als bedeutendster Bau Herzog Friedrichs I. – wird das Lustschloß Friedrichswerth ab 1677 errichtet. Obwohl es erst 1689 gänzlich fertiggestellt ist, hält sich der Herzog, allein oder mit Teilen seines Hofes, von Anfang an sehr oft dort auf. Friedrichswerth bietet das, was der strenge Friedenstein auch späteren Herrscherfamilien nicht zu bieten vermag: ländliche – allerdings barock durchgestaltete – Abgeschiedenheit, Freiheit von zeremoniellem Zwang und Etikette. Der Bibliothek auf dem Friedenstein sichert Friedrich I. einen wichtigen Zugewinn mit dem Erwerb der berühmten Bibliotheca Gerhardina, der Büchersammlung der Jenaer Theologieprofessoren Johann Gerhard und Johann Ernst Gerhard.

Doch die eigentliche Leistung für die künstlerische Kultur hat Friedrich I. mit der Schaffung des Theaters auf dem Friedenstein vollbracht. Der unter Herzog Ernst schon existierende Komödiensaal im Westturm hatte sich bereits in den siebziger Jahren des 17. Jahrhunderts als nicht zureichend erwiesen. 1673 war, von Herzog Friedrich initiiert, im Ostturm ein Theater eingerichtet worden, das technisch bereits gut ausgestattet gewesen sein soll, zumindest aber mehr Raum bot als der Komödiensaal im Westturm. Bespielt wurde dieses Theater jedoch nicht oft. Im Jahre 1677 vernichtet ein großer Brand den Ostturm mitsamt dem Theater. Fünf Jahre später läßt Herzog Friedrich dann jene Spielstätte im ersten und zweiten Stock des Westturms errichten, die den Friedenstein als Theaterort berühmt gemacht hat und die in etwas veränderter Gestalt bis heute existiert. Am 22. April 1683, zum Herzogingeburtstag, wird die neue Bühne mit der Oper *Die geraubte Proserpina* eröffnet. Mit einiger Verspätung gegenüber den Bühnen befreundeter Höfe hält damit das anspruchsvollste theatralische Genre der Zeit und die glanzvollste der höfischen Kunstgattungen auch am Friedenstein Einzug. Die neue Bühne entspricht den modernsten technischen Standards. Noch fehlt es allerdings an geeignetem künstlerischen Personal, so daß man bei besonderen Anlässen auf Künstler und Komponisten fremder Höfe zurückgreifen muß. Erst mit der Bestallung des Kapellmeisters Johann Heinrich Stölzel durch Friedrich II. im Jahre 1720 sind kontinuierliche Aufführungen musik-

Blick in den zwischen 1687 und 1697 eingerichteten Fest- und Bankettsaal im Nordflügel. Fotografie von F. Herzer (1996).

theatralischer Stücke an der Tagesordnung. Und unter dem ab 1750 als Hofkapellmeister am Friedenstein wirkenden Georg Anton Benda schließlich wird der Höhepunkt der Barockoper in Gotha erreicht.
Spätere Kritiker werfen Friedrich I. sein üppiges Regiment vor, aber sein Sohn und Nachfolger übertrifft ihn darin noch. Als Friedrich I. kurz nach seinem 45. Geburtstag bei einem seiner Aufenthalte in Friedrichswerth plötzlich verstirbt, gelangt Friedrich II. unerwartet früh an die Regierung, die er zunächst unter Vormundschaft ausübt. Mehr als dreißig Neu- und Umbauten von Kirchen und Schulen, die Fortsetzung der Visitationspraxis, die Einführung eines Gesangbuches im Jahre 1725, Schlichtungsversuche zwischen Lutheranern und Reformierten, schließlich auch die Gründung eines Zucht- und Waisenhauses belegen das soziale sowie das kirchen- und schulpolitische Wirken des Herzogs. Auch er vermehrt die fürstliche Bibliothek durch Ankäufe verschiedener Gelehrtenbibliotheken, und er überträgt die Oberaufsicht über die Bibliothek einem der bedeutendsten Gelehrten und Theologen der Zeit, dem orthodoxen Lutheraner Ernst Salomon Cyprian. Auch alle übrigen Sammlungen werden unter Friedrich II. erheblich aufgestockt. Angekauft werden Gemälde, Kunstgegenstände und Raritäten, doch auch chirurgische Instrumente und eine große Mineraliensammlung. Das auffälligste Denkmal setzt sich Friedrich II., ganz so, wie es schon seine Vorgänger getan hatten, mit dem Bau eines Schlosses. Zwanzig Jahre nach dem Tod seines Vaters läßt er das Lustschloß Friedrichsthal mit prächtigem Garten und einer Grotte errichten. Damit schafft er einen Lustort in unmittelbarer Nähe des Friedensteins, nur wenige hundert Meter von jenem entfernt.
Die starke, prägende Persönlichkeit des Fürstenhauses in der auf Friedrich II. folgenden Generation ist nicht der Herzog Friedrich III., sondern seine Gemahlin Louise Dorothée aus dem Hause Sachsen-Meiningen. Hochgebildet und feinsinnig, stellt sie die Verbindung zu den großen Geistern Europas her, Staatsmännern, Philosophen, Dichtern, Enzyklopädisten. Mit der ihr geistesverwandten, gebildeten Hofdame Juliane Franziska von Buchwald gründet sie eine Art frühe Lesegesellschaft, in der u.a. die Dichter Wieland, Herder und Goethe zu Gast sind. Sie korrespondiert mit Friedrich dem Großen von Brandenburg-Preußen, der sie ebenso verehrt, wie es ihre anderen Briefpartner tun: Diderot, d'Alembert, Rousseau, Helvétius, Holbach. Für die Geschichte der europäischen Auf-

klärung von besonderer Bedeutung ist der über fünfzehn Jahre hin geführte Briefwechsel der Herzogin mit Voltaire. Er nennt Louise Dorothée „die Minerva Deutschlands“ und den Gothaer Hof „das Asyl der Tugend, der Großmut und des Geistes“. 1653 hält sich Voltaire, nachdem er mit Friedrich dem Großen gebrochen hatte, längere Zeit in Gotha auf und beginnt auf den Zuspruch der Herzogin hin seine Geschichte des Deutschen Reiches seit Karl dem Großen, die erste quellenkritische Darstellung der deutschen Geschichte. Am Gothaer Hoftheater schließlich werden seit den fünfziger Jahren des 18. Jahrhunderts die Schauspiele und Tragödien des französischen Aufklärers gespielt: *Mahomet*, *Zayre*, *Der Tod des Caesar* und *Alzire*, teils durch die Hofgesellschaft mit dem Herzogspaar selbst. Auch noch unter Ernsts II., dem Nachfolger Friedrichs III., stehen Voltaire-Stücke auf dem Spielplan. Durch Louise Dorothée wird der Friedenstein ein paar Jahrzehnte lang zu einer Pflegestätte der modernen deutschen und französischen Literatur. Das Lustschloß Friedrichswerth ist in dieser Periode bevorzugter Aufenthalt des Hofes. 1739 gründet Friedrich III., von Louise Dorothée veranlaßt, einen Orden der fröhlichen Einsiedler, „L'Ordre des hermites de bonne humeur“, in dem die Idee des natürlichen Lebens in die Realität umzusetzen versucht wird. Einfache Kleidung für alle Mitglieder – braunes Taftgewand, Strohhut und das Ordenszeichen mit der Devise „Vive la joie“ – imaginieren eine Gesellschaft aus Brüdern und Schwestern, ohne ständische Unterschiede und Etikette, allerdings hauptsächlich bestehend aus (36 bis 71) fürstlichen und adligen Personen. Eine zweite „Fruchtbringende Gesellschaft“ ist das nicht. Diese war 1617 von mitteldeutschen Fürsten gegründet worden und hatte für sechs Jahrzehnte die intellektuelle Elite – bürgerliche Dichter und Gelehrte – mit der sozialen Elite unter einer ethischen und sprachpatriotischen Zielstellung vereint. Auch Ernst der Fromme und Friedrich I. von Sachsen-Gotha und Altenburg hatten zu ihren Mitgliedern gehört wie viele ihrer männlichen fürstlichen Verwandten auch. Der Fröhliche Einsiedlerorden Friedrichs III. und Louise Dorothées ist in Ausstrahlung und Wirkung jener ersten deutschen Akademie nicht vergleichbar. Aber er stellt auch keine auf exklusiv adlige Werte eingeschworene Gesellschaft dar, wie die Vielzahl der Adelsorden in der ersten Hälfte des 18. Jahrhunderts. Vielmehr steht, der Devise entsprechend, die Freude im Vordergrund, und sie ist nach der Vorstellung von Herzogin und

Ordensmitgliedern erst durch die Verbindung von Kunst, Poesie und Natur zu erlangen. Unverkennbar läßt sich hier die Transformation aufklärerischer Ideale in eine höfische Gesellschaft beobachten.

Auch religiöse Toleranz gehört zu den Prinzipien, die unter Louise Dorothées Einfluß nicht nur das höfische Leben, sondern auch die Politik in dieser Periode bestimmen. So ermöglicht Friedrich III. gegen den Widerstand des mächtigen Cyprian die Gründung einer Herrnhuter Gemeinde in Neudietendorf bei Erfurt. Nur *eine* bürgerliche Tugend ist auch dieser aufgeklärten höfischen Gesellschaft ganz fremd: Wirtschaftlichkeit. Die Schuldenlast steigt in den drei Herrschaftperioden nach Ernst dem Frommen ins Unermeßliche, so daß wie an vielen anderen Höfen auch, eine kaiserliche Schuldentilgungskommission eingesetzt werden muß, die unter Ernst II., dem Nachfolger Friedrichs III., rigide Sparmaßnahmen im militärischen und repräsentativen Bereich durchsetzt.

Ernst II. beschreitet die von seiner Mutter bereiteten aufklärerischen Wege weiter. Ungeachtet des eingeschränkten Etats fördert er die Künste, vor allem aber die Wissenschaften in großem Stile. Die Gothaer Residenz ist als Kulturort am Ende des 18. Jahrhunderts kaum weniger bedeutend als Weimar. Während Weimar unter der Herzogin Anna Amalia zum „Musenhof par excellence" wird und die größten Dichter Deutschlands anzieht, setzt Ernst II., dessen Interesse vorzüglich dem mathematisch-naturwissenschaftlichen Bereich gilt, den Akzent auf die Förderung der Naturwissenschaften und der modernsten Formen von Bildung und Erziehung.

Neben den Schulreformen, die er u.a. am Gothaer Gymnasium mit der Einführung des naturwissenschaftlichen Fachunterrichts vornimmt, gehört die Förderung des Philanthropins in Schnepfenthal zu den historisch weitreichendsten Leistungen des Herzogs. Mit der Übernahme von zwei Dritteln der Kosten ermöglicht er den Ankauf eines Gutes in Schnepfenthal, wo der Aufklärer Johann Gotthilf Salzmann im Jahre 1784 nach dem Vorbild des Dessauer Philanthropins eine Bildungs- und Erziehungsanstalt aufbaut, in der die Verbindung von geistiger Bildung und körperlicher Ertüchtigung, von Denken und Arbeit, von Theorie und Praxis verwirklicht wird.

Auf dem Friedenstein richtet Ernst ein physikalisches Kabinett ein, in dem er selbst experimentelle Versuche vornimmt. Prominentester Gast und Beobachter bei einigen der Experimente ist Johann Wolfgang Goethe, der das Interesse des Herzogs für die res naturae teilt. Goethe erhält kostbare optische Instrumente von Ernst II. und verehrt ihm im Gegenzug eine Sammlung thüringischer Gesteine. Herzog Ernsts Passion für die Naturwissenschaften ist mehr als bloße Liebhaberei. Das zeigt sich in der Anerkennung, die er bei solchen bedeutenden Gelehrten genießt wie bei Alexander von Humboldt oder dem italienischen Physiker Alessandro Volta, nicht zuletzt auch in der Aufnahme des Herzogs in die Royal Society of Sciences im Jahre 1787 in London. Ernst II. publiziert astronomische Tafeln und einen Sternenkatalog. Im Ergebnis seiner Studien zur Gewitterelektrizität bringt er Blitzableiter auf dem Schloßdach an, wohl die ersten in Deutschland. Außerdem fördert er insbesondere die astronomische Wissenschaft. Die Veranstaltung eines Astronomenkongresses unter Beteiligung französischer und deutscher Wissenschaftler in Gotha im Jahre 1798, mitten in den Napoleonischen Kriegen, spricht für seine Courage und seine Toleranz gleichermaßen.

Herzogin Louise Dorothée von Sachsen-Gotha, Gemälde.

Zur fachgemäßen Einrichtung einer Sternwarte holt Ernst II. den österreichischen Ingenieuroffizier Franz Xaver von Zach nach Gotha. Zunächst wird ein Fernrohr auf dem Schloßdach über dem nordöstlichen Treppenhaus installiert, dann die Sternwarte auf dem Kleinen Seeberg 1787 bis 1791 errichtet.
Obwohl Ernst II. für die zeitgenössische Literatur wenig Interesse aufbringt, erwirbt er sich dank des Zuspruches seiner Gemahlin Charlotte und seiner Schwester Luise ein bleibendes Verdienst um das Theater. Nachdem 1774 ein Schloßbrand in Weimar unter anderem auch das dortige Theater vernichtet hatte, nimmt Herzog Ernst II. auf Empfehlung der Weimarer Herzogin Anna Amalia die Seylersche Schauspieltruppe in Gotha auf. Deren künstlerischer Leiter Conrad Ekhof gilt als der beste Schauspieler und Schauspiellehrer des 18. Jahrhunderts, als „Vater der deutschen Schauspielkunst". Ernst II. engagiert Ekhof und einen Teil der Schauspieler als festangestelltes Ensemble mit regelmäßigem Gehalt und Pensionsanspruch. Diese erste „stehende" Bühne im Alten Reich macht Gotha für ein paar Jahre zum Theatermittelpunkt Deutschlands. Eröffnet wird das renovierte Hoftheater als ständige Einrichtung am 2. Oktober 1775 mit Voltaires *Zayre.* Dreimal wöchentlich werden ständig wechselnde Stücke gespielt, darunter von Lessing, Molière, Shakespeare, Voltaire und Racine. Unter dem Hofkapellmeister Georg Anton Benda feiert überdies das Singspiel Triumphe in Gotha. Erstmalig sind die Vorstellungen auch einem zahlenden bürgerlichen Publikum zugänglich, es gibt sogar ein Abonnement. Allerdings existiert dieses modernste Theater Deutschlands nur wenige Jahre. Nach dem Tod Ekhofs im Jahre 1778 läßt die Qualität nach und mit ihr die Einnahmen, so daß Ernst II. das Unternehmen am 24. September 1779 schließt. In den folgenden Jahren gibt es auf der Bühne des Friedensteins, die man später Ekhof-Theater nennen wird, nur noch Gastspiele von Wandertruppen.
Viele Aspekte seines Handelns deuten auf die bürgerliche Orientierung Herzog Ernsts II. Die schlichte Kleidung, das Interesse an Kontakten mit den Untertanen, seine Mitgliedschaft in der Gothaer Freimaurerloge sprechen ebenso dafür wie die von ihm vorgenommenen Veränderungen am Residenzschloß und seinen Anlagen. Er läßt die anachronistisch gewordenen Festungsanlagen beseitigen und schafft nach Süden einen weitläufigen Landschaftspark im englischen Stil.

Die beiden ihm folgenden Herzöge der Gothaer Linie bleiben den Vorgängern gegenüber blaß.
Nach dem kinderlosen Tod von August, der von 1804 bis 1822 regierte, und seinem geisteskranken Bruder Friedrich IV., der drei Jahre lang nur formal die Regierung führt, fällt Sachsen-Gotha an die Linie Sachsen-Coburg-Saalfeld, die sich 1826 in Sachsen-Coburg und Gotha umbenennt. Auch die neuen Herzöge sind Liebhaber der Künste, besonders des Theaters und der Musik, auch sie pflegen die Sammlungen des Friedensteins. Das von Ernst I. von Sachsen-Coburg und Gotha gegründete „Sächsisch-Coburgisch-Gothaische Hoftheater" folgt jeweils dem Hof, der sich sommers in Coburg und winters in Gotha aufhält. Gotha profitiert weiterhin vom Status einer Residenzstadt. So läßt Herzog Ernst I. von Sachsen-Coburg und Gotha 1837 den Grundstein zu einem Theater in der Stadt legen, das nach klassizistischen Entwürfen Karl Friedrich Schinkels von dem aus Coburg stammenden Hofbaumeister Gustav Eberhard ausgeführt wird. Aber der Anstoß dazu geht nicht vom Fürsten aus, sondern von der Bürgerschaft, namentlich dem Unternehmer Ernst Wilhelm Arnoldi, dem Gründer der Gothaer Versicherung. Ernst II. von Sachsen-Coburg und Gotha, der selbst als Opernkomponist und Schauspieler hervortritt, verdankt die Stadt das eindrucksvolle Museumsgebäude südlich des Friedensteins, das heutige Naturkundemuseum. Aber diese Beispiele des auch weiterhin fortgesetzten fürstlichen Mäzenatentums ändern nichts daran, daß der Kulturprozeß längst anderen Kräften seine Impulse verdankt und die Innovationen nicht mehr von den Fürsten und ihren Höfen ausgehen.
Die Linie Coburg-Gotha, von Bismarck als „Gestüt Europas" bezeichnet, erlangt durch geschickte Heiratspolitik einen Geltungszuwachs ohnegleichen und besitzt engste Verbindungen zu allen wichtigen europäischen Thronen. Auswirkungen auf die Entwicklung von Sachsen-Coburg und Gotha hat das allerdings kaum. Die große Zeit der Höfe als politische und kulturelle Zentren ist auch in Deutschland längst vorbei. Die letzten beiden Herrscher, die „Engländer", Alfred und sein Neffe Carl Eduard spielen nur mehr eine marginale Rolle. Am 9. November 1918 ruft der Gothaer Arbeiter- und Soldatenrat die „Republik Gotha" aus. Fünf Tage darauf muß der Herzog vor dem Landtag auf die Regierung verzichten. Per Gesetz wird die fürstliche Familie enteignet, erhält allerdings auf die

Klage Carl Eduards vor dem Reichsgericht hin die reichen Sammlungen zurück. Sie werden am 6. Juli 1945 wegen der NS-Karriere Carl Eduards beschlagnahmt.
Heute ist der Friedenstein Forschungs-und Kunststätte gleichermaßen. Die Forschungs- und Landesbibliothek im Ostflügel, hervorgegangen aus der herzoglichen Bibliothek, und das Thüringische Staatsarchiv Gotha im Westflügel, einst das Hausarchiv der Herzöge von Sachsen-Gotha und Altenburg, ziehen Forscher aus aller Welt an. Teile der Kunst-, Münzen- und Gemäldesammlung sind im Schloßmuseum zu bewundern. Nach aufwendiger Restaurierung ist auch das Münzkabinett wieder zugänglich. Die Restaurierung des Ekhoftheaters nach denkmalpflegerischen Gesichtspunkten begann bereits in den 1960er Jahren und war mit der Restaurierung der barocken Bühnentechnik 1997 weitgehend vollendet. Seither ist das Theater als Spielstätte wieder in Betrieb. Stücke aus seiner barokken Glanzzeit, darunter Opern Bendas und Tragödien Voltaires, gehören zum Repertoire.

Blick von zwei Seiten auf Schloß Friedenstein. Auf beiden Bildern ist der Schloßturm zu sehen, in dem Herzog Friedrich I. 1683 das heute noch vorhandene Theater einrichten ließ. Fotografien von F. Herzer (1996).

Schloß Elisabethenburg in Meiningen

Alfred Erck und Hannelore Schneider

Schloß Elisabethenburg, Corps de Logis von Osten. Fotografie von M. Koch (1996).

Der älteste Teil des Schlosses, der Bibrabau (1509/11), ist Rest einer Burganlage der Würzburger Bischöfe. Er wurde 1861 umgestaltet und baulich mit den Hauptflügeln des Schlosses Elisabethenburg verbunden, die in den Jahren 1682 bis 1692 im Stil des gothaischen Frühbarock entstanden waren. 1697/04 entstand der Rundbau, der die Dreiflügelanlage nach der Stadt hin abschloß. Eine Aufstockung erfolgte im 19. Jahrhundert. In der Regierungszeit Georgs II. veränderten umfassende Um- und Ausbauten im Renaissancestil bzw. im klassizistischen Stil das innere Erscheinungsbild des Schlosses. Erst 1969 erfolgte die Generalrekonstruktion des Turmzimmers (Hessensaal), der unvollkommen überliefert war.

Der gewiß berühmteste der Meininger Ernestiner, Herzog Georg II., der von 1866 bis 1914 regierte, hat das Schloß seiner Väter relativ selten als seinen Wohnsitz, schon mehr zu Repräsentationszwecken, am meisten aber als eine Stätte „freundlicher Begegnungen" im Goetheschen Sinne genutzt.
Seine Vorfahren hinterließen ihm dazu wesentliche Voraussetzungen. Seit Meiningen 1680 Residenz geworden war und Bernhard I. als Stammvater des Hauses Sachsen-Meiningen in der Stadt ein Schloß errichten ließ, war hier auch ein Ort musischer Bestrebungen und künstlerischer Betätigungen entstanden. Ganz im Sinne ernestinischer Tradition waren die Ahnen des berühmten „Theaterherzogs" wohl alle auf ihre Weise Kunstmäzene. Sie haben den Boden bereitet, auf dem Georg II. – ihre Ambitionen gewissermaßen bündelnd – seine künstlerischen Höhenflüge antreten konnte.
Im Meininger Schloß wurde von jeher musiziert, komponiert, gesungen und auch Theater gespielt. Herzog Georgs Vater, Bernhard II., spielte Geige und holte die berühmten Spohr-Schüler Eduard Grund und Johann Joseph Bott, beides exzellente Violinisten, an die Meininger Hofkapelle, auch Franz Liszt war in Meiningen zu Gast. Zu dieser Zeit erlebte das Meininger Musikleben bereits Höhepunkte. Durch den von Bernhard II. initiierten Bau des 1831 eröffneten und großzügig gestalteten neuen Hoftheaters, das einen speziell für kammermusikalische Veranstaltungen vorgesehenen Reunionssaal hatte, erhielten die Musen in Meiningen außerhalb des Schlosses erstmals ein weiteres festes Domizil.
Auch Georgs II. Meininger Großeltern sind wahre Kunstnarren gewesen. Georg I. spielte Geige, wie später auch sein Sohn, er wirkte auf der fürstlichen und später bürgerlichen Liebhaberbühne in Meiningen mit. Seine Frau, Luise Eleonore, sang und trat mit ihrem Mann gemeinsam in öffentlichen Kammermusiken auf. Sie versäumte keine einzige Theatervorstellung und notierte fünfzig Jahre lang gewissenhaft, welche Schauspieltruppe in Meiningen gastierte und wie sie deren Leistungen beurteilte. Beide, Georg I. und Luise Eleonore, suchten Kontakte zu den Großen der Weimarer Literatur. Man lud sie nach Meiningen ein, verlieh Schiller einen Hofratstitel, schenkte Goethe wertvolle Zeichnungen, versuchte Jean Paul im Lande zu halten und war auf diese Weise stets bemüht, der Meininger Residenz künstlerischen Glanz zu verleihen.

Die Hofkapelle, die unter Georg II. im 19. und beginnenden 20. Jahrhundert mit ihren Gastspielreisen genausoviel Furore machen sollte wie sein Hoftheater, hatte schon der erste Meininger Herzog, Bernhard I., um 1690 ins Leben gerufen. Auch auf die umfangreichen Sammlungen, die seine Vorfahren angelegt hatten, konnte Georg II. zurückgreifen. Dazu gehörten eine beachtliche Kunst- und Gemäldesammlung und die bedeutende „Herzogliche Öffentliche Bibliothek", deren Grundlagen insbesondere die Herzöge Bernhard I. und Anton Ulrich gelegt hatten.

Im Kaiserreich Wilhelms II. erschien dem Schweizer Dichter Joseph Victor Widmann der Meininger Hof Georgs II. wie eine Reminiszenz an die Sodalität der humanistischen „bonae literae". Mit guten Gründen verlieh er ihm das Attribut des „letzten deutschen Musenhof(s)". Dabei hatte Georg II. mit der Lage des Schlosses seiner Väter einige Probleme. Der asthmakranke Herzog hielt es in den Mitte der achtziger Jahre im Renaissancestil hergerichteten Räumen nur wenige Monate des Jahres aus. Die Nebel aus der nahegelegenen Werra machten ihm schwer zu schaffen. Machtausübung per Repräsentation war ohnehin nicht Sache des überaus tätigen Monarchen, der lieber auf Reisen war, weil er bloß dort „Mensch sein konnte".

Das Schloß zur Zeit Herzog Georgs II. Fotografie (Repro: M. Koch).

Leben bedeutete für Herzog Georg II., kreativ zu sein und einen regen Gedankenaustausch mit gleichgesinnten Menschen zu pflegen. Als bedeutender Theaterregisseur, als intimer Kenner der Musik von Palestrina, Beethoven und Brahms, als höchst belesener Mann, ist dieser Herzog den meisten Geistesgrößen seiner Zeit begegnet und hat nicht wenige von ihnen in seine Nähe zu ziehen vermocht. Nur wenige Meter von seinem Residenzschloß entfernt lag das Hoftheater, die Stätte, an der er eine Reform des Schauspiels bewerkstelligte und an der das europäische Konzertleben kräftige Impulse erfuhr durch berühmte Komponisten wie Hans von Bülow, Richard Strauss, Fritz Steinbach und dann Max Reger. Herzogliches Schloß und Hoftheater verschmolzen zu einem Ort gemeinsamer Kommunikation. In den Sälen und Räumen beider Häuser, selbst in der „Wohnstube" des Herzogs und im Ankleidekabinett seiner Gemahlin wurde geprobt und diskutiert. Eigentlich nicht mehr das dynastische Prinzip, sondern die Anwesenheit und der Dialog von Geistesgrößen adelten Schloß und Theater.

Man könnte aufzählen, welche Gäste des Herzogs im Theater weilten, im Schloß diskutierten oder in den Zimmern 3, 4, 5, 6, 7 und 8 des Erdgeschosses nächtigten. Es ergäbe eine lange Kette von Berühmtheiten, beinahe das gesamte „Who is who in the arts" jener Zeit. Man könnte auch anhand der Notizen der lokalen Tageszeitungen feststellen, wie die Öffentlichkeit von derartigen Zusammentreffen informiert worden ist. Die damals besonders sorgfältig geführten „Fourierbücher des Herzoglichen Hofmarschallamtes" geben genau Auskunft über die Anwesenden, mitunter auch über ihre Kleidung und die gereichten Speisen und Getränke. Die Gespräche allerdings lassen sich nur sehr fragmentarisch aus den Aufzeichnungen der Beteiligten sowie aus ihren Briefen rekonstruieren.

Nehmen wir den Teil fürs Ganze, blättern einmal in vergilbten Zeitungen und in den Notizen des für Unterkunft und Verpflegung zuständigen Meininger Hofbediensteten, und machen wir uns unsere Gedanken dabei.

Am 5. März 1877 stieß der aufmerksame Leser des „Meininger Tageblattes" auf die knappe Mitteilung: „Dem Vernehmen nach trifft am nächsten Freitag Richard Wagner hier ein und wird im Herzoglichen Hoftheater den Vorstellungen *Der eingebildete Kranke* und *Julius Cäsar* beiwohnen". Punkt, aus – bei dieser Notiz sollte es bleiben: Richard Wagner würde mit Ehefrau Cosima nach Meiningen kommen, um das Theater, wohl auch um den Herzog und seine Gemahlin zu besuchen. Das erschien angemessen, denn kurz zuvor war das Fürstenpaar anläßlich der Festspiele in Bayreuth bei den Wagners gewesen.

Es kann nur verwundern, daß sich bislang kein gewitzter Feuilletonist gefunden hat, der die Pikanterie, die dieser Begegnung ihr eigentümliches Kolorit verlieh, auskostete: Da trafen ein regierender deutscher Bundesfürst, der damals als der beste deutsche Schauspielregisseur galt, und ein Musiker zusammen, der sich selbst – und das nicht einmal ganz zu Unrecht – für das größte Genie seiner Zeit hielt. Ihre Frauen – beide klug und ehrgeizig zugleich – waren Jugendfreundinnen. Die 1837 geborene Cosima Liszt war, als sie die 1839 zur Welt gekommene Ellen Franz kennenlernte, die Gattin Hans von Bülows gewesen. Die Jüngere hat die nur wenig Ältere ein Leben lang bewundert und verehrt. „My Queen" wurde Cosima in ihren auf Englisch abgefaßten Briefen tituliert. „My dearest chick", nannte Cosima liebevoll ihre Ellen. Sie war es gewesen, die dem schwärmerischen Mädchen dabei geholfen hatte, eine Laufbahn als Schauspielerin zu beginnen. Sie stand auch der jugendlichen Liebhaberin auf der Weimarer „Altenburg", Liszts Wohnsitz, beim Rollenstudium bei. Dennoch hat sich Helene 1877 nicht nur auf das Zusammentreffen gefreut. Ihrem vertrauten Freunde, dem Berliner Literaturprofessor Carl Werder, hatte sie schon Ende Januar wissen lassen: „A' propos Wagners Besuch ist uns ... keineswegs angenehm, aber was soll man machen, wenn sie sich bei einem ansagen lassen? D. h. es wäre schon ganz interessant, sie einmal hier zu sehen, wenn man sich nicht immer fürchten müßte, er wollte irgend etwas."

Nun begegneten die Jugendfreundinnen einander wieder, sehr wohl darauf bedacht, die Person und die Leistung ihrer vergötterten Ehemänner ins rechte Licht zu rücken. Gewiß war da Cosima in der Vorderhand; denn Helene hatte sich bei den Festspielen des Fluidums nicht entziehen können und wohl reinen Herzens in ihrem Tagebuch notiert, daß die Bayreuther Regieleistungen besser waren, als man befürchten mußte. Doch auch Cosima schrieb in ihr Tagebuch, daß in Meiningen zwar einige Darsteller im *Cäsar* nicht besonders zu überzeugen wußten. Jedoch: „Die Ermordung des Cäsar's, der Antonius (...), die große Volksscene waren so großartig, daß alles gern in Kauf genommen ward."

Helene, die möglicherweise in Bayreuth eine jener überwältigenden Wagnerschen Partituren in die Hand bekommen hatte, tat nun ihrerseits etwas, was sie zuvor wohl noch nie getan hatte: Als sie im Meininger Schloß beisammen saßen, zeigte sie der Freundin die Handzeichnungen, die Theaterfigurinen, die ihr Mann geschaffen hatte. Es genügte den beiden Frauen offenkundig nicht, daß das Werk ihrer Ehepartner im hohen Glanze herausragender Bühneninszenierungen vorgeführt wurde. Es kam ihnen durchaus auch darauf an, einander im stillen Kämmerlein den eigentlichen Kern des Schöpfertums ihrer Männer vorzuweisen.
Vom 9. bis zum 12. März bewohnten die Wagners fünf Räume des Schlosses. Zwei Lakaien waren ihnen zugeteilt. Es gab mehrere Diners, bei denen die Damen „mit Dekollté" und die Herren mit „weißer Cravatte" zu erscheinen hatten. Da wurden zur Speisefolge „Moselwein, Madeira, Bordeaux, Johannesberger, Tockayer, 3 Sorten Liquer", auch Champagner gereicht. Nicht nur Musiker, sondern auch der jüdische Meininger Hoftheaterintendant Ludwig Chronegk, den Georg manchmal seinen „lieben Freund" nannte, waren anwesend. Wagner dirigierte eine musikalische Soiree im Marmorsaal mit der Hofkapelle und gelegentlich eines Diners im Victoriasaal die Regimentskapelle.
Belangvoller allerdings sind jene Teestunden gewesen, bei denen die beiden Paare unter sich blieben. „Treulicher Tee", so hat Cosima sie genannt. Sie bildeten den Rahmen für jene treulich-heiteren Gespräche, denen theater- und musikgeschichtliche Bedeutsamkeit zugesprochen werden muß. Denn da saßen die beiden Leitfiguren des deutschen, wenn nicht gar des europäischen Theaters beieinander. Wagner wie Herzog Georg strebten beide danach, ein Gesamtkunstwerk hervorzubringen – Erstgenannter von der Musik, der andere vom literarischen Text und der Visualisierung des Bühnengeschehens herkommend. Doch zu gemeinsamen Kunstleistungen, etwa der Einrichtung des Goetheschen *Faust*, wie Wagner wünschte, hat man nicht gelangen können. Georg verwendete viel Mühe darauf, Wagners Kunstansprüchen in Meiningen zu genügen. Mit mancherlei Hinweisen hatte das Fürstenpaar Chronegk beschrieben, was zu veranstalten sei, um bei den Gästen Eindruck zu machen. Molières *Eingebildeter Kranker* amüsierte den Musiker ganz besonders. Gelangweilt fühlte er sich dagegen bei der dazugehörigen „Ceremonie" mit Lullis Musik, die man eigens für ihn einstudiert hatte. Bei der *Esther* von Grillparzer

erschien Wagner die „Sentimentalität gut, aber keine Naivität" vorhanden.
Im Menschlichen hat man sich bestens verstanden, in Kunstfragen aber nicht zu kulturstrategischen Strebungen verbinden können. Denn dafür waren beide doch zu starke und zu verschiedene Charaktere. Jeder folgte seinem eigenen Stern, und Wagners Bemühen, den Meininger Herzog zu immer neuen, meist kostspieligen Unterstützungen für das Bayreuther Unternehmen heranzuziehen, waren nur begrenzt erfolgreich. Die Meininger Hofkapelle bildete zwar weiterhin einen Grundpfeiler des Wagnerschen Festspielorchesters, auch Kostüme und mancherlei Ratschläge gelangten von der Werra ins Oberfränkische. Mehr aber nicht. Schließlich versuchte sich Georg sogar auf dem Gebiet der Opernregie. Aber keine Wagner-Opern, sondern der *Fidelio* und der *Freischütz* wurden von ihm inszeniert. Cosima ihrerseits bekannte der Freundin Helene beim Tod Herzog Georgs, man habe in Bayreuth vielleicht doch etwas zu wenig von Georg gelernt. Dabei ist es wohl auch geblieben.

Um das Konzert, das die herzogliche Hofkapelle unter der Leitung des großen Hans von Bülow am 2. Dezember 1883 gab und bei dem ausschließlich Werke Beethovens – *Fest-Ouvertüre, Die Weihe des Hauses*, das 3. Klavierkonzert, die *Egmont-Ouvertüre* und die 3. Sinfonie sowie als Uraufführung die große Fuge für Streichquartett, op. 133 – erklangen, hat es später in den Briefwechseln jener, zu deren Ehren es stattgefunden hatte, mancherlei Reminiszenzen gegeben. Neben Georg und Helene sowie Bülow waren auch Gustav Adolf von Hohenlohe-Schillingsfürst, Kardinal und Bischof von Albano, Bruder des späteren Reichskanzlers und Franz Liszt in Meiningen anwesend.
Der Kardinal war schon am 12. November eingetroffen und hatte die südlichen Eckzimmer der 2. Galerie im Schloß bezogen. Später kam seine Schwester nach und am Vorabend des Konzerts traf Liszt ein und bewohnte die Zimmer 5, 6 und 7 der unteren Galerie. Am 1. Dezember nahm man das Diner in den Räumen Hohenlohes ein. Nach der gemeinsamen Konzertprobe saß man ab 9 Uhr abends noch einmal beim Tee zusammen. Tags darauf gab es ein gemeinsames Mittagessen und abends nach dem Konzert ein weiteres Diner. Natürlich wurde auch über die Konzerte gesprochen. Der Pianist des Abends, Mannstädt, hatte selbst-

verständlich die Lisztsche Kadenz zum ersten Satz gespielt. Der Musikrezensent des „Meininger Tageblattes" sprach von dem Ereignis als einem „Hohen Feste". Ein solches Urteil ist wohl nicht von ungefähr gefällt worden. Denn was da stattfand, war eines der besten Konzerte, das Bülow nach seinen seelischen und physischen Zusammenbrüchen gab, die er nach dem Tode von Richard Wagner erlitten hatte. Man war lange Zeit im Zweifel gewesen, ob der Musiker je wieder würde musizieren können, und nun stand er am Pult, um seine Freunde durch seine unvergleichliche Kunst zu beglücken. Kurz danach sollte Liszt jenes berühmt gewordene Urteil fällen: Nach dem Orchester des Pariser Conservatoire sei die Meininger Hofkapelle unter Bülow der beste Klangkörper in ganz Europa.
Musikkenner sind sie allesamt gewesen, die da im Konzert, an der Tafel und beim Tee beieinandersaßen. Der Herzog war ein vorzüglicher Pianist und wohl von der Natur mit einem außergewöhnlichen Gehör beschenkt worden. Helene hatte ehedem in Berlin bei Bülow Klavierunterricht genossen. Auch der Kardinal war ein Musikliebhaber par excellence. Deshalb konnte es vorkommen, daß er sich im Freundeskreis um Georg an den Flügel setzte, um der Schwester des Atheisten Arthur Fitger, Marie, Liebeslieder vorzusingen. Gustav Adolf ist es auch gewesen, der seinem „Vetter und Freund" wiederholt und ins Detail gehend, von der zauberhaften Stimmung schrieb, die in ihm noch jahrelang von diesem Konzert nachklang.
Doch dürfte mehr im Spiel gewesen sein als bloß Musik. Dafür bot das Zusammentreffen der genannten Persönlichkeiten schon hinreichend Veranlassung. Kurz nach dem aufreibenden Kulturkampf trafen sich auf dem Stammsitz eines der Beschützer der Lutherischen Reformation jener katholische Kardinal, den Bismarck allzu gern als Botschafter des Reiches beim Vatikan gesehen hätte, den aber Leo XIII. in dieser Eigenschaft nicht akzeptierte. Gleichzeitig war Gustav Adolf jener hohe katholische Würdenträger gewesen, der ehedem Liszts Interessen beim Heiligen Stuhl vertreten hatte. Später schnitt er selbst dem Musiker die Locke für die Tonsur des künftigen Abbé ab.
Es ist bezeugt, daß in Georgs Gesprächsrunden im Geiste der Renaissance-Dialoge mit aller Offenheit die politischen, die kulturellen und die menschlichen Probleme der Zeit auf höchstem Niveau besprochen worden sind. Der Hohenloher, der bei Bismarck ein- und ausging und der

zugleich in die geheimsten Geheimnisse des Vatikans eingeweiht war, scheute sich in dieser Runde nicht, beinahe alles zu sagen, was er wußte.

Herzog Georg II. und seine Gemahlin Helene Freifrau von Heldburg, geb. Helene (Ellen) Franz. Fotografie (Repro: M. Koch).

Das geschah mit der Weisheit eines Kirchenfürsten, der die Welt kennt und die Menschen dennoch liebt. Liszt, dem Bülow nach wie vor ein Sohn geblieben war, wußte seinerseits mit der melancholischen Resignation eines Mannes zu urteilen, der in seinem Leben ein jedes Glück ausgekostet und allen Schmerz durchlitten hatte. Georg selbst konnte humorvoll anregen und auch sehr still zuhören. Helene beherrschte ihre Rolle als geistreiche Dame des Hauses und als fürsorgliche Gastgeberin während jener Jahre in Perfektion. Wenn Europa während des Zeitalters des heftigen Nationalismus im Geiste vereint war, dann gewiß einige Male im Victoriasaal, im gemeinschaftlichen Arbeitszimmer und im sogenannten Gartensaal des Meininger Schlosses.

Europäische Gesinnung und geistige Kultur höchsten Formats prägten jene Begegnungen, die das Meininger Herzogspaar in den folgenden Jahren ebenso zielstrebig wie behutsam zu organisieren wußte. Da trafen der alternde Johannes Brahms und der aufstrebende Heißsporn Richard Strauss zusammen.

Auf symbolträchtige Weise vollzog sich im Meininger Theater und im Schloß eine der Wachablösungen innerhalb der deutschen Musikerschaft. Johannes Brahms, der letzte Musiker, der der Wiener Klassik auf ganz persönliche Weise verpflichtet war, lernte hier den sich damals vorerst zum Wagnerianer mausernden Richard Strauss näher kennen. Bülow holte Brahms zunächst gewissermaßen als ‚Hofkomponisten' nach Meiningen und im Jahre 1885 dann Strauss als seinen Stellvertreter. Strauss erhielt von Bülow den Auftrag, sich des verehrten Meisters während dessen zahlreicher Aufenthalte in Meiningen anzunehmen. Brahms seinerseits erteilte dem Jüngeren Ratschläge bezüglich seines kompositorischen Schaffens. Strauss bediente unter Brahms' Dirigat in dessen 4. Sinfonie das Schlagzeug. Nach Bülows Weggang aus Meiningen Ende 1885 dirigierte er als Hofkapellmeister und als Chorleiter manche Werke des Wahlwieners. Doch erst, als er die Nachfolge Bülows angetreten hatte, war Strauss ‚hoffähig' geworden und durfte unter anderem beim großen Hofball am 15. Januar 1886 bis nachts um halb drei Uhr die Schönheiten der Meininger Hofgesellschaft ‚betanzen'. Später nahm er im kleinen Zirkel oder im Marmorsaal am „The dansent" in Balltoilette teil, führte „Schäfertänze" aus. Bei den Feierlichkeiten zum Geburtstag des Kaisers hingegen ließ Strauss sich entschuldigen.

Anläßlich des 60. Geburtstages von Herzog Georg am 2. April 1886 wurde ein Festkonzert von der Hofkapelle veranstaltet. Strauss dirigierte seine *Konzertouvertüre* aus dem Manuskript, wie das „Tageblatt" meldete, Kompositionen von Wagner, Weber und Brahms, den der Herzog nach Meiningen gebeten hatte, seine *Haydn-Variationen* und die *Vierte.* Brahms war am 31. März angereist, bewohnte wie üblich die Zimmer Nr. 3 und 4 des Schosses und besuchte die Theatervorstellungen. Er traf mit Strauss zusammen, der ein begeisterter Schauspielbesucher war. Brahms wurde damals mit dem Meininger „Verdienstkreuz für Kunst und Wissenschaft" ausgezeichnet. Während er bis zum 4. April an sämtlichen Tafeln des Herzogs speiste, soupierte Strauss lediglich am Geburtstag Herzog Georgs mit dem Fürstenpaar, den musischen Kindern des Herzogs – Tochter Marie, der Pianistin, und Sohn Ernst, dem Maler – und Brahms. Damit fanden die Meininger Begegnungen zwischen Brahms und Strauss ihren symbolträchtigen Abschluß. Am 4. April reisten sämtliche Besucher sowie das Herzogspaar wieder ab; das Schloß Elisabethenburg wurde gründlich umgebaut. Die Räume in der zweiten Galerie erhielten durch den der Neorenaissance verpflichteten Architekten Albert Neumeister ihr heutiges Aussehen. Strauss verließ, nachdem er am Vortage im Reunionssaal des Theaters noch einmal sein Können gezeigt und neben vielen Kompositionen von Mozart und Schumann auch drei eigene Klavierstücke gespielt hatte, am 10. April Meiningen. Er sei in Meiningen „sehr beliebt geworden", resümierte das „Meininger Tageblatt". Strauss selbst hat Meiningen später als eine „Stätte geweihter Tradition", als eine „Hochschule der Dirigierkunst" gewürdigt.

Um dem deutschen Theater zu neuen Horizonten und seinem Freunde Henrik Ibsen zu der verdienten Reputation zu verhelfen, inszenierte Georg ein neues Werk des skandinavischen Autors nach dem anderen für die Meininger Hofbühne. Am 21. Dezember 1886 fand dann im Theater und im Schloß eine der merkwürdigsten Demonstrationen statt, die der Künstlerfürst je veranstaltete. Weil Ibsens Stück *Gespenster* in der ‚guten Gesellschaft' als moralisch suspekt galt und bei seiner Aufführung ein Theaterboykott zu befürchten war, griff Georg zu einer List, um Ibsen dennoch ein volles Haus und ein angemessenes Publikum zu verschaffen: Er verschenkte die Karten für die Vorstellung. Zudem lud er Staatsminister und Staatsräte, also die gesamte Regierung, sämtliche Landtagsabgeordneten, die Spitzen des preußischen Offizierskorps in Meiningen sowie die bedeutendsten Künstler zur Premierenfeier ins Schloß ein. Den Staatsakt zu versäumen, konnte sich niemand erlauben. Das Fürstenpaar hatte auch führende Köpfe des Geisteslebens nach Meiningen gebeten, jedoch mit weniger Erfolg. Otto Brahm, der später Ibsen auf den Berliner Bühnen endgültig durchsetzen sollte, war mit der Bahn im Schnee steckengeblieben. Immerhin kamen Paul Lindau, Richard Voß, Hans Hopfen und selbstverständlich Henrik Ibsen.

Doch der Erfolg, zu dem der Herzog den *Gespenstern* verholfen hatte, erwies sich als nicht dauerhaft. Schon nach der ersten Dresdner Gastspielaufführung legte das sächsische Ministerium Chronegk nahe, das unanständige Stück nicht noch einmal aufzuführen. In Graz verbot man es, und die Baseler lehnten eine Aufführung ab. Die Demonstration in Theater und Schloß zu Meiningen, die hohen Kosten für die Ausstattung der Bühne und für die Furage im Schloß sollten sich vorerst nicht auszahlen. Doch ein Zeichen war mit der Aufführung gesetzt worden. Ein altes Schloß bildete den Rahmen für die Artikulation eines neuen Geistes, für den selbst die avantgardistischen Metropolen damals noch nicht reif waren.

Als in jenem unglückseligen Jahre 1893 die entscheidenden Paktsysteme und Aufrüstungsprogramme beschlossen wurden, die dann jenen Mechanismus in Gang brachten, der die Katastrophe des 1. Weltkrieges unabwendbar machen sollte, da fand im Meininger Theater und im Schloß ein Treffen der Spitzen des deutschsprachigen Theaters mit führenden französischen Bühnenleuten statt. Die Begegnung atmete zweifellos europäischen Geist, erhellte aber zugleich das Schwierige derartiger Mühen europäischer Intellektueller.

Den Anlaß zu diesem Zusammentreffen lieferte der Umstand, daß Paul Lindau sein neuestes Schauspiel *Der Andere* nach Aufführungen in Dresden und München unter Herzog Georgs Mithilfe und mit Dekorationen von Max Brückner in einer Modellinszenierung herausbrachte. Dazu waren eigens Schauspieler aus Berlin und Dresden herangezogen und mittels intensiver Probenarbeit besonders geschult worden. „Zur heutigen Sonntagsvorstellung wird der Dichter selbst sich hier einfinden und wer-

den eine Anzahl von Leitern hervorragender Bühnen, sowie Dramaturgen und Kritiker von Ruf erwartet", wußte das „Meininger Tageblatt" schließlich zu vermelden. Lindau selbst erwartete mit Sicherheit, daß sein „Meininger Gönner ... auch diese Vorstellung zu etwas Besonderem machen würde."
Unter dem Datum des 12. November findet sich im Fourierbuch die lange Liste jener illusteren Gäste, die Lindau herbeigerufen hatte und die vom Fürstenpaar zum Diner empfangen wurden: Oskar Blumenthal, der Begründer und Leiter des Berliner Lessing-Theaters, Herausgeber der Werke Goethes und Autor des *Weißen Rößls*, Max Burghardt, der Chef des Wiener Burgtheaters, der den ehemaligen „Meiningern" Joseph Kainz, Adele Sandrock und Friedrich Mitterwurzer ein väterlicher Freund geworden war, Joseph Victor Widmann, der führende Schweizer Bühnenautor und Freund Gottfried Kellers. Überdies war mit Joachim Baron zu Puttlitz, Generalintendant der Königlichen Hoftheater in Stuttgart, während der Aufführung im Theater auch der gute Geist des deutschen Bühnenvereins zugegen. Kurzum, die konzeptionellen Köpfe des deutschsprachigen Theaters trafen sich in Meiningen und kamen dort mit Arthur Levy, dem aus einer berühmten Intellektuellen-Familie stammenden Re-

Wohnzimmer Herzog Georgs II. Fotografie von M. Koch.

dakteur der „Revue illustre“ und Theodore Cahn, dem Redakteur des „Figaro“ aus Paris zusammen.
Nicht allein die Umbruchlage im europäischen Theaterleben, mit dem Schlagwort ‚Naturalismus‘ nur allzu oberflächlich belegt, mochte in diesem Kreise reflektiert worden sein. Die Anwesenheit des meiningischen Fürstenpaares dürfte die führenden Köpfe des europäischen Theaterlebens zugleich auf die Grenzen verwiesen haben, die ihrem Mühen um eine wechselseitige Befruchtung der Nationalkulturen gezogen waren. Denn Charlotte, die Schwester von Kaiser Wilhelm II., und Bernhard, der damalige Generalleutnant und Kommandeur der II. Garde-Infanterie-Division in Berlin, mochten die patriotischen Franzosen und den braven Schweizer Widmann, dem schon schauderte, wenn sein Freund Brahms sich wieder einmal allzu heftig seines Deutschtums entsann, daran erinnert haben, daß diese Begegnung vielleicht doch unter keinem allzu günstigen Stern stand.
Georg, der ab den achtziger Jahren seinerseits den Ausgleich der deutschen mit der französischen Kultur anstrebte, war dem Wilhelminismus sowieso abhold. Infolgedessen blickte er beim „Großen Diner“ vor und beim „Großen Buffett“ in dem von Lindau bewohnten Gartensaal des Schlosses nach der Vorstellung wohl eher skeptisch in die Runde. Seine „Meininger“ hatten kurz zuvor ihre Gastspielreisen aufgegeben. Ludwig Chronegk, der rastlose Manager, war bald danach verstorben. Mit seinem neuen Intendanten Paul Richard ließ sich aufsehenerregendes Theater nicht mehr machen und mit dem ebenfalls anwesenden Rudolf Baumbach war zwar ein Poet der Heimat, nicht jedoch ein philosophischer Kopf von europäischer Geltung in der Runde.
Zu Beginn des 20. Jahrhunderts begannen die Musen, die deutschen Fürstenhöfe zu meiden. Auch das Meininger Schloß hatte unter diesem Exodus zu leiden. Allein die Persönlichkeit Georgs II. besaß noch die Suggestivkraft, mit Max Reger und Max Grube große Künstler ins Meininger Schloß zu ziehen. An jenem Tage, da man ihn zu Grabe trug, traf die Kunde vom Mord in Sarajevo ein. Meiningen hatte tatsächlich den letzten deutschen Musenhof beherbergt.

Schloss Glücksburg in Römhild

Roswitha Jacobsen

Schloß Glücksburg aus der Luft. Fotografie (1991).

Das im Kern spätgotische Schloß entstand nach 1465, wurde 1539 durch einen Brand stark beschädigt und danach zwischen 1540 und 1546 verändert wiederaufgebaut. Barocke Erweiterung erfuhr es zwischen 1676 und 1678 in Gestalt des Ausbaus der beiden Flügel, die Vorder- und Hinterschloß miteinander verbinden.

Residenz eines kleinen Territorialstaates ist Römhild nur ganze dreißig Jahre lang, von 1680 bis 1710. Der ehemals Hennebergische Besitz war schon 1572 an die Ernestiner gekommen und fällt mit dem Erlöschen der Altenburger Linie im Jahre 1672 an Sachsen-Gotha. Herzog Ernst der Fromme bestimmt es zum Erbe seines viertjüngsten Sohnes Heinrich. Dieser bezieht das alte Hennebergische Schloß in Römhild am 18. November 1676, vier Monate nach seiner Vermählung mit der Prinzessin Marie Elisabeth von Hessen-Darmstadt. Heinrich verleiht dem Schloß den auf sein junges Eheglück bezüglichen Namen „Glücksburg" und beginnt sofort mit der Restaurierung und Erweiterung des Baus zum Bedarf seiner Hofhaltung. Gebaut und 1682 eingeweiht wird eine Schloßkirche, später noch ein Reithaus (1694) und außerdem eine ganze Reihe nichtmassiver Gebäude. In der Folge der Landesteilungen, die die Söhne Herzog Ernsts des Frommen 1680/81 vornehmen, entsteht u.a. das winzige Herzogtum Sachsen-Römhild, eines der unbedeutendsten des Reiches und abhängig von Sachsen-Gotha. Heinrich und Marie Elisabeth aber geben der höfischen Kultur in Römhild für dreieinhalb Jahrzehnte ein ganz spezielles Gepräge.

Das Römhilder Schloß. Fotografie (1909).

Herzog Heinrich ist als volksnaher Herrscher beschrieben worden, und tatsächlich finden sich selbst in den gedruckten Spieltexten manche Indizien dafür. Er beschreitet zunächst, wie das für nachgeborene Prinzen durchaus üblich ist, die militärische Laufbahn und bringt es dabei zu großen Ehren: Im pfälzischen Krieg befehligt er als Generalmajor die sächsischen Truppen, 1693 wird er zum Kaiserlichen Generalfeldmarschallleutnant, vier Jahre darauf zum Generalfeldzeugmeister ernannt. Da verwundert es nicht, daß seine Liebe dem von ihm geförderten Römhilder Schützenverein gilt und daß sich sein Sammeleifer vor allem auf Kriegsgerät richtet. Heinrichs Zeughaus muß prächtig bestückt gewesen sein. Auch eine Bibliothek ist vorhanden, die einem Inventarverzeichnis von 1710 zufolge 1500 Bände umfaßt und damit im Umfang etwa einer mittleren Gelehrtenbibliothek der Zeit entspricht.
Indes ist das eigentlich Bemerkenswerte und das Charakteristische der Römhilder Residenz weder bei den Militaria noch bei der wohl ohnehin etwas überzeichneten Untertanenliebe des Herzogs dingfest zu machen. Vielmehr findet es sich im Bereich der künstlerischen Hofkultur, genauer: in den besonderen Formen der Festkultur, die das Herzogspaar für dreieinhalb Jahrzehnte etabliert.
Die vergleichsweise geringen finanziellen Ressourcen erlauben es Herzog Heinrich nur sehr begrenzt, kulturelle Ansprüche in ‚Werken' von Dauer zu vergegenständlichen. Auch die Prägung minderwertiger Münzen in der 1690 im Schloß eingerichteten Münze vermag die mißliche Finanzsituation nicht zu ändern. Daß dennoch Zeugen der Römhilder Hofkultur erhalten geblieben sind, verdanken wir einer ebenso umsichtigen wie offenbar aus der Not geborenen Entscheidung des Herzogs: Er sorgt für die Erhaltung vieler seiner Erfindungen, indem er sie aufzeichnen läßt. So haben sich nicht nur Drucke von Gelegenheitsgedichten und Libretti der Theaterveranstaltungen erhalten wie anderswo auch, sondern vor allem eine genaue Beschreibung von Lustbauten und deren Inneneinrichtungen, die Herzog Heinrich für eine Serie von Festen in den Jahren 1692-1698 eigens herrichten läßt. Der Band unter dem bezeichnenden Titel *Herzog Heinrichs Fürstliche Bau-Lust* wird 1698 in Römhild vom fürstlichen Buchdrucker Georg Heinrich Oppermann gedruckt und ermöglicht mit der recht genauen Rekonstruktion der Römhilder Feste auch das Erschließen der Intentionen Herzog Heinrichs.

Als Festanlaß dient ganz überwiegend der Geburtstag der Herzogin am 11. März. Fast jedes Jahr finden zu diesem Termin zumindest die aufwendigeren unter den Festen statt. Als Motiv dafür benennen die Verfasser der Texte die übergroße Liebe Heinrichs zu seiner Gemahlin. Auf jeden Fall werden die Feste von Anfang bis Ende von Heinrichs Residenzzeit in Römhild beibehalten. Spielbelege finden sich vom März 1677 bis zum November 1709; das ist ein halbes Jahr vor Heinrichs Tod. Den Höhepunkt aber erreicht die Festgestaltung am Römhilder Hof in den neunziger Jahren, oder besser gesagt, sie schreitet in diesem Jahrzehnt von einem Höhepunkt zum nächsten.

Das erste größere Fest in der neuen Residenz findet schon wenige Monate nach der Übersiedlung im März 1677 statt. Im Mittelpunkt steht ein Aufzug der allegorischen Figuren Fama, Glaube, Hoffnung, Liebe, Stärke, Gerechtigkeit, Verstand, Mäßigkeit, von denen jede auf ihre Weise Marie Elisabeths Tugenden preist. Zur musikalischen Begleitung der sicher gesungenen Texte stand von Beginn an eine Hofkapelle zur Verfügung. Auch in den folgenden Jahren finden jeweils im Festkontext mehrere theatralische Veranstaltungen statt. Erst in den neunziger Jahren aber läßt sich dank der Textdrucke davon ein recht genauer Eindruck gewinnen. Auf frappante Weise tritt in diesen Texten zugleich die künstlerische Kontinuität hervor, die in Absicht und Programmatik der höfischen Feste in Römhild waltet und die ansatzweise schon das erste Fest im Jahre 1677 bestimmt hatte.

Das wichtigste Moment der Feste ist die Herstellung einer räumlichen Umgebung als ein ganz und gar durchgestaltetes künstliches Gebilde, in dem eine Welt voller Bedeutungen arrangiert werden kann. Zuerst wird dazu ein im Schloß vorhandener Raum genutzt, und zwar der große Saal über dem Schloßtor, der sonst als Tafelgemach dient. Dann, im Jahre 1694, steht das gerade fertiggestellte Reithaus als Festort zur Verfügung. Im darauffolgenden Jahr aber entsteht erst in unmittelbarer Nähe der Glücksburg, im fürstlichen Lustgarten, ein Lusthaus, die sogenannte Elisabethenlust, das schon im nächsten Jahr wieder abgerissen und im Mertzelbach, einer etwa einen Kilometer entfernten lieblichen Aue, mit einer Reihe kleiner Nebengebäude wieder aufgebaut wird. Fortan finden die höfischen Feste überwiegend dort statt, wobei die Bauten fast jährlich erweitert und die Innenaustattungen stets neu arrangiert werden. Schließlich erhält das Hauptgebäude sogar einen Turmaufsatz, damit es weithin sichtbar ist. Alle diese Gebäude in ihren jährlich ein- oder auch zweimal wechselnden Gestalten sind aus nichtmassiven Materialien und damit von vornherein für eine begrenzte Dauer errichtet.

Im Jahre 1692 muß also der große Saal für das Fest herhalten. Um ihn seinem alltäglichen Gebrauch ganz zu entfremden und als „Kunst-Gemach“ neu zu schaffen, wird er zunächst vollständig mit grünem Laubwerk ausgekleidet. Auf diese Weise ensteht eine Art Grotte, eine modische Lustarchitektur, die sich zu dieser Zeit an vielen Fürstenhöfen Europas der Beliebtheit erfreut. Allerdings betreibt Heinrich die Raumauskleidungen mit einer gewissen Obsession. Von 1694 an verwendet er anstelle des Laubes Tannenreisig, das dunkler ist und den Effekt noch verstärkt. Zudem verbindet er die Reisigdekoration mit unentwegten Neu- und Umbauten der solchermaßen ‚verkleideten‘ Räume, so daß sich schon die Zeitgenossen über seine „unaufhörliche Bau-Lust“ nur verwundern konn-

Das Concordien-Haus im Jahre 1699.
Kupferstich aus der „Fürstlichen Bau-Lust“ von 1698.

ten. Auch die übrigen Elemente von Heinrichs Inventionen sind nicht an sich originell. Jedes einzelne Moment gehört zum Inventar barocker Raumgestaltung: Inskriptionen, die Applikation von Namenszügen und Initialen auf Tafeln oder Wände, die Aufstellung von Emblemen, Wappen, Götterstatuen und allegorischen Figuren, Pyramiden mit Lichtern, wasserspeiende Nymphenbrunnen, dazu Spiegel über Spiegel – all das findet sich auch anderswo, allerdings wohl nur selten in solcher Dichte wie in Heinrichs stets nur kurzlebigen Festsälen und -häusern. Dort sind nicht nur sämtliche der genannten Requisiten gleichzeitig verwendet, sondern jedes einzelne auch in einer schier unglaublichen Anzahl. So listet die *Fürstliche Bau-Lust* für die 9 Feste zwischen 1692 und 1698 nicht weniger als 539 verwendete Embleme auf. 1696 wird der Namenszug Marie Elisabeths 160 mal in einer Allee, die zum Festhaus führt, angebracht. Die Raumausgestaltung besitzt jeweils einen thematischen Akzent mit einer bestimmten aktuellen Bezüglichkeit: Das kann der Lebenslauf Marie Elisabeths sein, wie im Jahre 1692, oder die Einordnung des Hauses Sachsen-Römhild in die Dynastien Sachsen und Hessen im Jahre 1694 – angesichts der Kinderlosigkeit des Paares von besonderer Bedeutung für Heinrich und Marie Elisabeth -, oder die Verleihung des dänischen Elephantenordens an den Herzog im Jahre 1698. Dafür werden die entsprechenden Bild- und Textelemente entweder neu geschaffen oder die vorher verwendeten umgestaltet. An prononcierter Stelle bei diesen Arrangements aber steht stets die fürstliche Tafel – als Mittelpunkt der künstlichen, bedeutungsgeladenen Welt ringsum. Zu jedem Fest gehört ein theatralisches Spiel, das vollkommen auf die emblematisch-allegorische Aussage der Kunsträume abgestimmt ist.

Ein eigenes Theatergebäude für die theatralischen Aufführungen braucht man in Römhild nicht. Texte und Inszenierungen sind derart in die Gesamtkonzeption des Festes integriert, daß sie außerhalb der aufwendig ausgestatteten Festräume einen Gutteil ihrer Wirkung verlören. Während anderenorts überall Theatergebäude entstehen oder zumindest spezielle Komödiensäle eingerichtet werden, genügt für die Römhilder Aufführungen neben Kostümfundus und Kulissen eine einfache Bühne, die in den wechselnden Festräumen nach Bedarf installiert werden kann.

Alle erhaltenen Texte bezeugen den angestrengten Gestaltungswillen, der diesen Festen zugrunde liegt. Die Bauten, die aufwendigen Installatio-

Herzog Heinrich von Sachsen-Römhild. Kupferstich (1717).

nen, die Texte, die durch Musiken verschönt und zu höfischem Gebrauch hergerichtet werden, bringen ein Umfeld hervor, das sich in Dichte und Geschlossenheit der Bedeutungssetzungen vom Fürstenalltag in der Residenz abhebt. Jenseits von purer Unterhaltung bieten diese Feste dem Herzog und seiner Gemahlin die Möglichkeit, ein ideales Selbstbild zu erzeugen, das den fürstlichen Alltag in wünschenswertem Maße stilisiert und steigert. Angesichts der Bedeutungslosigkeit des Herzogtums und angesichts der wenigen Gelegenheiten für den Fürsten, sich als glorioser Herrscher zu präsentieren, drängt sich die Mutmaßung auf, daß sich Heinrich mit den Festen das schafft, was an größeren Höfen durch das Zeremoniell immerfort, zumindest aber viel häufiger darstellbar und erlebbar ist: die Mittelpunktsstellung des Fürsten in der Welt. Insofern sind die Feste vor allem Selbstinszenierungen, zu denen ein umfangreiches Arsenal allegorischer, emblematischer und theatralischer Ausdrucksformen genutzt wird.

Geblieben ist davon fast nichts: Die phantastischen Lustgebäude, für den Moment erbaut, sind bald schon restlos verschwunden. Der „Mertzelbach" ist nur mehr eine anmutige Lichtung. Die Zeughaussammlung ist aufgelöst. Das Schloß in seiner planlosen Uneinheitlichkeit erscheint für eine barocke Residenz anachronistisch, was besonders im Vergleich mit den Schlössern der Brüder in Gotha, Coburg oder Meiningen auffällt. Immer noch sehenswert ist aber der barocke Altar in der Stadtkirche, den Heinrich gestiftet hatte. Und schließlich künden die von ihm veranlaßten Textdrucke vom Anspruch und von den Ambitionen des Herzogs, die er eine Herrschaftsperiode lang mit bemerkenswerter Erfindungsgabe verwirklicht hat.

Schloss Christiansburg in Eisenberg

Detlef Ignasiak

Schloß Christiansburg nach der Restaurierung.
Fotografie von F. Herzer (1996).

Die aus dem 12. Jahrhundert stammende Burg wurde im 15. Jahrhundert zu einer bescheidenen zitadellenartigen Anlage umgebaut und im 16. Jahrhundert durch Querhaus, Treppenturm und Küchenhaus erweitert. Zwischen 1676 und 1680 entstand durch Um- und Neubauten das heutige barocke Schloß. Die Schloßkirche wurde in den Jahren 1680/87 geschaffen, die Orgel 1683 eingebaut. Nach 1707 diente das Schloß als Witwensitz. Ab 1826 wurde es öffentlich genutzt, zunächst als Schulamtsgebäude, ab 1921 als Rathaus, ab 1952 als Sitz des Rates des Kreises und ab 1990 als Landratsamt des Kreises Eisenberg bzw. seit 1994 des Saale-Holzland-Kreises. 1991/92 erfolgte die Restaurierung der Schloßkirche, 1992 begann die Sanierung der gesamten Anlage.

Das heute kaum mehr als 10 000 Einwohner zählende und etwa auf halber Strecke zwischen Jena und Gera liegende Eisenberg ist das nördliche Tor zum Thüringer Holzland. Seit eh und je gehörte die Stadt den Wettinern, die die Wasserburg Ottos des Reichen im 15. und im 16. Jahrhundert zu einem bescheidenen Schlößchen umbauten. Genutzt haben sie die wenig wohnliche Anlage jedoch selten. Als man im Herbst 1571 die tatkräftige Weimarer Herzogin Elisabeth, die Gemahlin des seit 1567 in Österreich gefangen gehaltenen Johann Friedrich II., Sohn des gleichnamigen Jenenser Universitätsgründers, mit ihren Kindern dorthin brachte, mußten die benötigten Möbel überall in der Stadt zusammengeholt werden. Wohlgefühlt hat sich die Herzogin in Eisenberg nicht. Im Juni 1572 reiste sie nach Österreich, um die geplante Befreiung ihres Gemahls wirkungsvoller vorantreiben zu können. Tage darauf erkrankte der Erbprinz Friedrich an Flecktyphus. Auch der aus Jena herbeigerufene berühmte Mediziner Johann Schröter konnte den Zehnjährigen nicht mehr retten. Als er am 4. August der heimtückischen Krankheit erlag, wurde sein Bruder Johann Casimir im Eisenberger Schloß zum Erbprinzen erhoben. Während bald darauf Eisenberg an das neugebildete Herzogtum Sachsen-Altenburg kam, wurde Johann Casimir Herzog von Sachsen-Coburg. Das Eisenberger Schloß hält an Größe und Pracht keinen Vergleich mit der von Johann Casimir erbauten Ehrenburg stand. Dennoch stand ihm völlig unerwartet noch eine Glanzzeit bevor. Sie ist mit Christian, Eisenbergs einzigem Herzog, verbunden. Dessen Vater, Herzog Ernst der Fromme von Sachsen-Gotha, hatte 1672 die Altenburger Lande geerbt und in seinem Testament jedem seiner Söhne eigene Hofhaltungen zugewiesen. Christian war von sieben der fünfte.

Als er 1676 nach Eisenberg kam, war das wenig genutzte Schloß in keinem guten Zustand. Herzog Friedrich I., Christians Bruder, beauftragte, als er das Eisenberger Schloß inspizierte, den damals mit dem Bau der Saalfelder Residenz beschäftigten Fürstlich-Sächsischen Landbaumeister Christian Wilhelm Gundermann mit dem Um- und späteren Neubau. Bald darauf zog er den Weimarer Baumeister Johann Moritz Richter d. J., dessen Vater die Schlösser von Weimar und Zeitz erbaut hatte, als Berater hinzu. Als er mit der neuen Aufgabe betraut wurde, leitete er noch den von seinem Vater begonnenen Bau von Schloß Neu-Augustusburg in Weißenfels.

Zuerst wurden, da Christians Eheschließung mit der 18jährigen Merseburger Prinzessin Christiane unmittelbar bevorstand, nur einige Wohnräume instandgesetzt und neu möbliert. Am 7. März 1677 zog das junge Paar in Eisenberg ein. Tags darauf hielt der Herzog große Tafel, bei der es Wildbret, Lachse aus der Saale, Aberdammer Käse, Borsdorfer Äpfel und sogar Südfrüchte gab, dazu Rhein- und Frankenweine in Menge, außerdem Naumburger und Eisenberger Bier. Die Bürgerschaft – wie zu solchen Anlässen üblich – huldigte dem Paar. Damit begannen in Eisenberg zwei beschwingte Jahre, die der streng erzogene Christian voll auszukosten verstand. Die reichliche Mitgift seiner Gemahlin gestattete ihm die dazu notwendige Freigiebigkeit.
Als Christiana am 13. März 1679 unerwartet im Wochenbett starb, schien die glückliche Zeit zu Ende zu sein, denn Christian liebte seine Gemahlin über alles. Er empfand unermeßliche Trauer und litt darunter, daß es in Eisenberg an einer geeigneten Begräbnisstätte gefehlt hatte, so daß er die tote Herzogin nach dem elterlichen Merseburg überführen mußte.
Christians Wehgefühle bilden den Hintergrund für die Errichtung einer der prächtigsten Schloßkirchen in Deutschland. In den Wochen nach dem Tod Christianas hat der einsame Herzog den Bau dieser repräsentativen Kirche beschlossen und sie zur Grablege seines noch jungen Geschlechtes

Stadtansicht von Süden, in der Mitte das Schloß. Stich vor 1839.

bestimmt. Schon im Juli 1679 begann man mit den Arbeiten. Am 30. April 1680 legte der Herzog eigenhändig den Grundstein. Als Vorbild diente den Baumeistern die 1774 durch einen Brand zerstörte „Himmelsburg“ im Weimarer Schloß. 1687 war die Eisenberger Schloßkapelle im wesentlichen fertiggestellt, geweiht wurde sie aber erst am 27. November 1692. Ihr Bauherr ist durch sie unsterblich geworden. Mit dem Wissen um die Vorgeschichte, dem nötigen Gefühl und einem Quentchen Phantasie läßt sich in ihr wohl ein thüringisches Taj Mahal entdecken.

Während in den anderen barocken Schloßkapellen Thüringens – so in Weißenfels, in Saalfeld und in Coburg – der Dekor zum größten Teil schmückende Zugabe ist, „gewinnt er hier“, wie Helga Baier-Schröcke geschrieben hat, „in seinem festlichen Reichtum und in seiner plastischen Lebendigkeit einen eigenständigen Charakter und erhält dadurch eine besondere Bedeutung für den Raum.“ Die Schöpfer der einzigartigen barocken Pracht, Bartolomeo Quadri und Giovanni Caroveri, die schon die Prunkräume im Schloß gestaltet haben, kamen aus den damals in Europa führenden oberitalienischen Stukkateur-Zentren um den Comer und den Luganer See. Die mit dem reichen Dekor angestrebte Weite und Einheitlichkeit des Raumes wird durch die Deckengestaltung – ein rechteckiges Fresko von dem in Rom und in Venedig ausgebildeten norddeutschen Maler Johann Oswald Harms – noch unterstrichen.

Mit dem Regierungsantritt von Herzog Christian beginnt im Schloß ein reges Musikleben, zu dem bald auch Opernaufführungen gehören. Der Spielort ist der Festsaal im Schloß, wegen seiner 14 Deckengemälde von Christian als Kaisersaal bezeichnet. Sie stellen die Kaiser bzw. Könige dar, die von Karl dem Großen bis Otto III. das Frankenreich bzw. das Heilige Römische Reich regiert haben. Johann Oswald Harms und Benjamin Block werden als Maler vermutet. Da die Bilder lange ausgelagert und die Stuckdecken überbaut waren, trug die 1994 abgeschlossene Sanierung und Restaurierung dieses schönen Saales zu einer Aufwertung der gesamten Schloßanlage bei.

Herzog Christian war auch ein bekannter Alchimist. Die Kunst, aus unedelen Metallen Gold zu machen, war im 17. Jahrhundert allgemein beliebt. Wenn sie auch durch Betrüger gelegentlich in Verruf kam, sah in dem endlosen Experimentieren jedoch kaum jemand nur Scharlatanerie. Dies ist auch aus heutiger Sicht richtig, verrät doch die alchimistische

Herzog Christian von Sachsen-Eisenberg.
Stich von Johann Jacob von Sandrart (um 1690).

Der Kaisersaal. Fotografie von G. Köhler. – Heute kommt in diesem schönsten Raum des Schlosses der Kreistag zusammen.

Praxis modernen naturwissenschaftlichen Sachverstand, ihre Betreiber selbst waren meist hochgebildete Leute. Gold stellte zwar niemand von ihnen her, andere Stoffe aber schon, darunter das Porzellan, das der Goldmacher Friedrich Christian Böttger am Dresdner Hof erfand.

Als Landgraf Ernst Ludwig von Hessen-Darmstadt, Christians Neffe, vorgab, Gold hergestellt zu haben, wurde auch im Eisenberger Schloß eine Alchimistenküche eingerichtet. Zudem versprach sich Herzog Christian von diesem Unternehmen eine schnelle Tilgung seiner Schulden. Wenn auch die Fama immer wieder etwas von künstlichem Eisenberger Edelmetall wissen wollte, blieb Christian als Goldmacher genauso erfolglos wie alle anderen. Der eigenhändig experimentierende Herzog gelangte im Laufe der Jahre aber zu einem erstaunlichen und von Zeitgenossen in ganz Europa bewundertem chemischen Wissen. So konstruierte er gebrauchsfähige Apparate und entwickelte neuartige Lacke. Um ungestört arbeiten zu können, ließ er sich in der Nordostecke seines Schloßgartens ein Laborgebäude errichten, in dem er 1706 sogar die 88 Zentner schweren bleiernen Rohre für die erste städtische Wasserleitung goß. Vermutlich hat sich Christian bei den Experimenten Vergiftungen zugezogen, die seinen frühen Tod verursachten.

Der Turm der Schloßkirche. Fotografie von F. Herzer (1996).

Da er 1707 kinderlos starb, fiel sein Herzogtum an Sachsen-Gotha und Altenburg zurück. Die Glanzzeit des Schlosses war, wie sich zeigen sollte, für immer vorüber. Daß Schloß Christiansburg trotz seiner jahrhundertelangen Nutzung als Verwaltungsgebäude nicht der völligen Vergessenheit anheimfiel, ist vor allem dem hohen künstlerischen Rang der Schloßkapelle zu danken.

Das Stadtschloß in Hildburghausen

Michael Römhild

Das Hildburghäuser Schloß als Kaserne der Wehrmacht. Fotografie aus den 30er Jahren.

Von 1685 bis 1695 wurden die dreigeschossigen Süd- und Ostflügel des barocken Schlosses an der Südwestecke des alten Stadtkerns errichtet. Die Schloßkirche – eine Verlängerung des Südflügels – sowie der zweigeschossige Westflügel wurden erst 1705 fertiggestellt. In den letzten Kriegstagen 1945 ausgebrannt, wurde die Ruine des Schlosses um 1950 bis auf die Gewölbekeller abgetragen.

Die im Jahre 1680 durchgeführte Erbteilung des Herzogtums Sachsen-Gotha und Altenburg brachte auch der kleinen südthüringischen Stadt Hildburghausen für nicht ganz 150 Jahre die Erhebung zur Residenzstadt. Ernst, der sechste Sohn Herzogs Ernst des Frommen, erwählte 1684 nach Zwischenaufenthalten in Eisfeld und Heldburg Hildburghausen zur künftigen Hauptstadt seines 500 Quadratkilometer kleinen Ländchens Sachsen-Hildburghausen. Ab 1685 ließ Herzog Ernst den Bau des Residenzschlosses und die Anlegung eines Schloßgartens beginnen. Dadurch veränderte sich das Erscheinungsbild des Ackerbürgerstädtchens entscheidend. Wie weit die Errichtung der Schloßanlagen bis um das Jahr 1700 gediehen war, beschreibt der coburgische Chronist Georg Paul Hönn in seiner *Sachsen-Coburgischen Historia*: „An Gebäuden in der Stadt Hildburghausen ist vornehmlich das anno 1685 den 27. Maji / durch legung eines Grundsteins angefangene nunmehro aber meistentheils ausgebauete Fürstl. Residentz=Schloß in Beobachtung zu ziehen / massen solches Gebäude nicht allein nach der neuesten Architectur ganz regulair durch und durch von gehauenen Steinen / so theils von dem verfallenen Kloster Veilsdorff und dessen abgebrandten Kirchen dahin geführet worden / sondern auch sonsten an einen so lustigen Orth erbauet / daß man daraus einen sehr anmuthigen Prospect auf die durch den Wiesen=Grund vorbeyfliessende Werra / gegen über situierte Berge / und in dieser Gegend liegende Dörffer haben kan. An dieser ist in gleicher Höhe eine neue Schloß=Kirche / und darinnen ein besonders Gewölb zu denen Fürstl. Begräbnissen erbauet / und wird ermeldte Kirche mit vielen künstlichen bereits vorhandenen Gemählten ausgezieret werden ... Unten an dem Schloß gegen Mittag zwischen der Werra ist der Schloßgarten angeleget / davon der eine Theil mit dreyen steinernen erhabenen Absätzen bis an die Mauer der Stadt erbauet / der andere aber nechst diesen unten auf der Ebene angerichtet / und mit einem ziemlichen breiten Wasser=Graben / worauf sich viele wilde Endten nehren / umbgeben / jener aber mit Zeunen / Bethen / schönen alléen und frembden Gewächsen / als Pomerantzen= und Citronen=Bäumen sc. ausgezieret / und dieser mit lauter Küchen=Gewächsen angefüllet / an vorermeldten obern Theile ist nechst dem Gärtner=Haus auch eine feine Grotte zu sehen / in welcher das auf allen Seiten herausspringende Wasser ein angenehmes Brausen und Kühle verursachet."

Das Abbild der fertiggestellten Schloßanlage ist – wenn auch teilweise idealisiert – durch drei im Jahre 1721 von dem Nürnberger Geographen Johann Baptist Homann gefertigte Pläne überliefert. Neben den von Hönn beschriebenen Anlagen finden sich hier außerdem eine Menagerie, eine Kaskade und ein Schneckenberg, eine Eremitage und ein Tiergarten sowie Brunnen, die nach Motiven verschiedener Fabeln von Äsop gestaltet wurden. An der Südostecke des Parks wurde ein Ball- und Fechthaus errichtet. Bereits der Bau des Schlosses hatte eine Summe von 44 000 Gulden verschlungen. Für die Fertigstellung des Schloßgartens mußte ganz und gar das Heiratsgut der Herzogin Sophie Albertine, die Grafschaft Cuylenburg in Geldern, für 800 000 Gulden verkauft werden. Für die Finanzierung der aufwendigen Bauten, Jagden und Feste und die umfangreiche Hofhaltung des Herzogshauses wurde den Untertanen tief in die Tasche gegriffen: Die Bewohner des Ländchens mußten zeitweise bis

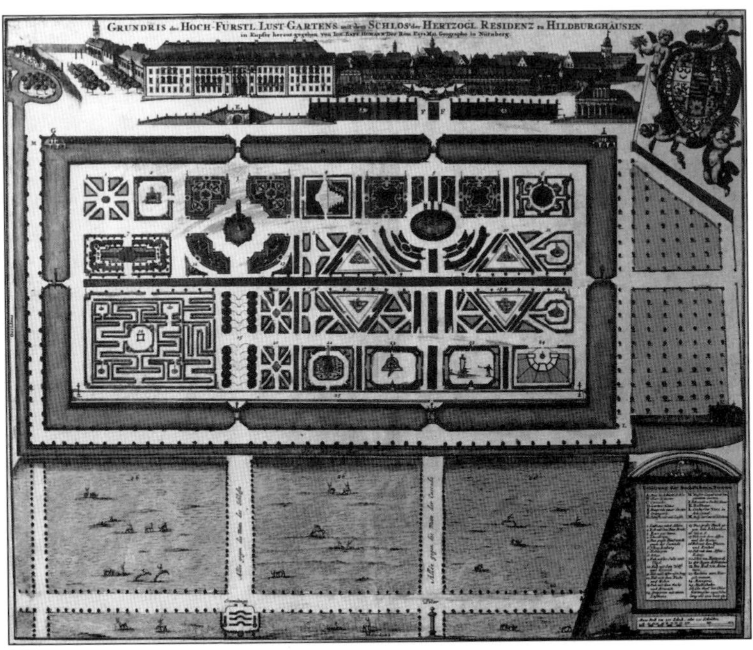

Grundrißplan des Schloßgartens mit einer (idealisierten) Ansicht des Residenzschlosses von Johann Baptist Homann 1721.

zu 14 Extrasteuern aufbringen. Trotzdem häuften sich die Schulden des Hauses lawinenartig an.
Der Herzogin Sophie Albertine gelang es zwar, als Vormundschaftsregentin für ihren noch minderjährigen Sohn durch eine strenge Politik der Sparsamkeit die Anzahl der Steuertermine zeitweise zu senken, sie verkaufte jedoch in ihrem Eifer, alles „Überflüssige" zu Geld zu machen, sogar die reichhaltige und kostbare Schloßbibliothek. Erst unter Herzog Ernst Friedrich III. Carl wurde wieder eine Schloßbibliothek angelegt. Unter ihm erreichte die Verschuldung des Landes die traurige Rekordhöhe von mehreren Millionen Gulden. Ernst Friedrich III. Carl wurde zwar als ein sehr geistvoller Herrscher gerühmt, der vor allem die schönen Künste und das Theater förderte (während seiner Regierungszeit wurde 1755 das Fechthaus in ein Theater umgebaut), jedoch seine grenzenlose Prachtliebe und seine unglaubliche Gutmütigkeit ruinierten die Finanzen des Landes endgültig. Wie er versuchte, durch sehr naive Methoden Geld in die Kassen zu bekommen, geht aus einer Beschreibung des Hildburghäuser Kupferstechers Carl Barth hervor. Dieser beschreibt in seinen *Federzeichnungen nach*

Blick über den Schloßparkkanal zum Schloß (Anfang des 19. Jahrhunderts). Im rechten Bildhintergrund die 1781/85 erbaute Christuskirche.

dem Leben ein alchimistisches Labor im Schloß, in welchem der Herzog versuchte, Gold herzustellen: „War der Name (Teufelsküche – d. Vf.) dem Kinde schon etwas grauenhaft, so waren es noch mehr die wunderlich gestalteten Herde, die noch voll halbverbrannter Kohlen und Asche lagen, als ob sie eben erst verlassen worden, und Niemand sich getraut habe aufzuräumen. Große Schmelztiegel von verschiedner Farbe und Form, gläserne Retorten, irdene und eiserne Gefäße von aller Art und Gestalt, lagen, zum Theil noch ungebraucht und ganz, zum Theil zerbrochen und zerbröckelt, der geheimnißvolle Schlackeninhalt auf dem Boden verstreut, umher. Der Zodiakus und andere magische Zirkel, Charaktere und Hieroglyphen waren, farbig gezeichnet, in dem glatten Fußboden von thönernen Fließen vertieft zu sehen; ein Mumiensarg und einige seltsame Chinesische und Japanische Götzen standen in den Ecken. Zu dem war es dunkel, wie in ewiger Dämmerung, in diesen geheimnisvollen Gemächern ..." In demselben Bericht findet sich übrigens auch eine Beschreibung der Hofkonditorei und die Erwähnung eines zeitweise im Schloß ausgestellten Wachsfigurenkabinetts. Interessanterweise erwähnt Barth, daß sich das Wachsfigurenkabinett eines damals sehr aktuellen Themas annahm, nämlich der Gestaltung der „Hinrichtung Ludwigs XVI. und der Königin Marie Antoinette".
Um die chaotischen finanziellen Verhältnisse des Herzogtums zu ordnen und den riesigen Schuldenberg abzutragen, wurde 1769 vom Kaiser eine Debitkommission eingesetzt, die am 13. April in der Stadt eintraf. Ein Mitglied dieser Kommission war der greise Reichsgeneralfeldmarschall Prinz Joseph Friedrich von Sachsen-Hildburghausen, der als Kommandeur der Reichsarmee (in dieser Zeit im Volksmund gern „Reißausarmee" genannt) in der Schlacht bei Roßbach 1757 (obwohl ohne eigenes Verschulden) traurige Berühmtheit erlangt hatte.
Am 19. August 1779 legte ein Großbrand ein Drittel der Stadt Hildburghausen in Schutt und Asche, Herzog Ernst Friedrich III. Carl verstarb im Jahr darauf in seinem Jagdschloß in Seidingstadt. Prinz Joseph übernahm bis zu seinem Tode im Jahre 1787 die Vormundschaftsregierung für den noch minderjährigen Prinzen Friedrich. Unter seiner Regentschaft wurde nach einem Bauplan des Oberlandbaudirektors Erdmann Feuchter von Feuchtersleben die bei dem Großbrand vernichteten Straßenzüge innerhalb von fünf Jahren neu errichtet. Die damals entstandenen Bauten mit

sehr harmonischen Stuckverzierungen im Zopfstil prägen noch heute weitgehend das Erscheinungsbild der Innenstadt. Auch die anstelle der ebenfalls im Brand vernichteten mittelalterlichen St. Lorenzkirche unter Anleitung des Geheimrats Albrecht Friedrich von Keßlau errichtete Christuskirche ist ein imposantes Architekturdenkmal zwischen Spätbarock und frühem Klassizismus, das die neue Pracht des Residenzstädtchens zum Ausdruck brachte.

Ähnlich wie sich das optische Erscheinungsbild Hildburghausens gegen Ende des 18. Jahrhunderts wandelte, so strebte auch die Kultur in der Stadt neuen Höhepunkten entgegen. Zurückzuführen ist dies besonders auf die Vermählung des Herzogs Friedrich mit der schönen und geistvollen Prinzessin Charlotte von Mecklenburg-Strelitz. Sie war eine Schwester der berühmten Königin Luise von Preußen. Weitere Schwestern von ihr waren Therese von Thurn und Taxis und Friederike von Solms. Der 1799 in Hildburghausen weilende Dichter Jean Paul lernte hier die vier Schwestern kennen und widmete seinen umfangreichsten Roman *Titan* den „Vier schönen edlen Schwestern auf dem Thron". Vom Herzog erhielt der Dichter den allerdings nicht mit Amt und finanziellen Zuwendungen verbundenen Titel „Legationsrat". Somit war der Bürger Jean Paul hoffähig und durfte auch an der herzoglichen Tafel mitspeisen. Ganz im Gegensatz zu seiner Frau Caroline, mit der er 1802 noch einmal in Hildburghausen weilte. Sie mußte ihr Mahl abseits der herzoglichen Tafel in einem Vorzimmer einnehmen.

Auch der junge fränkische Dichter Friedrich Rückert, dessen Großvater in Hildburghausen Inspektor des Zucht- und Waisenhauses gewesen war, hielt sich öfter in der Stadt auf und verfaßte einige Gedichte, die sich auf lokale Ereignisse bezogen. Während das Gedicht *Zum Empfang der rückkehrenden Preußen* den Durchmarsch eines preußischen Kürassierregiments beschreibt, das der Herzogin als Schwester der preußischen Königin eine Huldigung darbringt, bezieht sich das Gedicht *Mit drei Moosrosen* auf die Hochzeit einer Hildburghäuser Prinzessin. Dieses schöne und sehr poetische Gelegenheitsgedicht läßt ahnen, daß zwischen dem jungen Dichter und der herzoglichen Familie ein nicht allzu förmliches Verhältnis bestanden haben muß. Auch das Talent des bereits genannten Kupferstechers Carl Barth, das am Hof entdeckt wurde, ist von der Herzogin und besonders deren Schwester, persönlich gefördert worden. Auch das Theater- und Musikleben erhielt in dieser Zeit einen beträchtlichen Aufschwung: Im herzoglichen Theater gastierten berühmte fahrende Schauspielertruppen. Herzogin Charlotte war selbst eine begnadete Sängerin, die eine hervorragende Ausbildung genossen hatte. Sie trat als Interpretin musikalischer Werke in der Stadtkirche auf. Daß der Herzogin an einer modernen Entwicklung ihres Landes lag, erhellt die Tatsache, daß sie höchstwahrscheinlich persönlich den jungen Schulrat Carl Ludwig Nonne zu Pestalozzi in die Schweiz schickte, damit er dessen Lehrmethoden studieren und später im Herzogtum einführen sollte. Der Schulreformer Nonne ging dann tatsächlich als „Apostel Pestalozzis in Thüringen" in die regionale Schulgeschiche ein.

Das Grabmal der Herzogin Charlotte auf dem Stadtfriedhof. Fotografie von D. Ignasiak.

Dies alles führte dazu, daß zu Beginn des 19. Jahrhunderts Hildburghausen scherzhaft als „Klein Weimar" bezeichnet wurde. Vielleicht führte das aufgeklärte und kunstsinnige Klima am Hildburghäuser Hof auch dazu, daß der bayerische Kronprinz Ludwig im Jahre 1810 die Hildburghäuser Prinzessin Therese als Braut nach München führte. Die am 12. Oktober gefeierte Hochzeit in deren Anschluß ein riesiges Volksfest gegeben wurde, begründete für München die lange Tradition des Oktoberfestes und die dortige Festwiese erhielt nach der Braut den Namen „Theresienwiese“. Mit der Neuaufteilung der ernestinischen Länder im Jahre 1826 fand die neue Blütezeit des Hildburghäuser Hofes ein jähes Ende. Herzog Friedrich entschied sich zur Übernahme des Landes Sachsen-Altenburg und zog mit seinem Hofstaat im November desselben Jahres nach Altenburg. Das ehemalige Herzogtum Hildburghausen fiel an Sachsen-Meiningen, die Stadt verlor den Status einer Residenzstadt.

Das seit 1867 als Kaserne genutzte Schloß brannte nach einem Beschuß der Stadt am 7. April 1945 aus. Die Ruine wurde später abgetragen. Das Flair der knapp eineinhalb Jahrhunderte währenden Epoche Hildburghausens als Residenzstadt lassen heute noch der von einem Kanal umgebene Teil des Schloßparks mit dem Theater, die als Prachtstraße angelegte Obere Marktstraße und die Christuskirche erahnen.

Blick durch den Schloßpark zum Theater. Fotografie von D. Ignasiak.

Das Schloß in Saalfeld

Ingrid Bachmeier

Blick in den Schloßhof.

An der Stelle des 1676 abgebrochenen ehemaligen Benediktinerklosters entstand seit 1677 unter der Leitung von Christian Wilhelm Gundermann das Residenzschloß. Nach 1691 erfolgte von Christian Richter seine Erweiterung zu einer repräsentativen Dreiflügelanlage; ab 1704 wurde das Schloß u. a. von den Brüdern Luchese künstlerisch ausgestaltet. 1720 wurde die Schloßkapelle geweiht, 1729 war die gesamte Anlage vollendet.

Nur knapp sieben Jahrzehnte, von 1676 bis 1745, war Saalfeld Residenzstadt mit einer eigenen Hofhaltung. Der Anlaß, die Saalestadt zur Residenzstadt zu erheben, war mit dem Tod Herzog Ernsts des Frommen 1675 gegeben. Da sich eine gemeinsame Hofhaltung seiner sieben Söhne auf dem Gothaer Friedenstein als nicht sinnvoll erwies, zogen sich die Brüder Friedrichs I. in die Ämter zurück, aus denen sie ihre Einkünfte erhielten. Herzog Albrecht, dem zweitältsten, fiel deshalb Saalfeld zu. Da dort kein als Residenz geeignetes Gebäude vorhanden war, bezog Albrecht Quartier in dem nahe am Markt gelegenen und um 1608 als Gasthaus zum Storchen erbauten Stadthaus, das 1660 von dem damaligen Herzog Friedrich Wilhelm von Sachsen-Altenburg gekauft worden war. Schon bald entschloß sich Herzog Albrecht zum Bau eines Residenzschlosses. Seine Wahl fiel auf das am Steilufer der Saale gelegene Gelände nordöstlich der Stadt, auf dem die ruinösen Gebäude des 1526 aufgehobenen Benediktinerklosters standen. Einst war es eines der reichsten Klöster Thüringens und war 1497 zur Reichsabtei erhoben worden. Vermutlich hat sich an dieser Stelle auch der 899 erstmals erwähnte Königshof Salauelda befunden.

Bereits 1676 wurden die Klostergebäude abgebrochen und am 26. März 1677 der Grundstein zum Bau des Schlosses gelegt. Zum Baumeister wurde der Altenburger Christian Wilhelm Gundermann bestellt. 1679 war der Rohbau fertig: das Gebäude war dreigeschossig und mit einem Mansarddach angelegt. Es bestand aus dem über zwölf Fensterachsen gehenden malerisch über der Saale gelegenen Corps de logis (Ostflügel), an den sich nach Westen zwei kurze Seitenflügel anschlossen. Hofseitig wurde die Mittelachse des Hauptflügels durch eine drei Fensterachsen einfassende dorische Pilastergliederung mit gebrochenem Giebel betont, die auch ein aufgesetztes Zwerchhaus mit Rundbogen einbezieht.

Trotz dieser Bemühungen, Saalfeld als Residenz auszubauen, blieb die Herrschaft Albrechts Episode. Bei der endgültigen Erbteilung im Herzogtum Sachsen-Gotha fiel Saalfeld dann dem jüngsten der Brüder, Herzog Johann Ernst, zu. Damit entstand das Herzogtum Sachsen-Saalfeld. Am 3. August 1680 hielt er mit seiner Gemahlin Sophia Hedwig, einer Prinzessin von Sachsen-Merseburg, feierlichen Einzug und nahm zunächst Quartier in der alten Residenz in der Darrtorstraße. Indessen wurde das Schloß ausgestattet und baulich erweitert.

Nach dem Schema barocker Schloßbauten steht das Treppenhaus im Zentrum des Hauptflügels. Für die dekorative Gestaltung der zweiläufigen Anlage konnte der Mailänder Stukkateur Giovanni Caroveri gewonnen werden. Putti und zwei freistehende Karyatiden stützen die Treppenläufe, die Deckenfelder sind mit feinblättrigen Akanthus- und Lorbeerzweigen besetzt. Darüber hinaus wurden von Caroveri auch zehn Gemächer in den Wohntrakten des Herzogs und der Herzogin ausgestaltet. Hiervon haben sich nur die Dekorationen der beiden repräsentativen Vorzimmer erhalten. Im ehemaligen Vorzimmer der Herzogin im 1. Obergeschoß ist das Deckendekor in Bildhauerarbeit gefertigt und mit Gemälden bestückt. Eine entsprechende Ausstattung des der Treppe gegenüberliegenden herzoglichen Empfangszimmers ist beim Umbau dieses Raumes in den zwanziger Jahren in das 2. Obergeschoß des Treppenhauses umgesetzt worden. Bis 1691 war der 1676 begonnene Bau soweit vollendet, daß er von Herzog Johann Ernst und dessen zweiter Gemahlin Charlotta Johanna von Waldeck bewohnt werden konnte.
Unter Leitung des Weimarer Oberlandbaumeisters Christian Richter begann man mit der Erweiterung des Schlosses. Die kurzen Seitenflügel wurden um nochmals vier Fensterachsen verlängert, so daß nun eine ausgeprägte Dreiflügelanlage entstand. Die Bauarbeiten gingen zunächst jedoch schleppend voran: Bis 1704 entstand der Rohbau des Nordflügels

Blick zum Saalfelder Schloß mit Barockgarten. Stich (18. Jh.)

Schloßkapelle, Blick nach Osten auf Altar und Kanzel.

mit der zweigeschossigen Schloßkapelle, die aber erst am 8. Februar 1720 geweiht wurde. Bis zu diesem Zeitpunkt war auch der Südflügel mit dem Festsaal im 1. Obergeschoß fertiggestellt. An der dekorativen Ausstattung waren italienische und einheimische Künstler gleichermaßen beteiligt. Auf die Ausgestaltung der Kapelle legte Herzog Johann Ernst besonderen Wert. 1704 verpflichtete er die aus dem Tessin stammenden Künstler Bartolomeo und Carlo Domenico Luchese, die auch für seine Brüder in Coburg, Meiningen, Römhild und Hildburghausen tätig waren. Mit ihren Mitarbeitern, den Stukkateuren Andreas Maini, Cipriano Castelli und Giovanni del Té sowie dem Maler Carlo Ludovico Castelli dachten die Luchese an eine Fertigstellung der Arbeiten innerhalb von zwei Jahren. Das gelang ihnen aber nicht. Erst 1709 war die Gestaltung des Innenraums mit dem Stuckdekor abgeschlossen. Zu dieser Zeit erhielt auch der sich über zwei Geschosse hin ausdehnende und dreiseitig von Fenstern beleuchtete rechteckige Saal seine eingestellte Emporenarchitektur. Sie bildet einen achtekkigen Mittelraum aus, der von einem zentralen Deckenfresko beherrscht wird. Der ursprünglich in dem Angebot der Luchese enthaltene Altar- und Kanzelbau wurde 1709 als Kanzelaltar in Stein durch den Erfurt tätigen Bildhauer Gottfried Gröninger ausgeführt. Bereits 1707 lieferte der aus Nürnberg stammende Historienmaler und Akademieprofessor Johann Murrer im Auftrag der Luchese ein Altarbild, das die Himmelfahrt Christi zum Thema hat. Erst 1711 konnte Castelli das Deckenfresko ausführen. Der rautenförmige Stuckrahmen öffnet illusionistisch den Ausblick auf die Heilige Dreifaltigkeit in einer Wolken- und Engelsgloriole, umgeben von 24 Ältesten, die von Engelchen auf Wolkenbänken emporgehoben werden. Das Mittelfresko ist von Medaillons in Stuckblütenrahmen mit der Darstellung der vier Evangelisten umgeben. In der Längsachse befinden sich weitere Bildfelder, die über der Orgel den musizierenden König David und über dem Herzogsstand Moses mit den Gesetzestafeln zeigen. Diese Darstellungen bilden die ikonographische Überleitung zu den Bildkartuschen in den Umgängen beider Geschosse. An den Wänden und in den Laibungen der Fenster sind über hundert emblematische Einzeldarstellungen mit lateinischen Devisen dargestellt, die vermutlich Motive aus Johann Arndts im 17. und frühen 18. Jahrhundert vielgelesenen Traktat *Vom wahren Christentum* aufgreifen. Die Auswahl übernahmen der Herzog und sein religiöser Berater, Hofprediger und

Das Schloß mit dem 1726 aufgesetzten Dachreiter. Fotografie von F. Herzer (1997).

Saalfelder Superintendet Paul Sternbeck, der in enger Verbindung zum hallischen Pietismus stand.
Mit der Errichtung des Dachreiters auf dem Hauptgebäude fand der Schloßbau 1726 seinen Abschluß. Der Holzturm mit dem Balkonumgang, der vom Viereckgrundriß zum Achteck überleitet und von einer Schweifkuppel mit Laterne geziert wird, ist von weitem sichbar.
Vor dem Südflügel wurde um 1700 ein Schloßgarten im französischen Stil angelegt und im Westen durch ein langgestrecktes einstöckiges Marstallgebäude begrenzt. Eine breite Mittelachse führt vom Schloß nach Süden auf einen Pavillon als Abschluß der Anlage zu. In der Südostecke des Parkes kam dann noch eine Gärtnerei mit kleiner Orangerie hinzu.
Nachdem Herzog Johann Ernst 1729 gestorben war, regierten seine Söhne, die Halbbrüder Christian Ernst und Franz Josias, gemeinsam. Während Saalfeld unter dem frommen Christian Ernst ein Zentrum des Pietismus wurde, lebte Franz Josias in Coburg, da Sachsen-Saalfeld seit dem Tod Herzog Albrechts 1699 Ansprüche auf das erloschene Herzogtum erhob. 1735 wurde ihnen endgültig stattgegeben. Das Herzogtum Sachsen-Coburg-Saalfeld entstand. 1826, als ein Teil der ernestinischen Lande neu zugeordnet wurde, kam die Saalfelder Landesportion an Sachsen-Meiningen, während die Coburger Teil des neuen Doppelherzogtums Sachsen-Coburg und Gotha wurde.
Im 19. Jahrhundert wurde das Saalfelder Schloß nur noch selten von der jeweiligen herzoglichen Familie als Wohnsitz genutzt. In zunehmendem Maße zogen Verwaltungen in das Gebäude ein. 1919/22 erfolgte durch das Landratsamt ein unsensibler Umbau, der wertvolle Raumfassungen zerstörte, u. a. wurde damals auch der Festsaal in kleinere Räume unterteilt.
Heute sind das Treppenhaus und die Schloßkapelle die eindrucksvollsten Räume des wieder vom Landratsamt genutzten Schlosses. In der Kapelle finden auch Konzerte statt. Im Corps de logis sind das Treppenhaus und die Flurbereiche frei zugänglich.

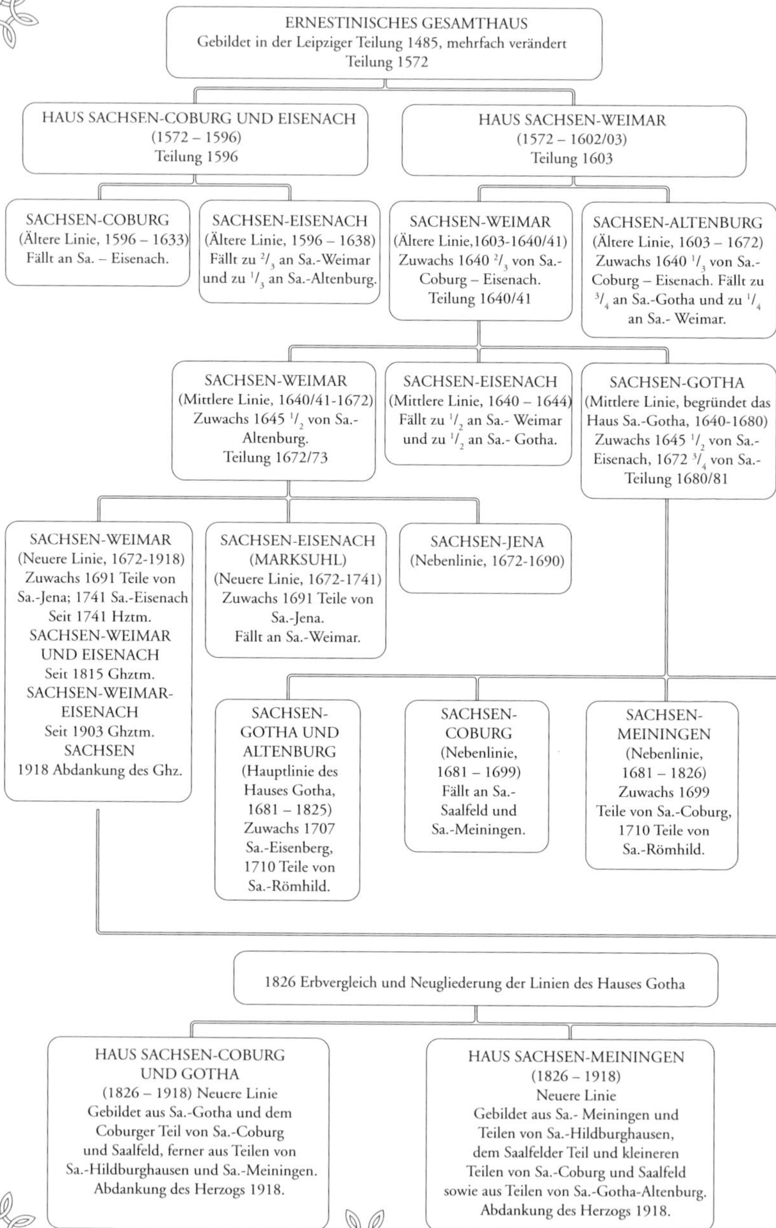
ERNESTINISCHES GESAMTHAUS Gebildet in der Leipziger Teilung 1485, mehrfach verändert Teilung 1572
HAUS SACHSEN-COBURG UND EISENACH (1572 – 1596) Teilung 1596
HAUS SACHSEN-WEIMAR (1572 – 1602/03) Teilung 1603
SACHSEN-COBURG (Ältere Linie, 1596 – 1633) Fällt an Sa. – Eisenach.
SACHSEN-EISENACH (Ältere Linie, 1596 – 1638) Fällt zu 2/3 an Sa.-Weimar und zu 1/3 an Sa.-Altenburg.
SACHSEN-WEIMAR (Ältere Linie,1603-1640/41) Zuwachs 1640 2/3 von Sa.-Coburg – Eisenach. Teilung 1640/41
SACHSEN-ALTENBURG (Ältere Linie, 1603 – 1672) Zuwachs 1640 1/3 von Sa.-Coburg – Eisenach. Fällt zu 3/4 an Sa.-Gotha und zu 1/4 an Sa.- Weimar.
SACHSEN-WEIMAR (Mittlere Linie, 1640/41-1672) Zuwachs 1645 1/2 von Sa.-Altenburg. Teilung 1672/73
SACHSEN-EISENACH (Mittlere Linie, 1640 – 1644) Fällt zu 1/2 an Sa.- Weimar und zu 1/2 an Sa.- Gotha.
SACHSEN-GOTHA (Mittlere Linie, begründet das Haus Sa.-Gotha, 1640-1680) Zuwachs 1645 1/2 von Sa.-Eisenach, 1672 3/4 von Sa.-Teilung 1680/81
SACHSEN-WEIMAR (Neuere Linie, 1672-1918) Zuwachs 1691 Teile von Sa.-Jena; 1741 Sa.-Eisenach Seit 1741 Hztm. SACHSEN-WEIMAR UND EISENACH Seit 1815 Ghztm. SACHSEN-WEIMAR-EISENACH Seit 1903 Ghztm. SACHSEN 1918 Abdankung des Ghz.
SACHSEN-EISENACH (MARKSUHL) (Neuere Linie, 1672-1741) Zuwachs 1691 Teile von Sa.-Jena. Fällt an Sa.-Weimar.
SACHSEN-JENA (Nebenlinie, 1672-1690)
SACHSEN-GOTHA UND ALTENBURG (Hauptlinie des Hauses Gotha, 1681 – 1825) Zuwachs 1707 Sa.-Eisenberg, 1710 Teile von Sa.-Römhild.
SACHSEN-COBURG (Nebenlinie, 1681 – 1699) Fällt an Sa.-Saalfeld und Sa.-Meiningen.
SACHSEN-MEININGEN (Nebenlinie, 1681 – 1826) Zuwachs 1699 Teile von Sa.-Coburg, 1710 Teile von Sa.-Römhild.
1826 Erbvergleich und Neugliederung der Linien des Hauses Gotha
HAUS SACHSEN-COBURG UND GOTHA (1826 – 1918) Neuere Linie Gebildet aus Sa.-Gotha und dem Coburger Teil von Sa.-Coburg und Saalfeld, ferner aus Teilen von Sa.-Hildburghausen und Sa.-Meiningen. Abdankung des Herzogs 1918.
HAUS SACHSEN-MEININGEN (1826 – 1918) Neuere Linie Gebildet aus Sa.- Meiningen und Teilen von Sa.-Hildburghausen, dem Saalfelder Teil und kleineren Teilen von Sa.-Coburg und Saalfeld sowie aus Teilen von Sa.-Gotha-Altenburg. Abdankung des Herzogs 1918.

Übersicht zu den ernestinischen Ländern

SACHSEN-RÖMHILD
(Nebenlinie, 1680 –1710)
Fällt an Sa.-Gotha, an Sa.-Meiningen, an Sa.-Hildburgh. und an Sa.-Saalfeld.

SACHSEN-EISENBERG
(Nebenlinie, 1680 – 1707)
Fällt an Sa.-Gotha.

SACHSEN-HILDBURGHAUSEN
(Nebenlinie, 1680 – 1826)
Zuwachs 1710 Teile von Sa.-Römhild.

SACHSEN-SAALFELD
(Nebenlinie, 1680 – 1735)
Zuwachs 1710 Teile von Sa.-Römhild, 1735 der größte Teil des ehem. Sa.-Coburg, seitdem SACHSEN-COBURG UND SAALFELD (1735 – 1826)

HAUS SACHSEN-ALTENBURG
(1826 – 1918)
Neuere Linie
Gebildet aus dem Altenburger Teil von Sa.-Gotha und Altenburg.
Abdankung des Herzogs 1918.

Die Residenz-Schlösser der Schwarzburger

Schloß Heidecksburg in Rudolstadt

Lutz Unbehaun

Schloß Heidecksburg, Hofansicht.

Nach einem Brand der im 13. Jahrhundert erstmals erwähnten Burg wurden von 1573 an der Nord-, West- und Südflügel errichtet. Ein weiterer Brand von 1735 war Anlaß zum Neubau des Westflügels, der ab 1737 erfolgte und bis in die 40er Jahre währte, während sich die Ausstattungsarbeiten bis weit in die 50er Jahre hinzogen. Um 1800 wurden einzelne Räume im Stil des Klassizismus umgestaltet. In der ersten Dekade des 19. Jahrhunderts kam es zur Verlängerung des Südflügels nach Osten.

Auf einem Bergsporn über dem Saaletal erhebt sich weithin sichtbar die Heidecksburg als Stadtkrone über Rudolstadt. Von 1574 bis 1918 war das Schloß gräfliche und fürstliche Residenz. Dominiert wird die dreiflügelige Anlage vom Westflügel, der nach einem Brand im Jahre 1735 errichtet wurde. Unterschiedliche Bauetappen, vom späten Mittelalter bis zum 19. Jahrhundert reichend, lassen sich am Süd- und Nordflügel nachweisen. Östlich des mit Saalekieseln gepflasterten Hofes schließen sich zwei im Höhenniveau unterschiedliche barocke Gartenterrassen an, die jeweils über rampenförmige Aufgänge zu erreichen sind. Sie machen die Verbindung von Architektur und Naturraum besonders erlebbar. Außerhalb der Schloßanlage befinden sich mit den oberen und unteren Remisen im Norden sowie dem Jägerhof im Westen die ehemaligen Wirtschaftsgebäude.

Blick auf Rudolstadt und Schloß Heidecksburg. Kupferstich (um 1840).

Obwohl ein befestigter Platz als „Rudolfestat" in einem Güterverzeichnis des Klosters Hersfeld, dem „Breviarum Sancti Lulli", schon im 9. Jahrhundert erwähnt wird, sind erstmalig im Jahre 1222 und 1264 zwei Burgen genannt, die den Grafen von Orlamünde gehörten. Auf dieses Adelsgeschlecht geht auch die zwischen dem Ende des 13. und Anfang des 14. Jahrhunderts zwischen Saale und Schloßberg planmäßig angelegte Stadtanlage zurück, die westlich der bereits bestehenden Siedlung im Schutz der Burgen angelegt wurde. Der rechteckige Umriß der Stadt mit dem leiterförmig verlaufenden Gassen- bzw. Straßensystem blieb trotz der späteren Überbauung in seiner Struktur nahezu erhalten. Als Otto von Orlamünde im Jahre 1340 ohne Nachkommen starb, gelangte schließlich die Obere Burg in den Besitz der Schwarzburger Grafen, die bereits zuvor Rechte und Besitzungen in Rudolstadt besaßen.

Älteste Ansicht des Renaissanceschlosses, des Gymnasiums und der Stadtkirche. Kupferstich von Hans Häublein (1669).

Im Jahre 1345 zerstörte im Thüringer Grafenkrieg (1342 – 1345) ein im Dienst des Landgrafen stehendes erfurtisches Heer nicht nur die Burganlage, sondern auch Teile der Stadt. Daraufhin ließen die Schwarzburger die Stadt wieder aufbauen und errichteten auf den Grundmauern der Vorgängerbauten eine neue Burg. Partiell ist sie in den Kellern des Nord-, West- und Südflügels sowie der Umfassungsmauer der unteren Garten-

Das Figuren-Portal am Nordflügel (1573). Fotografie von F. Herzer (1996).

terrasse erhalten. Eine Ringmauer mit Türmen und Graben umschloß vermutlich drei sich nach Osten erstreckende Verteidigungshöfe; eine Vorburg wird 1418 erwähnt. Von der Befestigung sind bis auf einen Rundturm, dessen eine Hälfte in den Bau des Marstalls einbezogen wurde, nur geringfügige Reste erhalten. Nicht mehr benötigte Teile des Baues wurden abgetragen, andere wiederum bezog man in neu entstehende Gebäudeteile ein. Nach einem Brand 1573 ließ Albrecht VII., den Vorgängerbau nutzend, eine dreiflügelige Schloßanlage durch Georg Robin aus Mainz und Christoph Junghans aus Arnstadt errichten. Schon 1576 konnte die Schloßkapelle im Nordflügel geweiht werden. Die dreigeschossig angelegten Flügel des Schlosses waren durch kräftige Gesimse mit aufgesetzten Ornamenten gegliedert. Bauplastischer Schmuck überzog Fenstergewände und die volutengeschmückten Zwerchhäuser. Darüber hinaus belebten zahlreiche Schornsteine die Dachzone des Schlosses. An der Südwestecke befand sich ein aufragender Schloßturm, den eine welsche Haube mit aufgesetzter Laterne krönte. Sicherlich darf man hier den mittelalterlichen Bergfried der Burganlage vermuten, der modernisiert in den Neubau des Schlosses einbezogen wurde.

Blick in die Schloß-Auffahrt unter dem Südflügel.
Fotografie von K. Schaarschmidt (1995).

An dem heute eher schlicht wirkenden Südflügel ist sowohl ein Rest der Fassadengliederung des Renaissanceschlosses als auch ein Teil einer ockerfarbenen Fassung mit aufgemaltem weißen Fugennetz (17. Jahrhundert) erhalten geblieben. Trotz nachträglicher Veränderungen im 19. und

Fürst Johann Friedrich von Schwarzburg-Rudolstadt. Kupferstich von J. Ch. Sysang (1747).

frühen 20. Jahrhundert wird er bis heute durch die ursprüngliche Raumaufteilung geprägt. Sie zeichnet sich durch die lineare Anordnung der Räume, die Belichtung der Säle von zwei Seiten, das durchgehende Fußbodenniveau sowie ein innenliegendes Treppenhaus aus, die den Übergang von der Burg zum Schloß erkennen lassen. Selbst einzelne Raumfassungen sind für das 16. und 17. Jahrhundert nachweisbar. Hervorzuheben ist dabei ein Gemach mit einer um 1630 entstandenen stukkierten Decke mit figürlichen Mittelreliefs, Roll- und Knorpelwerk sowie das nach 1720 eingerichtete „Spiegel-Gemach".

Während der zweiten Hälfte des 17. Jahrhunderts erlebte die Schwarzburg-Rudolstädtische Residenz eine kulturelle Blütezeit. Unter Graf Albert Anton wurde der Hof zunehmend von pietistischen Glaubens- und Lebensvorstellungen geprägt. An dieser Entwicklung hatte der seit 1657 in Rudolstadt tätige Hofrat und spätere Kanzler Ahasverus Fritsch großen Anteil. Aus dieser Zeit erhielt sich von der ursprünglichen Ausstattung der Heidecksburg die von Seivert Lammers geschaffene monumentale Bohlenmalerei mit Szenen aus der Jakobsgeschichte.

Albert Anton starb am 15. Dezember 1710. Als Kaiser Leopold I. 1697 die beiden Linien des Schwarzburger Grafengeschlechts in den Reichsfürstenstand erhob, hatte Albert Anton im Gegensatz zum Regenten von Schwarzburg-Sondershausen, Christian Wilhelm, die Standeserhöhung nicht angenommen. Ausschlaggebend dafür waren wohl seine pietistisch inspirierten Handlungsgrundsätze, Bescheidenheit und Sparsamkeit, doch auch der Wunsch, Streit mit dem Haus Wettin wegen der Lehensverhältnisse einiger Herrschaftsgebiete zu vermeiden. Für die Grafen von Schwarzburg-Rudolstadt erfolgte durch Kaiser Joseph I. am 2. Juni 1710 erneut die Erhebung in den Reichsfürstenstand, die nun von Albert Anton angenommen wurde. Die offizielle Verkündigung der erlangten Würde überließ er aber seinem Sohn Ludwig Friedrich I., der sie am 4. Mai 1711 vornahm. Im späten 17. und frühen 18. Jahrhundert schlägt sich eine Rangerhöhung auch in einem repräsentativen Bauzwang nieder. Am Residenzschloß in Rudolstadt war der stadtseitigen Hauptzufahrt am Südflügel die triumphal wirkende Doppelbogenstellung vorgebaut worden, die teilweise das aus Bossensteinen gefügte Renaissanceportal verdeckt.

Im Jahre 1735, als Teile des Renaissanceschlosses von einem Brand zerstört wurden, bot sich die Möglichkeit, einen großzügigen Neubau zwischen Süd- und Nordflügel einfügen zu lassen. Fürst Friedrich Anton, der Sohn Ludwig Friedrichs I., betraute den sächsischen Oberlandbaumeister Johann Christoph Knöffel mit dieser Aufgabe. Dieser, der aus Kostengründen bestrebt war, die alten Fundamente zu nutzen, verdoppelte jedoch die alte hofseitig angelegte Galerie des Westflügels. Dadurch war es ihm möglich, die räumlichen Verhältnisse der Obergeschosse entstprechend großzügig anzulegen. Gleichzeitig hatte Knöffel die beiden aus dem Renaissanceschloß stammenden Erdgeschoß-Gewölbehallen sowie die mit einem Sterngewölbe versehene Durchfahrt nutzen können. Die großen tonnengewölbten Keller unter dem Westflügel wurden repariert und durch zusätzlich eingestellte Bögen verstärkt.

Fürstlich-Schwarzburgische Residenz Rudolstadt.
Holzschnitt aus einem Gesangbuch, (um 1786).

Am Außenbau des Westflügels fällt besonders die sich an französischen Vorbildern orientierende, fast klassizistisch anmutende Gestaltung der Fassaden auf. Über dem einfach geputzten Erdgeschoß des Westflügels, dessen große Glastüren eine Verbindung zum Hofraum herstellen, werden die beiden oberen Geschosse durch eine schlichte und streng gehaltene Gliederung zusammengefaßt. Zwischen den einzelnen Fensterachsen, die in einem vertieften Wandfeld liegen, bleibt in der Vertikalen ein schmaler Putzstreifen lisenenartig stehen. Die tiefer gelegenen Wandfelder enden noch unter dem Hauptgesims. Dadurch entsteht zwischen den Lisenen ein horizontales Verbindungsband. Die Friedrich Antons Intentionen entgegenkommende äußere Gestalt war durch den aus Frankreich stammenden Architekten Zacharias Longuelune vermittelt worden, der seit 1718 im Dresdener Oberbauamt tätig war. Knöffel übernahm diese Gliederungsweise und nutzte auch solche Longueluneschen Schmuckmotive wie Fensterverdachung, Schmuckfelder über den Fenstern, Medaillon, Mittelrisalit sowie deren Bekrönung. Im Jahre 1737 begann eine große Zahl von Maurern und Steinmetzen mit dem Rohbau, der innerhalb von zwei Jahren fertiggestellt war. Seit 1740 konnten auswärtige Kunsthandwerker an der Ausgestaltung der Räume arbeiten. Friedrich Anton machte für die Ausführung der Knöffelschen Pläne den schwarzburgischen Baumeister Johann Jakob Rousseau verantwortlich, der sie mit großer Energie umsetzen ließ.

Über dem Erdgeschoß, dessen nach Osten angeordnete Fenstertüren eine Verbindung zum Hofraum herstellen, werden die beiden oberen Geschosse durch eine schlichte und streng gehaltene Gliederung aus einem architektonischen Gerüst von Lisenen und horizontalen Gesimsbändern zusammengefaßt. An der insgesamt neun Fensterachsen breiten Hoffront wurde ein aus drei Achsen bestehender Risalit ausgebildet, dem im ersten Obergeschoß in seiner gesamten Breite ein auf Konsolen ruhender Balkon vorgelegt ist. Auf den Balkon führt eine große Rundbogentür. Über ihr zeigt ein Hochrelief das vergoldete Brustbild des Fürsten Friedrich Anton. Den Risalit bekrönt ein Fronton, der nach oben durch einen Fürstenhut abgeschlossen wird und dessen Schild die Initialen des Souveräns ziert. Trophäen aus Sandstein flankieren eine darunter angeordnete Schrifttafel, die auf den Schloßbau Bezug nimmt. Die Bildhauerarbeiten fertigte der aus Dresden stammende Andreas Bäume. Die Fassade der Westseite prägt gleichfalls ein Risalit mit Dreiecksgiebel über dem Hauptsims. In seinem Feld befindet sich der schwarzburgische Doppeladler. Über der Durchfahrt weist eine Schrifttafel auf die 1786 durchgeführten Renovierungsarbeiten hin. Der in der Süd-West-Ecke des Schlosses aufragende Turm war 1741 anhand der Knöffelschen Risse bis in die Höhe des Dachfirstes aufgemauert. Nach 1741 verliefen die einzelnen Baumaßnahmen immer schleppender. Der Grund dafür war einerseits das ehrgeizige Bauprogramm Knöffels, das wegen der angespannten finanziellen

Situation des Rudolstädter Hofes nur schwer zu realisieren war; andererseits war Knöffel in Dresden durch eine Reihe von Projekten so gebunden, daß er nicht mehr wie gewohnt die Bauarbeiten in Rudolstadt selbst beaufsichtigen konnte. Als sich 1742 bedenkliche Schäden an dem Neubau zeigten, war dies für den Rudolstädter Hof Anlaß, den weimarischen Baumeister Gottfried Heinrich Krohne zur Begutachtung des Schloßbaues kommen zu lassen. Dank der guten Verbindungen zum Weimarer Hof konnte der Landbaumeister Krohne 1743 für die Weiterführung des Schloßneubaues verpflichtet werden.
Als Fürst Johann Friedrich nach dem unerwarteten Tod seines Vaters 1744 im Alter von 23 Jahren die Regierung übernommen hatte, bemühte er sich zunächst besonders darum, die Arbeiten an der Heidecksburg voranzubringen und für den Innenausbau Kunsthandwerker und bildende Künstler zu gewinnen. Die Verpflichtung Krohnes war ein Jahr zuvor nicht ohne die Fürsprache Johann Friedrichs zustande gekommen. Im Mai 1743 wurde er an Stelle Knöffels zum „Fürstlichen Baudirektor" ernannt. Nach Sicherungsarbeiten am Mauerwerk widmete sich Krohne überwiegend dem Ausbau der Innenräume im Westflügel. Wie von seinem Vorgänger Johann Christoph Knöffel geplant, gruppierte Krohne die beiderseits des Festsaales gelegenen Räume zu geschlossenen Appartements, veränderte jedoch die geplante kühle klassische Innenarchitektur Knöffels und führte das heiter beschwingte Rokoko süddeutscher Prägung ein, das in dem durch zwei Geschosse führenden Festsaal am sinnfälligsten zur Geltung kommt. Die Räume des Westflügels waren von Knöffel, dem französischen Vorbild folgend, nach dem Prinzip des „appartement double" angeordnet worden. Arkaden, die die Raumecken des Saales verkleiden, nehmen an der Ostseite die beiden Buffetnischen auf und führen an der Westseite zu den großen Tapetentüren, durch die man in den Roten bzw. Grünen Saal gelangt. Darüber sind hinter Balkongittern Logen für die Hofgesellschaft angeordnet. Durch die einschwingenden Schmalseiten – sie wurden in der Raumachse wegen der Öfen nochmals ausgenischt – sowie den an der Ostseite sich in den Raum vorwölbenden Musikantenbalkon entsteht eine den Saal beherrschende, rhythmisch bewegte Architektur. Während die südlich gelegenen roten Räume dem Fürsten vorbehalten waren, erhielt die Fürstin die nördlichen grünen Räume, die nach 1755 begonnen wurden. Beide Appartements be-

stehen jeweils aus Vorzimmer, Kabinett mit Alkoven und kleinem Saal. Die dem Festsaal hofseitig vorgelegte Galerie verbindet sowohl die beiden Raumfolgen als auch die beiden Treppenhäuser. An den Ausstattungsarbeiten waren namhafte Künstler beteiligt. Unter ihnen der bei Lugano geborene Stukkateur Jean Baptiste Pedrozzi, der die einzigartigen Stuckarbeiten im Festsaal und in den beiden Appartments nach Krohnes Entwürfen ausführte. Haupttreppenhaus, Marmorgalerie und die Räume des 2. Obergeschosses stukkierte der Rudolstädter Johann Tobias Müller. Die Deckenfresken – „Rat der Götter" im Festsaal, „Versammlung der Tugenden" im Roten Saal, „Luna und Endymion" im Roten Eckkabinett und „Venus und die drei Grazien" im Alkoven – führte Johann Lorenz Deisinger aus. Die die höfische Eleganz des Rokoko unterstreichenden Supraportengemälde im Audienzzimmer des Fürsten, dem Roten Saal, sowie die Gemälde im Festsaal schuf Christian Wilhelm Ernst Dietrich aus Dresden, die Supraportengemälde und die Wandbilder im Grünen Saal Johann Ernst Heinsius. Die Marmorgalerie wurde mit zwölf großen phantastischen Landschaftsbildern von Karl Christlieb Reinthaler und Johann Christian Heintze und zwei Supraportengemälden von Dietrich ausgestattet. Von Reinthaler stammen auch die Wandbilder im Roten Eckkabinett. Mit der Hilfe der vielen Künstler gelang es Krohne, „bequeme und intime Räume zu schaffen", die zu „architektonisch dekorativen Einheiten werden" (H.-H. Möller). Bis zum Abschluß der Arbeiten behielt sich Johann Friedrich jede den Schloßbau betreffende Entscheidung vor und nahm selbst zu Detailfragen schriftlich Stellung. Im November 1744 führte Krohne nach eigenen Entwürfen den Bau des Turmes zu Ende. Nach dem Tod des Baumeisters im Jahre 1756 konnte der Innenausbau von seinem Nachfolger Peter Caspar Schellschläger ohne gravierende Schwierigkeiten zu Ende geführt werden. Die von Krohne geplante Schloßkirche im Nordflügel wurde aus finanziellen Gründen jedoch nicht mehr verwirklicht. Johann Friedrich beeinflußte die Bauarbeiten im Westflügel mit bemerkenswerter Sachkenntnis, und auf das Interesse für Baukunst weisen zahlreiche architekturtheoretische Schriften in der fürstlichen Privatbibliothek hin. Darunter befinden sich solche Standardwerke wie Fra Giocondos Vitruvausgabe von 1511, der *Vitruvius Teutsch* des Walter Ryff, Piranesis *Prima parte de archittetura e prospettiva* (1743) sowie die Schriften Leonhard Christoph Sturms.

Um 1800 lebte die Bautätigkeit nochmals auf. Das Haupttreppenhaus und einige Räume des Westflügels wurden klassizistisch umgestaltet. Für den Südflügel schufen die Baumeister Ferdinand und Wilhelm Adam Thierry zahlreiche Entwürfe, die jedoch nur zum Teil ausgeführt wurden. Mit der Verlängerung dieses Flügels nach Osten fand der Schloßbau im ersten Jahrzehnt des 19. Jahrhunderts einen vorläufigen Abschluß. Die schlichte ungegliederte Fassade des Nordflügels stammt aus dem späten 18. und frühen 19. Jahrhundert. Einziger bauplastischer Schmuck ist ein triumphbogenartig wirkendes Doppelportal, das, vom Renaissanceschloß stammend, in den Neubau einbezogen wurde. Die beiden rundbogigen Durchgänge werden von dorischen Halbsäulen flankiert, die einen attikaartigen Aufbau tragen. Vor diesem, über dem Scheitelpunkt der Portale, sind die Figuren der „Fortitudo“ und „Iustitia“ angeordnet, darüber befindet sich eine rundbogige Nische mit der Figur der „Caritas“, die von den Figuren der „Fides“ links und der „Spes“ rechts flankiert wird.
Ein Teil der Nordseite dieses Flügels – sie zeigt einen leicht gekrümmtem Grundriß – liegt offensichtlich über der alten Schildmauer der Burg. Keller- und Erdgeschoß lassen mit ihren kreuzgratgewölbten Räumen die Raumstruktur der spätmittelalterlichen Burg erkennen. An der Nord-Ost-Ecke des Nordflügels befindet sich das sogenannte Waschhaus von 1754 von Krohne. Unterhalb des Südflügels, an seinem östlichen Ende, steht die Alte Wache, ein Gebäude, das seine Baugestalt bereits in der zweiten Hälfte des 16. Jahrhunderts erhielt. Der langgestreckte eingeschossige Marstall, unter Einbeziehung älterer Bausubstanz in seiner heutigen Gestalt um 1720 errichtet, schließt den östlichen Teil des Schloßhofes nach Norden ab. Er ist mit dem Reithaus auf der mittleren Terasse verbunden. Über rechteckigem Grundriß entstand es im ersten Drittel des 17. Jahrhunderts. Seine Mittelachse betonen ein Zwerchhaus, das durch Simse gegliedert und nach oben durch eine venezianische Zinne abgeschlossen wird, und das rundbogige Hauptportal. Über ihm ist noch das gräfliche Wappen der Schwarzburger angeordnet. Die Fassade schmückt eine großflächige Kalkmalerei mit der Darstellung eines Reiterturniers. Obwohl nur noch partiell erhalten, gehört sie zu den größten Wandmalereien jener Zeit in Thüringen.

Die Arbeiten an der Heidecksburg ließen – wenn auch nur für einen kurzen Zeitabschnitt – den Rudolstädter Hof zum künstlerischen Zentrum Thüringens werden. Die enormen Kosten, die der Bau des Schlosses

Schloßfassade des Westflügels, Bergseite. Fotografie von F. Herzer (1996).

Heidecksburg zusätzlich zu dem ohnehin übersteigerten finanziellen Aufwand für die Hofhaltung verursachte, zwangen die fürstliche Regierung geradezu, alle natürlichen Ressourcen des – vor allem in den Walddörfern nicht mit Wohlstand gesegneten – Landes zu nutzen sowie Handel und Gewerbe zu fördern. Die ökonomische Basis bildeten dabei der Holzreichtum der Wälder – verbunden mit ihm waren Flößerei und Glasschmelze-, der Handel mit Erzeugnissen der Schneidemühlen und der zahlreichen Glashütten, grünem Waldglas und kunstvoll geblasenem Zierglas sowie mit den aus Kräutern des Thüringer Waldes von Laboranten hergestellten Hausmitteln, den Olitäten, die von sogenannten Buckelapothekern in ganz Deutschland und darüber hinaus zum Kauf angeboten wurden. Der von der fürstlichen Regierung unterstützte Handel brachte dringend benötigtes Geld ins Land. Erwähnt werden muß auch das zünftige Handwerk und die in den Dörfern der Saaleaue und der Täler der Remdaer und Rottenbacher Rinne ertragreiche Landwirtschaft nebst den dazugehörigen Getreidemühlen. Außerdem gab es in der um die Mitte des 18. Jahrhunderts etwa 4000 Einwohner zählenden Residenzstadt seit 1716 eine Glockengießerei, seit 1734 eine Manufaktur für Fayencen und weiterhin eine Fürstliche Hofbuchdruckerei. Als der aus dem Schwarzburg-Rudolstädtischen Cursdorf stammende Georg Heinrich Macheleid, dem es nach Friedrich Böttger gelungen war, Porzellan zu brennen, 1762 in dem nahe der Residenzstadt gelegenen Volkstedt eine Manufaktur für Gebrauchs- und Zierporzellan gründete, wurde Fürst Johann Friedrich Aktionär dieses Unternehmens und erteilte ihm ein Schutzprivileg für die Produktion. Schon in den vierziger Jahren des 18. Jahrhnderts hatte sich im Fürstentum eine gewisse ökonomische Prosperität abgezeichnet, die sich stabilisierend auf die finanzielle Lage des Hofes auswirkte und es ermöglichte, neben dem Innenausbau des Schlosses Heidecksburg auch die auf Gebieten der Staatspolitik liegenden Aufgaben zu lösen.

Das Schloß in Sondershausen

Hendrik Bärnighausen

Ansicht des Westflügels, Hofseite. Fotografie von F. Herzer (1996).

Die unregelmäßige Vierflügelanlage umfaßt Substanz vom Mittelalter bis ins beginnende 20. Jahrhundert. Der Renaissancebau (Süd-, Ost- und Nordflügel) wurde unter Einbeziehung des Burgturms (um 1300) ab 1534 errichtet und in zwei Phasen in den 90er Jahren des 17. Jahrhunderts und zwischen 1715/30 umgebaut. Ein Erweiterungsbau im Stil des Rokoko (Westflügel, Neuer Nordflügel) entstand in den 1760er Jahren und wurde von 1846/51 klassizistisch umgebaut. Der historistische Galerieanbau an den „alten Schloßflügeln“ im Schloßhof erfolgte 1914/15.

Schloß Sondershausen, gelegen über der gleichnamigen südwestlich des Kyffhäusers gelegenen ehemaligen Residenz- und jetzigen Kreisstadt, ist der bau- und kunstgeschichtlich bedeutendste Schloßkomplex der nordthüringischen Region. Nachdem die Stadt und ihr weiteres Umfeld 1356 durch Erbschaft aus dem Besitz der Grafen von Honstein in den der Grafen von Schwarzburg übergegangen waren, wurde Sondershausen durch jahrhundertelange schwarzburgische Tradition geprägt. Von 1571 bis 1909 existierte die 1697 gefürstete Linie Schwarzburg-Sondershausen, nach deren Erlöschen der Fürst von Schwarzburg-Rudolstadt, bis 1918 als „Fürst zu Schwarzburg" regierend, beide schwarzburgischen Fürstentümer in Personalunion vereinigte.

Charakteristisch für die kleine Residenz Sondershausen ist die absolute Dominanz des gräflichen und später fürstlichen Schlosses gegenüber der leicht überschaubaren Stadt, deren Bürger in der Mehrzahl als Dienst-, Verwaltungs- und Militärpersonal der Hofhaltung oder als indirekt vom Hofe abhängige Handwerker ihre Existenz bestritten. Das Verhältnis, in dem der mächtige Schloßkomplex und die sich südöstlich des Schloßberges erstreckende bescheidene Altstadt stehen, macht dies auf den ersten Blick deutlich.

Schloß Sondershausen verfügt über eine sieben Jahrhunderte umfassende Bautradition, deren Phasen sich in einzelnen Baukörpern der unregelmäßigen Vierflügelanlage in den sonderbarsten Überformungen darstellen. Parallel dazu existieren teils reliktartig, teils in weitgehender Vollständigkeit erhaltene Raumfassungen von der Renaissance bis zum Historismus. Das Schloß liegt anstelle der zuvor existierenden Burg auf einer Bergzunge, die von Westen sanft ansteigt und nach Norden, Osten und Süden steil abfällt. Eine Burg zu Sondershausen ist 1287 erstmals urkundlich nachweisbar. Auf diese Burg geht der „Schloßturm" zurück, bei dem es sich um einen in den Jahrzehnten um 1300 errichteten Wohnturm handelt, dem 1551 während des Baus des Renaissanceschlosses eine welsche Haube aufgesetzt wurde.

Von 1533 an ließ Graf Günther XL. von Schwarzburg, genannt „Günther der Reiche", die Gebäude der Burg mit Ausnahme des Wohnturmes abreißen und an ihrer Stelle das Sondershäuser Renaissanceschloß erbauen. Der Bauherr vereinigte durch 1537/38 anfallende Erbschaften alle schwarzburgischen Besitzungen mit Ausnahme der kleinen Herrschaft

Leutenberg, profitierte zudem von der Säkularisierung, und gewann so eine nicht unbedeutende Machtstellung innerhalb der Thüringer Dynasten. Als Baumeister mag am Renaissanceschloß ein auswärtigen Architekt gewirkt haben; das Baugeschehen vor Ort leitete der „Bauführer" und Amtsschösser Bernhard Speiser. Nachdem 1534 die Grundsteinlegung erfolgt war, wurden der Süd- , Ost- und Nordflügel errichtet, wobei man den Wohnturm zwischen Ost- und Nordflügel einbezog. Mitte der 50er Jahre des 16. Jahrhunderts war das Baugeschehen im wesentlichen beendet. Die Renaissanceflügel waren dreigeschossig gehalten, mit Giebeln und Zwerchhäusern ausgestattet und bildeten mit dem haubenbekrönten Baukörper des Turmes jenes beeindruckende Ensemble, das in Merians Kupferstich von 1650 festgehalten ist. Viele der prächtigsten Räume des Renaissanceschlosses sind aufgrund späterer Umbauten nur durch Schloßinventare nachvollziehbar, so zwei Säle, die Papageienstube, die Grüne Stube, die Pfauenstube und die Prinzenstube. Letztere war nach Wilhelm von Oranien benannt worden, der 1561 und 1567 als Schwager des Grafen Günther XLI. im Sondershäuser Schloß weilte. In Räumen

Der Marktplatz zu Sondershausen (um 1840). – Im Bildhintergrund der Schloßberg mit dem mächtigen, die Stadt beherrschenden Residenzschloß, in der Bildmitte die den Platz kontrollierende Schloßwache, rechts daneben das Prinzenpalais.

des Schloßturmes und des Nordflügel sind Relikte figürlicher und ornamentaler Raumausmalungen des 16. Jahrhunderts freigelegt worden. Zu den beeindruckendsten Räumen des Renaissanceschlosses gehört der große unter dem Schloßhof gelegene Keller, der, Nord- und Südflügel miteinander verbindend, im ehemaligen Burggraben angelegt worden war. Nachdem Graf Johann Günther I. durch die Erbteilung von 1571 die Linie Schwarzburg-Sondershausen begründet hatte, regierten seine vier Söhne von den 1590er Jahren bis in die 1630er/40er Jahre gemeinsam,

Günther XL., der Reiche, Graf von Schwarzburg.

jedoch an verschiedenen Residenzorten. Das Sondershäuser Schloß wurde vom Grafen Anton Heinrich bewohnt. Aus dessen Regierungszeit stammt die wertvollste und sonderbarste unter den zahlreichen im Schloß erhaltenen historischen Raumdekorationen, die des „Gewölbes am Wendelstein“. Gewölbe und obere Wandflächen dieses kleinen Raumes im 1. Obergeschoß des Schloßturmes wurden 1616 flächenfüllend mit manieristischen Stukkaturen im Knorpelwerkstil überzogen, die anhand allegorischer Figuren ein ikonographisches Programm mit Weltbildcharakter präsentieren. Dargestellt wurden in Ornamentwerk eingeflochten u. a. die Elemente, Jahrezeiten, Kardinaltugenden, Szenen nach den Metamorphosen des Ovid, Fabeln des Äsop. Zugeschrieben werden konnte diese Dekoration dem damals in Sondershausen und später in Arnstadt tätigen Stukkateur und Bildhauer Burckhard Röhl.

Während der Regierungszeit Graf Anton Heinrichs und seiner Brüder wurde zwischen 1608 und 1620 die alte Sondershäuser Stadtkirche St. Andreas abgerissen und unter Leitung des Coburger Baumeisters Peter Sengelaub durch die größere Kirche St. Trinitatis ersetzt, die allerdings schon ein Jahr nach ihrer Fertigstellung wieder abbrannte. Die Wiederinstandsetzung der Ruine sollte sich bis gegen Ende des Jahrhunderts hinziehen. Dennoch wurden zumindest einzelne Partien des Gebäudes genutzt, so die unter dem Chor angelegte gräfliche Grablege.

Unter Graf Christian Wilhelm von Schwarzburg-Sondershausen, der 1697 in den Reichsfürstenstand erhoben wurde, fand von 1689 an der Umbau des Renaissanceschlosses zur Barockresidenz statt. Am Süd- und Ostflügel wurden die Giebel- und Zwerchhäuser abgerissen und die Gebäude bis auf fünf bzw. sechs Etagen aufgestockt. Im 2. Obergeschoß des Südflügels entstand durch Entkernung der über die gesamte Etage gehende Riesensaal (26 x 13 x 4,80 m) mit einer tief eingeschnittenen Stuckkassettendecke und sechzehn überlegensgroßen Stuckfiguren antiker Gottheiten. Die zwanzig großen und diversen kleinen im Deckenstuck plazierten Gemälde geben Motive nach den Metamorphosen des Ovid wieder. Der Stuck im Riesensaal und in der Mehrzahl der ca. zwanzig im Süd- und Ostflügel mit Stuck ausgestatteten Räume wurde durch italienische Stukkateure aus der Werkstatt von Nicola Carcani geschaffen, neben denen der Hofstukkateur Gottfried Kühl tätig war. Die erste nach Vollendung des Riesensaales in diesem nachweisbare größere Hoffestlichkeit war ein im Januar

Das „Achteckhaus", Innenansicht, Sondershausens bedeutendstes Parkgebäude.

1702 anläßlich des 55. Geburtstages des Bauherrn aufgeführtes Singballet, zu dem kein Geringerer als der damals in Sondershausen weilende Carl Gustav Heräus, später bedeutender Festautor und Antiquar am Kaiserhof, Dekoration und Ablauf entwarf. Unter Christian Wilhelm fand auch die Wiederherstellung der 1621 abgebrannten Stadtkirche St. Trinitatis nach sieben Jahrzehnten ihr Ende. Der Fürstenstand wurde mit den Wappen Christian Wilhelms, seiner ersten und seiner zweiten Gemahlin, in den oberen Etagen mit den zugehörigen Monogrammen und Kronen geschmückt.

Westlich der Schloßgebäude ließ Christian Wilhelm um 1700 einen Lustgarten im französischen Stil anlegen. Das Achteckhaus, bedeutendstes der Parkgebäude, wurde 1709/10 als nach außen dreigeschossig gehaltenes Oktogon mit zwei umlaufenden Emporen im Innern errichtet. Dieses als Karussell angelegte Gebäude ist mit emblematischen Malereien und dem Deckengemälde „Triumph der Venus“ von Lazaro Maria Sanguinetti ausgestattet.

In der 2. Dekade des 18. Jahrhunderts wurde der Nordflügel umgebaut, wobei man auch hier die Aufbauten des Renaissanceschlosses durch ein in sich geschlossenes Obergeschoß ersetzte. Der Ausbau und die Ausstattung der Räume zog sich bis weit in die 20er Jahre, die Regierungszeit des Fürsten Günther I., hinein, wovon vor allem die damals neu angelegte Schloßkapelle im 1. Obergeschoß zeugt. Das hier 1722 von Tobias Müller aus Rudolstadt gefertigte Bandelwerkdekor gehört zu den frühesten konsequenten Arbeiten dieses Stils in Thüringen. Drei weitere in den folgenden Jahren entstandene Bandelwerkdekore Müllers sind in den ehemaligen Privaträumen des Fürsten und der Fürstin im 2. und 3. Obergeschoß des Schloßturmes erhalten. In den Repräsentationsräumen des Südflügels ließ Günther I. Veränderungen vornehmen, wovon vor allem die mit Bandelwerk und Chinoiserien bemalte Leinwandtapete im Roten Salon, geschaffen vermutlich von Johann Michael Thielemann aus Arnstadt, zeugt.

Als sonderbar schillernde und umstrittene Figur ist der von 1740 an regierende „Diamantenfürst“ Heinrich I., ein jüngerer Halbbruder Günthers I., zu erwähnen. Heinrich I. ist durch seine Reiselust, die ihn im Zusammenhang mit seinen Kontakten zu Diamantenhändlern öfters in die Niederlande führte, und seine Vorliebe für besonders große und kostbare Kutschen in die Dynastiegeschichte eingegangen. Die zwar schon um 1710 gebaute, jedoch zu Heinrichs Besitz gehörende „Goldene Kutsche“ ist noch heute im Sondershäuser Schloßmuseum zu bewundern. Heinrich I. war der erste Sondershäuser Fürst, dem 1754 Sitz und Stimme im Reichsfürstenrat zugestanden wurde. Das Interesse Heinrichs I. an seinem Fürstentum hielt sich offenbar in Grenzen, was sich – wie sein Nachfolger 1758 feststellen mußte – vor allem in der baulichen Vernachlässigung zahlreicher Gebäude äußerte.

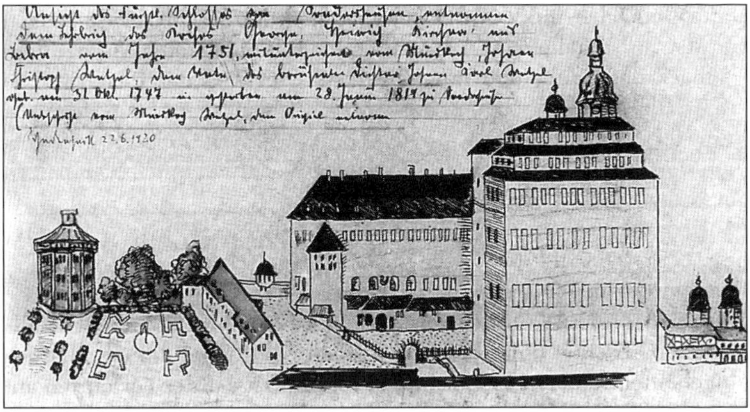

Ansicht des Schlosses von Süden, 1751.

So ließ Fürst Christian Günther, ein Neffe Heinrichs, in den 60er Jahren anstelle eines 1666 erbauten Reitstalls den Westflügel des Schlosses errichten und durch den Neuen Nordflügel mit dem barock umgebauten Renaissancenordflügel verbinden, wodurch aus dem Schloß eine nach Süden offene unregelmäßige Vierflügelanlage wurde. Als Baumeister beschäftigte er Johann Heinrich Breit aus Quedlinburg und den im Fürstentum Anhalt-Bernburg, der Heimat seiner Gemahlin, tätigen Franzosen Martin Peltier. Im Erdgeschoß des Westflügels wurde ein Marstall, in dem des Neuen Nordflügels eine Kutschenremise eingerichtet, während im Obergeschoß repräsentative Wohnräume und in der Mansarde Bedienstetenräume angelegt wurden. Charakteristisch für diese Bauphase sind der hofseitige Giebel des Westflügels mit seiner mächtigen Trophäe, der Blaue Saal im Zentrum des Westflügels, das Steinzimmer und das

„Perspektiv-Zimmer" im Neuen Nordflügel. Während das Steinzimmer die Entstehung seiner Wandverkleidung aus geschliffenen und in drei Tönen gefärbten Kalksteinplättchen einer Vorliebe des Fürsten Christian Günther für die Steinschleiferei verdankt und vom Hofuhrmacher Gassinger ausgeführt wurde, stellen die bemalten Leinwände im benachbarten „Perspectiv-Zimmer" bühnenbildartige Ansichten antiker Gebäude nach Vorlagen von Giuseppe Galli da Bibiena dar. In der Mitte des Schloßhofes entstand, ausgerichtet auf die Tordurchfahrt zwischen Westflügel und Neuem Nordflügel, der Schloßbrunnen mit der Herkulesstatue von Johann Ludwig Meil.

Während der Regierungszeit des Fürsten Günther Friedrich Carl I. wurde 1825 auf der nordwestlich am Schloß gelegenen Wiese ein Hoftheatergebäude errichtet (1946 abgebrannt). Damit fand das 1815 im Riesensaal etablierte Hoftheater eine zeitgemäße Spielstätte. So verdienstvoll dies war und so hervorragend das engagierte Schauspieler- und Sängerpersonal agierte, wurde das Niveau des Milieus in vielerlei Hinsicht doch vom Fürsten bestimmt, was mitunter zu sonderbaren Vorfällen führte: So befahl der Fürst während einer Vorstellung von Schillers *Kabale und Liebe* dem die Rolle des Ferdinand spielenden Ferdinand Heckscher, er möge doch unterbrechen und erst einmal die Arie des Sarastro aus Mozarts *Zauberflöte* singen. Im Schloß selbst fanden keine Veränderungen von Bedeutung statt, da der über alle Maßen jagdbegeisterte, ästhetisch aber wenig anspruchsvolle Fürst es vorzog, in einfach grün gestrichenen und spärlich eingerichteten Räumen zu leben. Hofmarschallamtssekretär Ludloff, der während der Regierungszeit Günther Friedrich Carls I. drei Schloßinventare erstellte, vermerkte dabei mehrfach die Ungepflegtheit von Räumen und Gegenständen, so z. B. das Vorhandensein zerschossener Gemälde.

In die Zeit der Fürsten Heinrich, Christian Günther und Günther Friedrich Carl I. fällt das ebenso spannende wie tragische Leben der bedeutendsten Persönlichkeit, die Sondershausen hervorgebracht hat: Der Dichter und Philosoph Johann Karl Wezel, Radikalaufklärer, war gebürtiger Sondershäuser und soll sich für einen illegitimen Sproß des Fürsten Heinrich I. gehalten haben. In seinem Roman *Herrmann und Ulrike* (1780) stellte er auch Eigenheiten des Sondershäuser Hofes unter Heinrich und Christian Günther dar. Nach ca. 15jährigem erfolgreichem Wirken als

Roman- und Lustspielautor, Kritiker und Philosoph zog sich Wezel 1789, zermürbt von literarischen Kämpfen sowie Auseinandersetzungen mit der Zensur und mit Verlegern, in seine Heimatstadt zurück, wo er die letzten drei Jahrzehnte seines Lebens angeblich im Wahnsinn, tatsächlich seelisch stark angegriffen und in selbstgewählter Abgrenzung, zubrachte.
Als 1835 Günther Friedrich Carl II. seinen Vater und dessen unzeitgemäßes Regime im Rahmen einer Hofrevolte zur Abdankung zwang, setzten tiefgreifende Veränderungen ein, die auch die Bausubstanz des Schloßkomplexes betrafen. Ein Konglomerat von Gebäuden am östlichen Abhang des Schloßberges zum Marktplatz hin wurde abgerissen und 1837/39 durch das monumentalste Ensemble des Klassizismus in Thüringen – Schloßterrasse, -treppe und -wache – ersetzt. Als Architekt zum Schloßumbau hatte der Fürst den Schinkel-Mitarbeiter Carl Scheppig aus Berlin als Baurat engagiert. Aus dem Erdgeschoß des Westflügels wurde der Marstall entfernt und in das westlich des Schlosses neu errichtete Marstallgebäude verlegt, danach das Erdgeschoß zu fürstlichen Wohnräume ausgebaut. Alle drei Geschosse erhielten eine Neuausstattung, die im wesentlichen von dem Mainzer Möbelfabrikanten Antoine Bembé geliefert wurde. Das Vestibül, den Salon des Fürsten und den Marmorsalon der Fürstin stukkierten die durch ihre Arbeiten in den Dichter-Zimmern des Weima-

Westflügel, Gartenseite. Fotografie von F. Herzer (1996).

rer Schlosses bekannten Stukkateure Johann und Carl Hütter. Zahlreiche Räume malte der Dekorationsmaler Steendorff aus. Eine Besonderheit im Stil eines orientalisierenden Historismus bietet das Maurische Zimmer, während das einstmals an den Wänden mit zahlreichen alten Waffen bestückte Waffenzimmer den Charakter eines repräsentativen historistischen Militaria-Kabinetts hatte. In der Tordurchfahrt zwischen Westflügel und Neuem Nordflügel konnte Scheppig durch Aufgabe eines im 1. Obergeschoß befindlichen großen ovalen Saales ein zweigeschossiges Treppenhaus anlegen, dem vier Zinkgußkandelaber von Moritz Geiss aus Berlin zum besonderen Schmuck gereichen. Als Anbauten an den Westflügel entstanden an der Südfassade der Wintergarten, nach Nordwesten ein vom Schloß zur hochgelegenen Theaterwiese führender und dort in eine Rotunde mündender Übergang.

Günther Friedrich Carl II. und die Angehörigen der auf ihn folgende letzten Generation des Sondershäuser Fürstenhauses wurden in dem 1890/91 an die Stadtkirche St. Trinitatis als Chorscheitelkapelle angebauten „Mausoleum“ bestattet.

Nachdem mit dem Tod des Fürsten Karl Günther 1909 die Sondershäuser Linie erloschen war, hielt sich Günther Victor von Schwarzburg-Rudolstadt in seiner Eigenschaft als „Fürst zu Schwarzburg“ öfters in Sondershausen auf. In diesem Zusammenhang kam es 1914/15 zur letzten größeren Baumaßnahme in fürstlicher Zeit, als an die Hoffassaden der untereinander schlecht zugänglichen alten Schloßflügel eine historistische Galerie mit einem Treppenturm am Südflügel und einem türmchenartigen Zugang am Nordflügel angebaut wurde.

Bis 1930 bewohnte Fürstin Marie, die Witwe des letzten Fürsten von Schwarzburg-Sondershausen, den Westflügel, der nach ihrem Tod von der Luther-Akademie genutzt wurde. Im Süd- und Ostflügel und im Schloßturm genoß der abgedankte Fürst von Schwarzburg-Rudolstadt Wohnrecht. Hier starb er 1925. Im Schloßmuseum ist noch der Sessel zu sehen, in dem er verschied. Seine Witwe lebte hier, nachdem sie 1940 Schloß Schwarzburg aufgrund des dort geplanten Umbaus zum „Reichsgästehaus“ hatte verlassen müssen, bis zu ihrem Tod 1951. Danach fiel das Schloß einer substanzschädigenden multifunktionalen Nutzung durch Institutionen verschiedenster Art anheim. Im Verlauf der 80er Jahre setzten Sanierungs- und Restaurierungsmaßnahmen ein, gekoppelt mit dem

Bemühen, weitere Schloßbereiche für museale und andere kulturelle Ansprüche freizulenken. Das Schloßmuseum und die öffentlichkeitswirksame Nutzung diverser Räume, so des Liebhabertheaters und des Blauen Saales, finden seitdem starken Anklang.

Die Schlösser in Arnstadt

Hendrik Bärnighausen

Arnstadt mit Schloß Neideck. Gemälde von Wolf Kelner, (1572/73) Detail.

Schloß Neideck wurde ab 1553 als Vierflügelanlage mit Schloßturm anstelle einer mittelalterlichen Wasserburg errichtet, in der 2. Hälfte des 18. Jahrhunderts dem Verfall preisgegeben, vom Ende des 18. Jahrhunderts an als Steinbruch zur Errichtung anderer Gebäude genutzt. Seitdem ist die Anlage ein Ruinengelände mit Schloßturm als wesentlichstem Relikt. – Das ehemalige Fürstliches Palais (auch Neues Palais), eine Dreiflügelanlage mit zugeordnetem Marstall, wurde 1728 bis 1734 als Wittumssitz erbaut. Schloß Augustenburg (Dorotheenthal bei Arnstadt), 1699 bis 1710 als Wittumssitz errichtet, wurde 1762 abgerissen.

Die Geschichte des altehrwürdigen, 704 erstmals erwähnten Arnstadt ist mit drei Schlössern verbunden – der Schloßruine Neideck, dem seit dem 19. Jahrhundert als „Schloß" bezeichneten Fürstlichen Palais und der nicht mehr existierenden Augustenburg.

Den Grafen von Schwarzburg und Käfernburg, seit 1285 zur Hälfte Besitzer der Stadt Arnstadt, gelang es 1332 auch die andere, bis dahin dem Kloster Hersfeld gehörige Hälfte, zu erwerben. Bei den Erbteilungen von 1571/99 kam Arnstadt an Schwarzburg-Sondershausen. Bis 1918 blieb die Stadt schwarzburgisch, wobei die große Zeit der Residenz Arnstadt zwischen 1550 und 1740 lag. Danach verlagerte sich innerhalb des Fürstentums Schwarzburg-Sondershausen die Gewichtung der Residenzfunktionen immer stärker nach Sondershausen, der nordthüringischen Residenz des Fürstentums Schwarzburg-Sondershausen.

Die Entstehung von Schloß Neideck ist nur aus der Biographie von Graf Günther XLI. zu verstehen, der neben dem 1349 in Frankfurt zum deutschen König gewählten Grafen Günther XXI. die historisch bedeutendste Persönlichkeit war, die die schwarzburgische Dynastie hervorgebracht hat. Günther XLI. war, seitdem er als Jüngling einige Jahre am Hof zu Nassau-Dillenburg verbracht hatte, mit dem jungen Grafen Wilhelm von Nassau, der später als Wilhelm von Oranien Generalstatthalter der Niederlande werden sollte, befreundet und stieg in dessen Umfeld zu einer im Reich weithin geachteten und einflußreichen Persönlichkeit auf. Er leistete Kaiser Karl V. und König Philipp II. als militärischer Führer so beträchtliche Dienste, daß er dafür großzügige Belohnung erhielt. Insbesondere die Mittel einer kaiserlichen Schenkung ermöglichten ihm, in Arnstadt anstelle der 1273 erstmals erwähnten Wasserburg Neideck einen Schloßneubau zu errichten. Der vom niederländischen Baumeister Erhard von der Mere entworfene Bau wurde von 1553 bis 1556 ausgeführt, während der Ausbau bis gegen 1560 währte. Es entstand eine regelmäßige dreigeschossige Vierflügelanlage mit Zwerchhäusern im Dachgeschoß und vier polygonalen Türmen in den Ecken des ca. 700 Quadratmeter großen Innenhofes. An der südwestlichen Ecke des Hofes wurde der Bergfried der mittelalterlichen Burg einbezogen und durch zwei polygonale Geschosse und eine Haube bis auf die Höhe von 64 Meter aufgestockt. Ein großformatiges Gemälde von Wolf Kelner (1572) zeigt Schloß Neideck mit einem ca. 20 m breiten Wassergraben, der sich westlich anschließenden Vorburg, dem südlich gelegenen Vorwerk und dem sich nördlich des Schlosses und der Vorburg erstreckenden Gelände des Schloßgartens und der Reitbahn. 1560 beging Günther XLI. in dem gerade voll-

Der erhaltene Turm von Schloß Neideck. Fotografie von F. Herzer (1996).

endeten Schloß seine Hochzeit mit Katharina, einer Schwester Wilhelms von Oranien, der aus diesem Anlaß auch in Arnstadt weilte. Anwesend waren 64 fürstliche und gräfliche Personen sowie 84 Ritter mit Gefolge. Verbraucht wurden beim Hochzeitsschmaus u. a. 1000 Hammel, 245 Spanferkel, 840 Hasen und 300 Rebhühner. Ein 1583 aus Anlaß von Güthers Tod erstelltes Inventar des Schlosses Neideck gibt einen Eindruck von der prächtigen Ausstattung der Räume mit Mobilien. Günthers Lebensstil und die Ausstattung seines Schlosses waren stark von Einflüssen geprägt, die der Bauherr in den Niederlanden empfangen hatte. Charakteristisch hierfür sind die heute im Schloßmuseum aufbewahrten Brüsseler Bildteppiche, darunter die beiden berühmten „Affenteppiche".

Der Arnstädter Schloßpark. Fotografie von F. Herzer (1996).

Auf Schloß Neideck residierte von 1683 bis 1716 auch Graf (ab 1710 Fürst) Anton Günther II., der ein begeisterter Münzsammler war, sich später allerdings aus finanziellen Gründen genötigt sah, seine Sammlung für 100 000 Taler an Herzog Friedrich II. von Sachsen-Gotha zu verkaufen. Als Antiquar beschäftigte Anton Günther II. den berühmten, zuvor am Hof Ludwig XIV. angestellten Andreas Morelli, später den Historiker Christian Schlegel, der mit der Sammlung nach Gotha ging. In den 90er Jahren ließ Anton Günter II. am Schloß durch den Weimarer Architekten Johann Moritz Richter bauliche Veränderungen vornehmen, in deren Zentrum der 1694/95 begonnene Umbau der 1700 geweihten Schloßkapelle stand. Der junge Johann Sebastian Bach wirkte von 1703 bis 1707 als Kantor an der Neuen Kirche in Arnstadt.

Mit der nächsten Generation trat eine sonderbare Konstellation ein. Fürst Günther I. residierte, sofern er sich nicht in Sondershausen, sondern in Arnstadt aufhielt, zwar ebenfalls auf Schloß Neideck, ließ jedoch unmittelbar daneben anstelle der Alten Kanzlei ein Wittumspalais für seine Gemahlin und künftige Witwe Elisabeth Albertine errichten, das er selbst auch nutzte. So fiel Schloß Neideck die Rolle des offiziellen Staatsgebäudes zu, während Günther und Elisabeth Albertine im daneben errichteten Palais ihr Privatleben führten und der Fürst vor allem hier seinen Interessen als Kunstliebhaber nachging. Da er seine umfangreichen Sammlungen seinem Halbbruder und designierten Nachfolger Heinrich, zu dem er ein gestörtes Verhältnis hatte, zu entziehen gedachte, ließ er diese aus Schloß Sondershausen nach Arnstadt bringen und nicht im Schloß Neideck, sondern im Wittumspalais seiner Gemahlin unterbringen und als zum Haus gehöriges Privateigentum Elisabeth Albertines inventarisieren.

Nach der Grundsteinlegung zum Palais am 25. Mai 1729 schritten die Arbeiten so rasch voran, daß schon am 16. Dezember desselben Jahres das Richtfest stattfinden konnte. Der Ausbau war mit der im Festsaal abgehaltenen Weihe des Gebäudes am 10. November 1734 weitgehend abgeschlossen. Als Architekt wirkte der ansonsten im Fürstentum Anhalt-Bernburg, der Heimat Elisabeth Albertines, und in Quedlinburg tätige Johann Heinrich Hoffmann. Das Palais wurde als zweigeschossige mansardenbekrönte Dreiflügelanlage mit rückwärtigen Seitenflügeln errichtet, der sich – das Ensemble westlich abschließend – ein eingeschossiger Marstall zuordnet. Die Abfolge und Anlage der Räume folgt zeitgenössischen Idealvorstellungen. Besonderer Schmuck der mit beidseitigen erhöhten Galerien ausgestatteten Einfahrtshalle sind zwölf den Galeriepfeilern vorgesetzte Terrakottabüsten römischer Kaiser, gefertigt vom Gothaer Hofbildhauer Paul Anton Grass. Über das Treppenhaus rechts der Halle gelangt man ins 1. Obergeschoß, wo sich beiderseits des zentralen Festsaals die Suiten des Fürsten (Süden) und der Fürstin (Norden) anschließen, jeweils bestehend aus einem Vorgemach, Audienzzimmer, Kabinett, Wohn- und Schlafzimmer. An die Suite des Fürsten schlossen sich die dessen Kunstsammlungen gewidmeten Räume wie die Bildergalerie, das Bilderkabinett, das Porzellankabinett und ein kleiner Speisesaal an, an die der Fürstin weitere Gesellschaftsräume, unter denen das „Schmelzzimmer" mit seiner heraldische Motive präsentierenden textilen Wandbespannung hervorzuheben ist. Dem Portal zum Palais gegenüber stand ursprünglich die Grotte mit der Neptunfigur von Heinrich Christoph Meil, die Anfang des 20. Jahrhunderts im Zusammenhang mit dem Neubau des Arnstädter Gymnasiums etwas weiter nach Norden versetzt wurde. Meil hat vermutlich auch die zum Porzellankabinett erforderliche Bildhauerarbeit geleistet. Nach dem Tod ihrem Gemahls (1740) lebte Elisabeth Albertine noch 34 Jahre in ihrem Wittumspalais.

Ansicht des Neuen Palais (um 1850).

Unter den in Sondershausen residierenden Fürsten Heinrich I. und Christian Günther verfiel Schloß Neideck im Verlauf des 18. Jahrhunderts. 1772 stürzte es teilweise ein, nachdem man schon vorher das Dach abgenommen hatte. Nun und nach einem weiteren Einsturz 1793 wurde es als Steinbruch für andere Baumaßnahmen genutzt. Lediglich der Turm wurde gesichert und saniert. Nach dem weitgehenden Verlust von Schloß Neideck bürgerte sich im 19. Jahrhunderts für das Palais die Bezeichnung „Schloß“ ein.

Zu besonderen Schätzen des heute im „Palais“ oder „Schloß“ untergebrachten Schloßmuseums gehört neben wertvollen Gemälden, Gläsern, Porzellanen und Bildteppichen auch die in der Augustenburg entstandene Puppensammlung „Mon plaisir“, so daß auch dieses ehemals südlich von Arnstadt existierende Schloß kurz charakterisiert sei: 1699 hatte Anton Günther II. seiner Gemahlin Auguste Dorothea ein Grundstück zur Erbauung eines Lustschlosses geschenkt, auf dem bis 1710 die Augustenburg entstand – eine vorzüglich in die Landschaft eingebettete zwei-

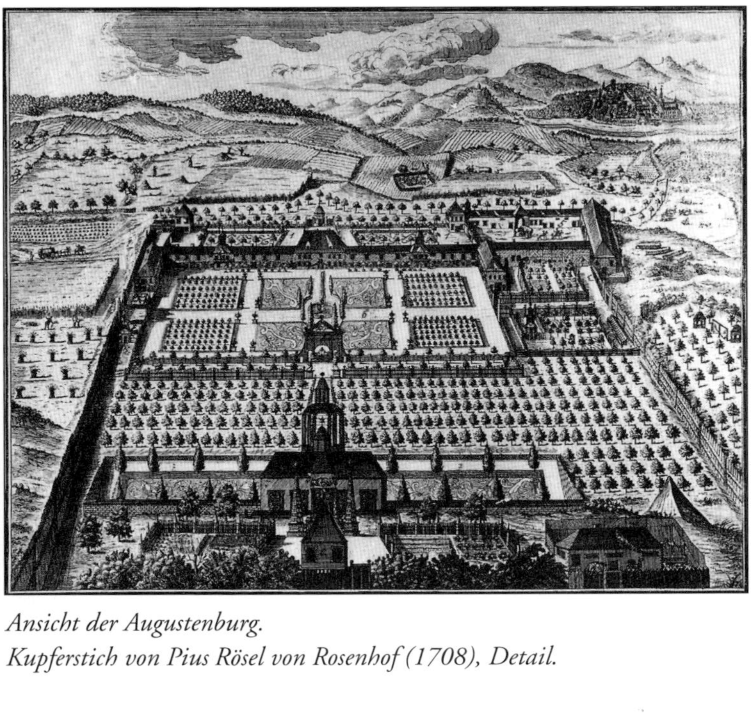

Ansicht der Augustenburg.
Kupferstich von Pius Rösel von Rosenhof (1708), Detail.

geschossige Dreiflügelanlage mit Ehrenhof, Park und einer Reihe von Nebengebäuden. Hier lebte die zum Katholizismus konvertierte und enge Kontakte zum Erfurter Ursulinenkloster pflegende Auguste Dorothea als Fürstin und 35 Jahre lang als Fürstin-Witwe. Nach ihrem Tod nutzte der ansonsten im Arnstädter Prinzenhof logierende Prinz Wilhelm die Augustenburg, die nach seinem Tod (1762) dem Abriß anheimfiel. Ein Kupferstich von Pius Rösel von Rosenhof ist die einzige überlieferte Ansicht der Augustenburg.

In einer Galerie im Südflügel der Augustenburg stand die hier im Verlauf mehrerer Jahrzehnte gewachsene Puppensammlung „Mon plaisir“, in deren zahlreichen Puppenhäusern 391 Figuren und ca. 2670 Inventargegenstände zu finden sind. Die Puppenköpfe wurden wahrscheinlich von im Wachspossieren kundigen Mönchen gefertigt. Der kulturhistorische Wert dieser Sammlung besteht nicht zuletzt darin, daß sie das Leben in einer kleinen Residenzstadt auf allen seinen Ebenen präsentiert.

Das Schloß in Ebeleben

Michael Ludscheidt

Die Wachhäuser am Tor zum ehemaligen Schloß Ebeleben.
Fotografie von R. Jacobsen (1998).

Die aus dem 12. Jahrhundert stammende Anlage wurde nach Verwüstungen im Bauernkrieg zwischen 1525 und 1530 verändert wieder aufgebaut. Nach 1651 erfolgte die barocke Erweiterung und Umgestaltung des Gebäudekomplexes. 1945 wurde das Schloß nach schweren Kriegsbeschädigungen abgerissen.

Ein Reisender des ausgehenden 18. Jahrhunderts hat eine wenig schmeichelhafte Schilderung des herrschaftlichen Parks zu Ebeleben hinterlassen. Jonas Ludwig von Heß notierte anläßlich eines Besuches im Revolutionsjahr 1789: „Das merkwürdigste hier ist der Garten. Proben eines abscheulicheren Geschmacks habe ich in meinem Leben nicht gesehen, fürchte auch, nie dergleichen wieder zu erblicken. Der ganze Garten ist mit Figuren oder vielmehr mit hölzernen Klötzen aus allen Tierreichen überworfen. Um dem Holze den Anschein von Stein zu geben, sind alle diese Blöcke mit weißgrauer Ölfarbe überschmiert. Alles ist platte, grobe, erzgemeine Natur, ohne die geringste Veredlung, ohne daß der Geist des Künstlers sich nur in dem kleinsten Zuge bewiesen hätte. Gleich am Eingange des Gartens wird der Ankommende von einem Mitgefühl zwischen Grauen und Lachen befallen". Ausgehend von dieser harten Kritik, die zweifelsohne zu nicht geringem Teil dem Wandel des ästhetischen Empfindens in jenen Jahren geschuldet ist, auf das Erscheinungsbild von Residenzschloß und -stadt Ebeleben insgesamt schließen zu wollen, wäre sicher verfehlt. Aber die Beschreibung läßt dennoch ahnen, daß die An-

Schloß Ebeleben um 1850.

sprüche der Besitzer und die tatsächlichen Möglichkeiten ihrer Realisierung nicht immer miteinander in Einklang zu bringen waren.
Der Ort Ebeleben war seit dem 13. Jahrhundert Mittelpunkt des an der oberen Helbe gelegenen Besitzes der Herren von Ebeleben, die zunächst als Ministeriale der Thüringer Landgrafen, später als Lehnsträger der Wettiner und der Schwarzburger Grafen, diesen Raum prägten. Mit Johann Christoph von Ebeleben starb das Geschlecht 1651 aus. Doch war der letzte Sproß der Familie bereits nicht mehr im Besitz der Herrschaft, die 1616 wegen Überschuldung an die Grafen von Schwarzburg-Sondershausen hatte verkauft werden müssen.
Im 17. und 18. Jahrhundert war Ebeleben mehrfach Residenz von Nebenlinien des Sondershäuser Fürstenhauses. Die archivalische Überlieferung gestattet kaum Einblicke in die Hofhaltung, die wirtschaftlichen oder künstlerischen Interessen der dort residierenden Schwarzburger. Das Leben an dem kleinen Hof wurde durch Sparzwänge geprägt und dürfte wenig Glanz verbreitet haben. Dennoch bemühten sich die jeweiligen Hausherren, durch Förderung von Architektur und Gartenkunst auch kulturelle Akzente in ihrer Residenz zu setzen.
Als erster Schwarzburger residierte hier Graf Christian Günther I., dem als Jüngstem der vier gemeinsam regierenden Söhne Johann Günthers I. Ebeleben zugefallen war. Da die Residenz jedoch von den Ereignissen des Dreißigjährigen Krieges in Mitleidenschaft gezogen wurde, lebte Christian Günther I. zumeist bei seinem Bruder Anton Heinrich im Sondershäuser Schloß.
Erst nach Beendigung des Krieges verlegte ein Schwarzburger der folgenden Generation, Graf Ludwig Günther II., als „Der Entlähmende" Mitglied der Fruchtbringenden Gesellschaft, 1651 seine Hofhaltung in das Schloß zu Ebeleben. Damit wurden nicht allein Umbauten notwendig, die den repräsentativen Charakter der im Kern mittelalterlichen Schloßanlage erhöhen sollten, auch für die Verwaltungsbehörden seiner Landesportion mußten entsprechende Gebäude errichtet werden. Ludwig Günther II. ließ den vorhandenen, aus zwei nicht miteinander verbundenen Trakten bestehenden Komplex zu einer barocken Dreiflügelanlage erweitern, deren westliche Hofseite durch eine Mauer mit eingelassenem Gittertor abgeschlossen wurde. Nördlich davon, einen weiteren Hof dreiseitig umschließend, stießen die Verwaltungs- und Wirtschaftsgebäude an, u.a.

die Kanzlei, der Marstall und die Remisen. Auch die westlich des Schlosses gelegenen Gärten werden bereits existiert haben, doch gibt es verläßliche Nachrichten über ihre Gestaltung erst seit Anfang des 18. Jahrhunderts. Insgesamt ist das für den frühneuzeitlichen Schloßbau charakteristische Streben nach Multifunktionalität erkennbar: die Vernetzung des fürstlichen Wohn- und Repräsentationsbereiches, der über die cour d'honneur sich zu den Parkanlagen hin öffnet, mit jenen Bereichen, in denen der Behördenapparat untergebracht wird. Ludwig Günther II., der bis 1666 in Ebeleben residierte, gab dem Schloß jene Baugestalt, die es bis in unser Jahrhundert behielt.

Erneuerungen zwei Generationen später, in der Periode Fürst Augusts I., betrafen in erster Linie die Raumausstattung und vor allem das Erscheinungsbild der Gärten. Nach seiner Vermählung mit einer Prinzessin aus dem Hause Anhalt-Bernburg bezog August 1721 das Schloß zu Ebeleben. Die Residenz zählte zu dieser Zeit einschließlich des nahen Marksußra nur rund 500 Einwohner. Ihr dörfliches Gepräge war einer fürstlichen Hofhaltung kaum angemessen. So bemühte sich Fürst August, durch die Instandsetzung des Schlosses und Verschönerungen im Inneren der Kirche den Residenzcharakter des Ortes deutlicher hervortreten zu lassen. Zur Ausgestaltung des Schloßparks wurden die Hofgärtner Georg Conrad Kern und Johann Christian Berndt herangezogen. Der Bildhauer Christian Johann Biedermann schuf Skulpturen für den Park. Eine um 1740 auf dem Gut Abtsbessingen eingerichtete Fayencemanufaktur war wohl Liebhaberei des Fürsten und Wirtschaftsfaktor zugleich. So bescheiden dieser Betrieb auch gewesen sein mag, gehören seine vielfältigen Produkte doch zu den bemerkenswertesten Erzeugnissen der Fayencekunst in Thüringen. Trotz aller Bemühungen blieb die Hofhaltung der Ebelebener recht bescheiden. Nicht umsonst wird an Augusts ältestem Sohn Christian Günther als hervorstechende Eigenschaft ein aufs Ökonomische gerichteter Geist gerühmt.

Der 1758 zur Regierung des Fürstentums Schwarzburg-Sondershausen gelangte Christian Günther III. nutzte Ebeleben regelmäßig als Sommerresidenz und wandte in seinen Altersjahren den Bauten und der Parkgestaltung immer mehr Aufmerksamkeit zu. Er hatte eine aufklärerischen Prinzipien folgende Erziehung und Ausbildung genossen. Doch das in Ebeleben umgesetzte Programm der Gartengestaltung war eher konser-

Skulpturen im Schloßpark. Fotografie von R. Jacobsen (1998).

vativ. Die 1774 nach Plänen des Fürsten begonnene Anlage zeigte die typischen Formen des Rokokogartens. Schattige Gänge und Lauben, regelmäßige Zierbeete und Hecken, Wasserfälle und Grotten, planmäßig aufgestellte Statuen und eine Orangerie gaben dem Park das Gepräge. Nur aus Zeichnungen und Beschreibungen wie der eingangs zitierten läßt sich noch ein Bild des Gartens gewinnen.
Eine letzte Blütezeit als Sommerresidenz erlebte Ebeleben unter Günther Friedrich Carl I. Seit der Mitte des 19. Jahrhunderts wurde das Schloß nicht mehr als Residenz genutzt und damit auch der Park weniger gepflegt.
Schon Jahrzehnte vor der Zerstörung des Schlosses war die Verwilderung der Anlagen soweit fortgeschritten, daß über ihren ursprünglichen Zustand kein Urteil mehr möglich war.

Das Schloß in Frankenhausen

Hendrik Bärnighausen

Blick zum Schloß von Westen. Fotografie von D. Ignasiak (1998).

Das einflügelige Renaissanceschloß, ehemals mit Schloßkapellenanbau an der nördlichen Schmalseite, wurde von 1533 an auf der Substanz der mittelalterlichen Unterburg erbaut. 1578 und 1589 kam es zu Umbauten, beim Standbrand von 1689 zu Beschädigungen. Eine umfassende Instandsetzung erfolgte 1789, eine Sanierung 1974/75.

Die südlich des Kyffhäusers gelegene Stadt Frankenhausen, seit 1926 Bad Frankenhausen, ist kulturhistorisch als bedeutendes Zentrum der Salzgewinnung, aber auch durch die hier 1525 den Bauernkrieg beendende Schlacht bekannt, in der die vom Landgrafen Philipp von Hessen geführten Truppen das Bauernheer unter Thomas Müntzer vernichtend schlugen.

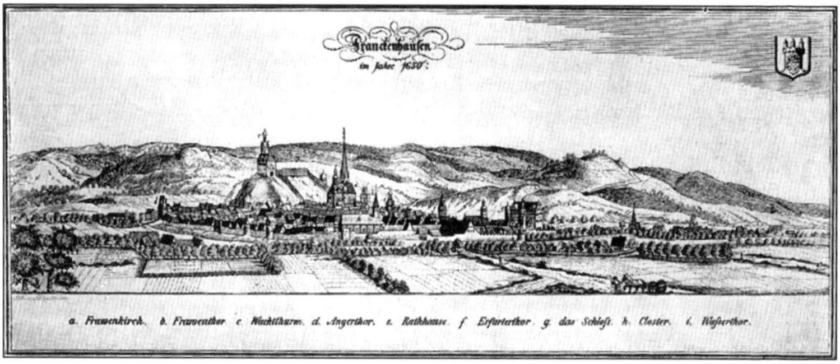

Frankenhausen 1650, nach dem Kupferstich von Matthäus Merian.

Weniger bekannt ist, daß Frankenhausen im 16. Jahrhundert auch als Residenz diente, obwohl das Frankenhäuser Schloß (heute Heimatmuseum) weithin davon zeugt. Von 1531 bis 1537 residierte hier Graf Heinrich XXXIV. von Schwarzburg, dessen Name auch mit der Einführung der Reformation (1536) in seinem Herrschaftsgebiet verbunden ist. Als Residenzgebäude ließ er anstelle der seit 1339 nachweisbaren „Unterburg", die als Eckpfeiler der Stadtbefestigung angelegt worden war, von 1533 an das Frankenhäuser Renaissanceschloß errichten. Interessanterweise erfolgte dieser Schloßbau in denselben Jahren, in denen auch im benachbarten Sondershausen mit dem Bau eines allerdings größeren Renaissanceschlosses begonnen wurde. Bausubstanz der Frankenhäuser Unterburg wurde in den Schloßneubau übernommen, wo sie in der hohen Schloßterrasse Verwendung fand. Angelegt wurde das Schloß als breiter einflügliger Bau zu drei Etagen. Das Dachgeschoß der Längsseiten war mit Zwerchhäusern besetzt. Die Schmalseiten wurden durch je einen großen Stufengiebel bekrönt. Anstelle des späteren annähernd quadratischen Treppenturmes vor der Westfassade stand ein runder Turm. Ein weiterer Zugang erfolgte über einen Wendelstein an der nordwestlichen Ecke des Gebäudes. Vor

der Westfassade standen als Vorhof angelegte Wirtschaftsgebäude, während sich nach Osten anstelle des heutigen Schloßparks ein Renaissance-Garten erstreckte. Merians Kupferstich von 1650 gibt einen ungefähren Eindruck der Situation.
Nach dem frühen Tod Heinrichs XXXIV. fiel Frankenhausen 1537 an dessen in Sondershausen residierenden älteren Bruder Günther XL. Als sich 1552 dessen vier Söhne auf verschiedene Residenzen verteilten, erhielt der damals 37jährige Graf Wilhelm als der Drittälteste Frankenhausen. Wilhelm wirkte in den folgenden beiden Jahrzehnten auf eine offizielle Erbteilung hin, die 1571 erfolgte und Frankenhausen als seinen Besitz festschrieb. 1578 und 1589 ließ er am Schloß Baumaßnahmen vornehmen. Zu dieser Zeit erfolgte auch der Anbau einer Schloßkapelle an den nördlichen Giebel. Gegen Ende des 19. Jahrhunderts war diese Kapelle durch eine Wand geteilt, „so dass der dreiseitige Chorschluss als Schlafzimmer, der mit zwei schmalen Kreuzgewölben bedeckte Rechteck-Raum als Wohnzimmer“ diente (P. Lehfeldt). Im Verlauf der Sanierung von 1974/75 wurde dieser Kapellenanbau, dessen ehemaliger Dachverlauf im Putz noch erkennbar ist, abgerissen.

Das Schloß von Frankenhausen von Osten.
Gemälde von Heinrich Cotta (1. Hälfte des 19. Jh.s)

Graf Wilhelm hielt sich auch gern auf Burg Straußberg auf. Dort starb er 1598, nachdem er im Vorjahr vor der in Frankenhausen ausgebrochenen Pest nach Rudolstadt geflohen und von dort auf den Straußberg zurückgekehrt war. Er wurde in der Unterkirche bestattet. Das nach Wilhelms Tod erstellte Inventar seines Nachlasses ist ein für die Geschichte Frankenhausens als Residenz unschätzbares Dokument. Es erfaßt die Räumlichkeiten und die mobile Austattung des Frankenhäuser Schlosses, der Burg Straußberg und diverser Güter. Die inventarisierten Möbel, Bilder, Gebrauchsgegenstände, Bücher und Akten, aber auch das auf den Gütern befindliche Vieh und Getreide bieten interessante Einblicke in das Leben in der kleinen Residenz um 1600.
Da Graf Wilhelm trotz zweier Ehen ohne Nachkommen blieb, erlosch die durch ihn begründete Frankenhäuser Linie des schwarzburgischen Grafenhauses schon in der ersten Generation. So sind die drei Jahrzehnte, in denen er in Frankenhausen residierte, ein ganz eigenständiger Abschnitt in der Geschichte der Stadt.
Bei der Erbteilung von 1599 fielen Frankenhausen und die die Stadt umgebende, zuvor im Besitz Graf Wilhelms befindliche Region, der Grafschaft Schwarzburg-Rudolstadt als „Unterherrschaft“ zu. Nach dem großen Stadtbrand von 1689, der Schloß, Unterkirche und 76 Häuser zerstörte, wurde das Schloß nur behelfsmäßig hergerichtet und erst 1789 wieder für eine anspruchsvollere Nutzung instandgesetzt. Der Hauptfasade wurde ein neuer Treppenturm vorgesetzt, anstelle der Giebel und Zwerchhäuser eine neue Dachkonstruktion geschaffen. Als bedeutendster Neubau entstand nach dem Stadtbrand die 1691 bis 1704 unter Leitung des Baumeisters Hans Walther errichtete „Unterkirche“, deren Stukkaturen von Gabriel Züllicher aus Naumburg und Tobias Müller aus Gotha geschaffen wurden.
Bis ins frühe 20. Jahrhundert diente Schloß Frankenhausen, zumeist in Verbindung mit dem am Kyffhäuser gelegenem Jagdschloß Rathsfeld, den Rudolstädter Grafen und späteren Fürsten bei gelegentlichen Aufenthalten in der „Unterherrschaft“ als Nebenresidenz.

Das Schloß in Keula

Hendrik Bärnighausen

Ansicht von Keula. Gemälde von Johann Alexander Thiele (um 1730).

Die Burg zu Keula wurde im 17. Jahrhundert und nochmals von 1727 bis 1732 zur Nutzung als Nebenresidenz teilweise umgebaut und zeitgemäß instandgesetzt. Nach Verfall, Teilabriß 1772 und Brand 1811 diente die Substanz als Steinbruch zur Errichtung anderer Gebäude und bietet sich heute als Ruinengelände dar.

Auch das nordthüringische Dorf Keula, gelegen ca. 34 km westlich von Sondershausen, verfügte über ein Schloß, das zeitweilig als Residenz diente. Der 1356 durch Erbschaft aus den Besitz der Grafen von Honstein in den der Grafen von Schwarzburg übergegangene Ort kam bei den schwarzburgischen Erbteilungen von 1571/99 zur Grafschaft Schwarzburg-Sondershausen. Als Sitz eines Amtes war Keula, westlichster und am höchsten gelegener Ort der Sondershäuser „Unterherrschaft", trotz seiner Abgelegenheit von administrativer und wirtschaftlicher Bedeutung. Keula fand in Situationen Verwendung als Residenz, in denen die dynastische Konstellation dies erforderte, so in den 70er Jahren des 17. Jahrhunderts. Damals residierte Ludwig Günther II. als Senior des Hauses Schwarzburg-Sondershausen in Arnstadt, seine Neffen Christian Wilhelm in Sondershausen und Anton Günther II. in Keula. Letzterer hatte seine Hofhaltung seit spätestens 1674 in Keula und erhielt auch bei der 1677 vorgenommenen Erbteilung das Amt Keula zugesprochen. Als Residenzgebäude stand Anton Günther II. das Schloß, d. h. eine zum Schloß ausgebaute Burg, umgeben von einem Wassergraben, zur Verfügung. 1854 registrierte der Heimatforscher Friedrich Apfelstedt die Ruine des Gebäudes: „Die erwähnte Burg, auch Schloss genannt, mit ihren interessanten Ruinen ... war nicht blos ein umfangreiches, sondern auch schönes Bauwerk; denn noch nach ihrem ersten Verfall sollen die Seitenwände mit ihren großen Fensterreihen ... und ihren architektonischen Zierathen einen großartigen Anblick gewährt haben, wozu auch der hohe und ansehnliche Turm beitrug, welcher die Burg weit überragte." Das im Verlauf des 18. Jahrhunderts verfallene Gebäude ließ Fürst Christian Günther 1772 teilweise abreißen, um das Material zum Bau der Gewächshäuser im Park zu Ebeleben zu verwenden. Nach einem Brand, der Keula 1811 heimsuchte, wurde es von den Einwohnern des Ortes zur Gewinnung von Baumaterial weiter abgetragen und die Ruine durch Einbauten nutzbar gemacht.
Als Christian Wilhelm und Anton Günther II. nach dem Tod ihres Onkels Ludwig Günther II. 1681 eine weitere Erbteilung vornahmen, erhielt Anton Günther II. auch das Amt Arnstadt/Käfernburg und bezog als weitaus attraktivere Residenz das Arnstädter Schloß Neideck. Davon, daß ihm auch das Amt Keula erhalten blieb, zeugt der ursprünglich in der Arnsdtädter Schloßkapelle befindliche Altar, den Anton Günther II. beim

dortigen Umbau an die Dorfkirche zu Keula abgab, wo er noch zu besichtigen ist.

Der „Diamantenfürst" Heinrich I. von Schwarzburg-Sondershausen. Kupferstich von Johann Christoph Sysang.

Eine Generation später benötigte man Keula ein zweites Mal als Residenz, als es galt, den fünf Halbbrüdern des Fürsten Günther I. standesgemäße Residenzen zur Verfügung zu stellen. Heinrich I., dem Zweitgeborenen, war Keula zugedacht. Da Heinrich mit Günther im Streit lag und das Fürstentum Schwarzburg-Sondershausen mied, zeigte er vorerst kein Interesse an Keula. Erst 1727 sah er sich genötigt, auf die ihm zustehende Residenz zurückzukommen, woraufhin das Schloß 1727 bis 1732 für 3077 Gulden für ihn hergerichtet wurde. Er bewohnte jedoch nicht das eigentliche Schloß, sondern das südlich von diesem stehende große Nebengebäude. Als „Diamantenfürst" stand Heinrich I., der häufig Reisen unternahm und über Kontakte zu niederländischen Diamantenhändlern verfügte, im Ruf besonderen Reichtums. Inventare, die Heinrichs Besitz in Keula belegen, geben einen Eindruck von den prächtigen Dingen – z. B. diversen Prunkkutschen -, mit denen er sich auch in der abgelegenen Residenz Keula umgab. 1740 folgte er Günther als regierender Fürst von Schwarzburg-Sondershausen und hielt sich nun noch seltener in Keula auf.

Nach Heinrichs Tod hat kein Angehöriger der fürstlichen Familie eines der herrschaftlichen Gebäude zu Keula bewohnt. Das von Heinrich genutzte und heute in schlechtem baulichen Zustand noch erhaltene Nebengebäude fand im 19. Jahrhundert als Dienstwohnung des Revierförsters und des Gendarms Verwendung.

Das Schloß in Schwarzburg

Melanie Oelgeschläger

Auffahrt zum Schloß Schwarzburg.
Zeichnung von Georg Melchior Kraus (um 1800).

Die Anlage des Schlosses Schwarzburg hat ihren Ursprung im frühen Mittelalter, Vorgängerbauten lassen sich bis in das Jahr 1071 zurückverfolgen. In den folgenden Jahrhunderten entstanden weitere Gebäude, und es fanden zahlreiche Umbauten statt. Nach einem Brand im Jahr 1695, welcher mehrere Gebäude des Schloßkomplexes zerstörte, folgte unter anderem die Errichtung des Kaisersaales. Nach einem weiteren Brand 1726 wurde das Schloß neu erbaut. Die heute noch sichtbare Ruine ist nationalsozialistische Hinterlassenschaft: 1940 bis 1942 erfolgte der teilweise Abriß des Schlosses, der geplante Umbau zum „Gästehaus der Reichsregierung" fand nicht mehr statt.

Das Schloß in Schwarzburg ist nur auf den ersten Blick ein Schloß wie viele andere in Thüringen auch. Es wurde umgebaut, erweitert und abgerissen. Es wurde modernisiert, brannte ab, wurde neu errichtet und schließlich im 20. Jahrhundert nach einem abgebrochenen Umbau sehr stark beschädigt hinterlassen. In seiner wechselvollen Geschichte ist es auf unterschiedlichste Weise genutzt worden. Eine nicht allzu außergewöhnliche Geschichte für einen Gebäudekomplex, dessen Ursprünge bis in das frühe Mittelalter zurückreichen.

Ort und Schloß Schwarzburg liegen etwa 15 Kilometer südwestlich von Rudolstadt entfernt im Schwarzatal. Das Schloß erhebt sich, in strategisch günstiger Lage, ca. 80 Meter über dem Schwarzatal auf einem Bergsporn, der auf drei Seiten von der Schwarza umflossen wird.

Die Geschichte der Schwarzburg beginnt im 11. Jahrhundert. Seit 1123 diente die ausgedehnte Burganlage den Grafen von Schwarzburg einige Jahrhunderte lang als Residenz. Erst im Jahr 1571 erfolgte eine Verlegung der Residenz, nachdem sich die Schwarzburger in vier Linien geteilt hatten. Das für die Dynastie bedeutende Schloß fiel an die in Rudolstadt auf der Heidecksburg residierenden Rudolstädter Grafen.

Ansicht von Schloß Schwarzburg.
Sepiazeichnung von Wilhelm Adam Thierry (um 1800).

In den folgenden Jahrhunderten fanden zahlreiche Neu- und Umbauten statt, so daß um 1700 mehrere Gebäudekomplexe den Bergsporn einnahmen: das Hauptgebäude mit der Schloßkirche, Zeughaus und Burgvogtei im Norden und verschiedene Wirtschaftsgebäude. Südlich des Schlosses lag der über einen Gang direkt von diesem aus erreichbare Kaisersaal mit dem Garten, der sich südlich anschloß. Kurz nach der Mitte des 17. Jahrhunderts waren unter Graf Albert Anton aus Furcht vor einer türkischen Invasion die Wehranlagen verstärkt worden.
Die beiden Jahrzehnte um 1700 gehören sicher zu den dynastiegeschichtlich wichtigsten in der Geschichte der Schwarzburger. Die ihnen 1697 verliehene Fürstenwürde wurde von Schwarzburg-Rudolstadt von 1710 an in Anspruch genommen. Die Entwicklung war mit enormer barocker Prachtentfaltung, die sich an französischer Hofkultur orientierte, verbunden. Nicht zuletzt im Hinblick auf die kommende Standeserhöhung wurde 1697 bis 1719 südlich des Schlosses der Kaisersaal errichtet. Bauherren waren Albert Anton, der im Gegensatz zu seinen Vorgängern wieder etwas mehr Interesse an Schloß Schwarzburg hatte, und sein Sohn Ludwig Friedrich I. von Schwarzburg-Rudolstadt. Im Kaisersaal, einem rechteckigen Saal, über dessen Mitte sich ein schachtartiger Aufbau erhebt, wird dem Betrachter der unmittelbare Zusammenhang zwischen dem Haus Schwarzburg und den Kaisern des Römischen und Byzantinischen Reiches sowie des Heiligen Römischen Reiches Deutscher Nation vor Augen geführt. Günther XXI. von Schwarzburg-Blankenburg war nämlich im Jahr 1349, wenn auch nur für einige Monate, deutscher König. Er erscheint auf einem der ursprünglich 48 ganzfigurigen Kaiserportraits, die an den Wänden des Schachtes im Kaisersaal angebracht sind. An der Decke, der Kehlung und zwischen den Oberlichtfenstern des Schachtes befinden sich in Medaillons die Portraitköpfe ost- und weströmischer, byzantinischer und habsburgischer Kaiser. Der Saal ist eine Demonstration absolutistischer Herrschaftsgedanken und -ansprüche. Durch die direkte Abstammung von einem dieser Kaiser bzw. Könige legitimiert sich das Gesamthaus Schwarzburg, zeigt dynastische Kontinuität und befindet sich selbst für überaus würdig, auch gegen den Widerstand der Ernestiner, in den Reichsfürstenstand aufgenommen zu werden. So ist es selbstverständlich, daß der Kaisersaal bei der Schwarzburg, dem Stammsitz der Dynastie, und nicht etwa in der Residenz Rudolstadt errichtet wurde. Neben

dem Bau des Kaisersaales erfolgten weitere Umbauten. Ludwig Friedrich I. ließ die Schloßkirche neu errichten; sie wurde 1713 eingeweiht.

Schwarzburg ist nach dem Mittelalter nicht mehr zur Residenz geworden, aber das Vorhaben bestand durchaus eine Zeit lang. Ludwig Friedrich I. plante seit der Fürstung, in Schwarzburg zu residieren, Hofstaat und Behörden dort zu installieren. Das scheiterte jedoch unter anderem aus finanziellen Gründen.

Am 24. Oktober 1726 brach nachts ein Feuer aus, bei dem das Schloßgebäude und die neue Schloßkapelle bis auf die Grundmauern niederbrannten. Der Kaisersaal blieb unbeschädigt; der Saal im Erdgeschoß diente in der Wiederaufbauzeit unter anderem als Schloßkapelle. Friedrich Anton beauftragte den Architekten und Schloßhauptmann Adolf Andreas Meylandt mit dem Neubau des Schlosses. Die Stukkaturen, die nach Vorlagen Daniel Marots entstanden, fertigte Tobias Müller, der auch in Arnstadt und Sondershausen tätig war. Am 26. August 1738, dem Ge-

Gebäude des Kaisersaals. Fotografie von F. Herzer (1997).

burtstag des Fürsten, wurde die neue Schloßkapelle feierlich eingeweiht. Die Festlichkeiten anläßlich dieser Ereignisse dauerten mehrere Tage. Im Todesjahr Friedrich Antons 1744 waren die meisten Räume bezugsfertig. Kaisersaal und Schloß erschienen nun endgültig in der zeitgenössichen, repräsentativen barocken Pracht, die zur Darstellung und Legitimation eines jeden absolutistischen Herrschers gehörte.

Wie beinahe alle Schwarzburger Regenten hatte auch Ludwig Günther II. von Schwarzburg-Rudolstadt, der jüngere Bruder Friedrich Antons, der sich als apanagierter Prinz die Ludwigsburg in Rudolstadt zum Wohnsitz bauen ließ, eine besondere Vorliebe für Schloß Schwarzburg. Eine andere Leidenschaft des militärisch versierten Fürsten waren Pferde. Er selbst malte 246 Pferdebilder, die einst ein Zimmer in Schwarzburg schmückten und von denen sich die wenigen erhaltenen heute im Schloß Heidecksburg in Rudolstadt befinden.

Blick in den Kaisersaal. Fotografie von F. Herzer (1997).

Das Schloß in Schwarzburg ist seit dem 17. Jahrhundert überwiegend als Jagdschloß oder Sommersitz genutzt worden. Die fürstliche Familie hielt sich folglich nur vorübergehend in Schwarzburg auf, häufig in den Sommermonaten und zu besonderen Anlässen, wie zum Beispiel zur Erbhuldigung am 5. Juni 1711 sowie bei Einweihungen, Hochzeiten und Geburtstagen, nicht zuletzt aber auch bei Beerdigungen. In der Schloßkirche befand sich die Grablege der Rudolstädter Linie.
Ludwig Günthers Sohn Friedrich Karl feierte seine Hochzeit in Schwarzburg und wurde auch dort begraben. Angesichts der nur zeitweiligen Nutzung ist es um so bemerkenswerter, welche Pracht und welchen Aufwand die Innenausstattung des Schlosses aufwies. Es scheint, daß Schloß Schwarzburg gerade zu besonderen Anlässen bevorzugt wurde, weil es einen Rahmen bot, der sowohl ästhetische als auch dynastische Ansprüche befriedigte. Vor allem aber hat das Schloß in Schwarzburg als Stammsitz der Schwarzburger stets eine besondere Bedeutung gehabt.
Als 1940 beschlossen wurde, Schloß Schwarzburg zu einem Gästehaus der Reichsregierung auszubauen, mußte die bis dahin hier Wohnrecht genießende Fürstin-Witwe Anna Luise kurzfristig das Schloß räumen und nach Sonderhausen umziehen. Die Gebäude wurden innerhalb weniger Tage geräumt, der Abriß begann. Bereits zwei Jahre später aber wurde das Projekt aufgegeben und das bis dahin intakte Bauensemble als Ruine hinterlassen. Lediglich der Kaisersaal, der ursprünglich ebenfalls abgerissen werden sollte, blieb unberührt. Die Särge aus der Fürstengruft wurden nach Rudolstadt auf die Heidecksburg transportiert, wo sie sich noch immer befinden. Heute haben sich Verfall und Unkraut der Mauerreste bemächtigt. Ein rostiger Zaun aus Maschendraht schützt vor unerwünschten Eindringlingen.
Am Kaisersaal hat bereits eine Restaurierung stattgefunden. Durch ihn wird der Blick von der Ruine des Schloßgebäudes abgelenkt. Zielstrebig zieht der Besucher an den Mauerresten des Schlosses vorbei zum Kaisersaal. Aber selbst an der zerstörten Fassade des Schlosses ist seine einstige Schönheit bei näherem Betrachten noch zu erkennen. Vor allem die Gestaltung des Hauptportals in seiner nahezu ‚italienischen' Leichtigkeit belegt, daß Schloß Schwarzburg als ein bemerkenswertes Beispiel des barocken Schloßbaus in Thüringen angesehen werden darf.

Die Friedensburg in Leutenberg

Melanie Oelgeschläger

Blick nach Nordwesten in den Hof der Friedensburg. Fotografie von M. Oelgeschläger.

Die Ursprünge der Burg liegen vermutlich vor dem 12. Jahrhundert. Der erste urkundliche Nachweis datiert von 1187. Schwarzburgischer Besitz war die Friedensburg seit 1209. In den folgenden Jahrhunderten wurden die Anlagen erweitert und umgebaut sowie befestigt. Trotz der Umbauten und der Zerstörung durch mehrere Brände lassen sich die unterschiedlichen Bauphasen noch an der Burg, die heute eine Klinik beherbergt, ablesen.

Leutenberg liegt ca. dreißig Kilometer südöstlich von Rudolstadt im Sormitztal. Die Friedensburg selbst befindet sich auf einem bewaldeten Bergkegel etwa hundert Meter östlich über dem Ort.
Die zu Beginn des 13. Jahrhunderts von den Schwarzburgern in Besitz genommene Burg diente von 1362 bis 1564 als Sitz oder Residenz der eigenständigen Linie Schwarzburg-Leutenberg. In dieser Zeit fanden Baumaßnahmen – vornehmlich zur Befestigung der Burg – statt. Der Westflügel ist der älteste Teil der unregelmäßigen, geschlossenen, teils massiv, teils in Fachwerk aufgeführten, dreigeschossigen Anlage. Heute gelangt man durch einen tiefen Torbau südlich des Westflügels, dessen massiven Rundturm man passiert, in den terrassierten Innenhof. Bevor man den Hof betritt, kann man über dem Torbogen das Wappen des per Inschrift ausgewiesenen Grafen Balthasars von Schwarzburg sowie die Jahreszahl 1491 erkennen.

Blick durch den Torbau im Südwesten in den Schloßhof. Fotografie von M. Oelgeschläger.

Am östlichen Ende der Anlage befindet sich der Flügel, in welchem die Kapelle untergebracht war. Der Südflügel mit dem mächtigen Bergfried ist durch einen modernen Bau mit dem Ostflügel verbunden. Wohn- und Festräume befanden sich im Nordflügel. Über mehrere Stufen gelangt man auf die Terrasse im Zwickel von Nord- und Westflügel.
Genutzt wurde die Friedensburg von den Schwarzburgern über die Jahrhunderte auf verschiedene Weise. Als Philipp von Schwarzburg-Leutenberg 1564 im Alter von 24 Jahren starb, erlosch die Leutenberger Linie des Hauses Schwarzburg. Drei Jahre später wurde die Burg teilweise durch einen Brand zerstört. Bei der Erbteilung von 1599 kam Leutenberg an Schwarzburg-Rudolstadt. Im Jahr 1605 wurde sie zum Witwensitz für die Gemahlin Graf Albrechts VII. bestimmt, und als Witwensitz sollte die Friedensburg für die nächsten 100 Jahre dienen. Als Ludwig Günther von Schwarzburg-Rudolstadt 1646 starb, erhielt seine Witwe Aemilie

Südflügel der Friedensburg. Bergfried und Fachwerkturm. Fotografie von M. Oelgeschläger.

Antonie gemeinsam mit ihren Kindern die Burg als Wohnsitz. In dieser Zeit fanden einige Umbauten statt. Die Kapelle wurde renoviert und 1664 geweiht, der Fachwerkturm und das Torwärterhäuschen entstanden, und die Räume wurden neu ausgestattet. Unter anderem wurde auch im Jahre 1667 das heute noch vorhandene sogenannte Apfelzimmer im Südflügel geschaffen, dessen Wandverkleidung aus plastischen Papiermaché-Fliesen mit Blumenornamenten in Thüringen eine Rarität ist. Aemilie Antonie verstarb im Jahr 1670. Drei Jahrzehnte später ließ Graf Albert Anton von Schwarzburg-Rudolstadt, der das Land von 1662 bis 1710 regierte, einige Räume in der Friedensburg stukkieren und vom Rudolstädter Hofmaler Seivert Lammers mit Wandmalereien ausstatten. Diese sind bei einem Brand im Jahre 1934 zerstört worden. Es handelte sich um monochrome Malerei im Davidzimmer in Grün- und Rottönen auf hellem Grund: Dargestellt waren biblische Szenen bzw. eine Schlacht.
In den 30er Jahren des 18. Jahrhunderts lebte noch für einige Jahre der apanagierte Prinz Wilhelm Ludwig auf der Friedensburg. Danach aber wurden viele Ausstattungsgegenstände nach Rudolstadt gebracht, und die Friedensburg stand größtenteils leer. Sie diente später als Notunterkunft, unter anderem nach dem Stadtbrand von 1800. Im 20. Jahrhundert schließlich wurde die Burg als Gaststätte, Sanatorium und Klinik genutzt. Trotz der zahlreichen Umbauten ist die Friedensburg auch heute noch immer einen Besuch wert.

Übersicht zu den schwarzburgischen Ländern

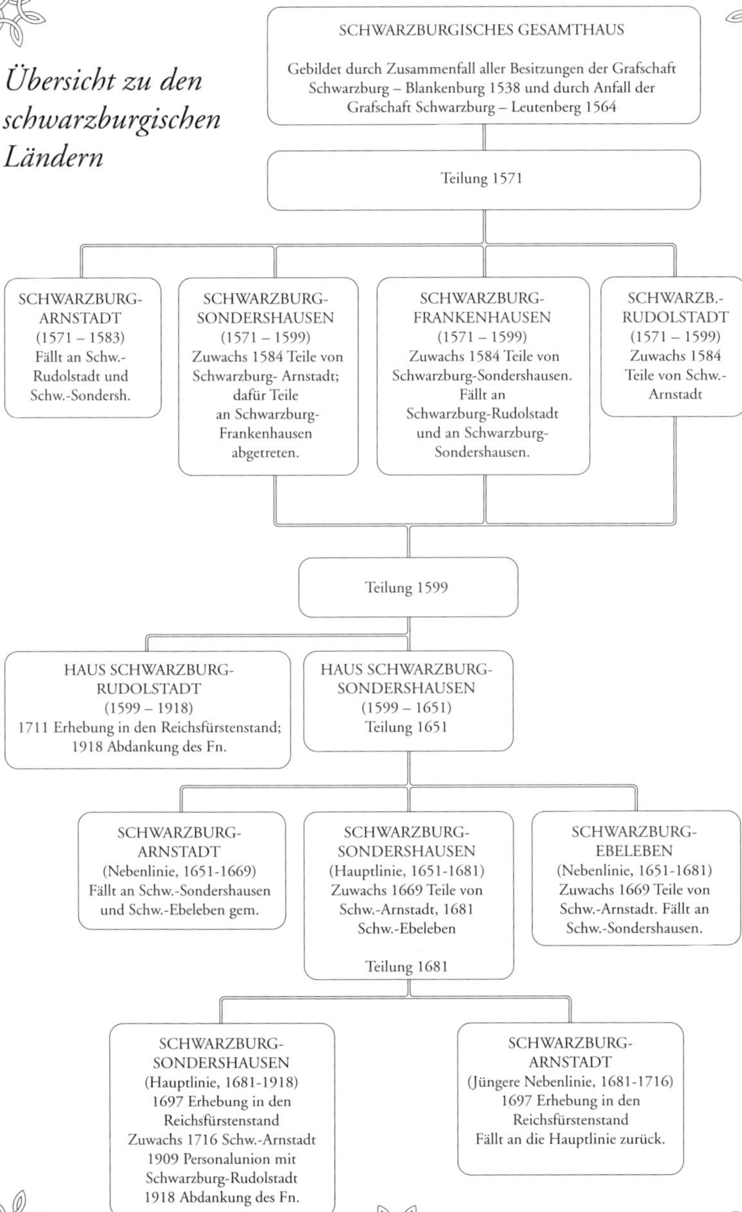

Die Residenz-Schlösser der Reussen

Schloß Osterstein in Gera

Siegfried Mues

Das reußische Residenzschloß vor der Zerstörung im Jahr 1945.

Das Schloß wurde an Stelle einer mittelalterlichen Burg im 16. und 17. Jahrhundert als reußische Residenz errichtet. Im 18. Jahrhundert erfolgten Erweiterungen, parallel dazu die Ausgestaltung des Ahnensaals im Ostflügel und des Marmorsaals im Nordflügel. 1859 bis 1863 fand ein Ausbau zur Residenz des Fürstentums Reuß j. L. statt. 1911 bis 1913 wurde der Westflügel mit Gobelinhalle errichtet. Am 6. April 1945 wurde das Schloß durch Kriegseinwirkungen zerstört. Erhalten sind der Bergfried aus dem 12. Jahrhundert und Wirtschaftsgebäude des unteren Schloßhofes mit Gartensaal und Stukkaturen von 1721.

Ausgrabungen der jüngsten Zeit belegen, daß der Osterstein seit dem 10. Jahrhundert auf einem Bergsporn am Hainberg im Gelände einer jungbronzezeitlichen Anlage erbaut wurde. Gegen Ende des 12. Jahrhunderts errichteten die mit der Verwaltung des Quedlinburger Stiftsgebietes Gera betrauten Vögte von Weida eine neue Burg rechts der Elster, in deren Schutz sich die Stadt Gera entwickelte. Nach der Zerstörung Geras im sächsischen Bruderkrieg 1450 verlegten die Herren von Gera ihren Regierungssitz wieder auf den bis dahin nur mit Burgmannen besetzten Osterstein. Ein Wappenstein von 1470 und ein Türgewände von 1515 bezeugen verstärkte Bautätigkeit in dieser Zeit. Ein im Zusammenhang mit der Verstärkung der Außenbefestigungen angebrachter Stein mit der Inschrift „1.5.26 das. negst jar nachm paurnkrig" weist auf den Schrecken hin, in den die aufrührerischen Bauern den Burgherren versetzt hatten.

Schloß Osterstein. Holzschnitt (1670).

Nach dem Aussterben der Herren von Gera im Jahre 1550 gingen Stadt und Herrschaft Gera 1562 an deren Vettern, die Herren Reuß von Plauen zu Greiz, über. Heinrich XVI.', der Begründer der jüngeren Linie Reuß, übernahm 1564 eine stark vernachlässigte Herrschaft und die ziemlich verfallene Burg. Seinem nachgeborenen Sohn Heinrich Reuß dem Jüngeren, genannt Posthumus, war es dann vorbehalten, Verwaltung, Justiz und Schulwesen neu zu organisieren und dadurch die Wirtschaft des Landes zu fördern und den Ausbau seiner Herrschaft voranzutreiben. Durch Erb-

Heinrich Posthumus Reuß. Ölbild von Johann Dobenecker (1631).

schaft und Kauf konnte er bis 1616 sein Territorium auf den Umfang des späteren Fürstentums Reuß j. L. erweitern. Er gestaltete die 1581 erstmals als Osterstein bezeichnete Burg zur Residenz um, indem er den von seinem Vater begonnenen Nordflügel mit der Schloßkapelle vollendete sowie mit dem Bau des Ostflügels begann.
Heinrich Posthumus war ein lebensfroher Mensch und nahm gern an Festlichkeiten anderer Fürstenhöfe teil. Es wird von ihm berichtet, daß er eine „schöne heroische Statur“ hatte und sich beim Ringstechen und bei Maskenaufzügen hervortat. Am Kaiserhof und besonders am kursächsischen Hof war er ein gern gesehener Gast.
Heinrich Posthumus selbst richtete auch große Hoffeste aus. Anlässe genug boten Geburtstage, Kindtaufen, Hochzeiten oder der Besuch vornehmer Gäste. Er hielt siebzehnmal Kindtaufe und richtete drei Töchtern die Hochzeit aus. Nach der ausgedehnten Tafel wechselten sich mehrere Tage hindurch Ritterspiele, Maskeraden, Tanz und Jagdvergnügen ab. Der dabei entwickelte Durst war beachtlich. Bei der Taufe seiner jüngsten Tochter Ernestine im Jahre 1618 wurden 60 Eimer (etwa 41 Hektoliter) Wein und 125 Eimer (knapp 86 Hektoliter) Bier getrunken. Für die Hoffeste gestaltete man den Schloßhof um: Rennbahn und Schaugerüste für Ritterspiele wurden errichtet und Pechpfannen, Teerkränze und Harzkuchen installiert. Da mit dieser Art der Beleuchtung eine große Feuersgefahr verbunden war, mußten Feuerwächter bestellt, Spritzen und Ledereimer in Bereitschaft gehalten und im Hause in der Nähe von Öfen und Kaminen mit Wasser gefüllte Tonnen und Gefäße aufgestellt werden.
Auch auf dem Geraer Marktplatz fanden mehrfach Turniere mit Ringrennen, Fußturnieren und anderen Ritterspielen statt. Hinzu kamen nächtliche Maskenaufzüge zum Lustgarten, der zwischen der heutigen Sorge und der Clara-Zetkin-Straße lag, und große Schlittenfahrten mit maskierten Teilnehmern.
Da die Betten auf dem Osterstein für die meist mit großem Gefolge anreisenden Gäste oft nicht ausreichten, mußten Herbergen in der Stadt in Anspruch genommen werden. Mit diesen scheint es allerdings nicht immer zum Besten bestellt gewesen zu sein, denn Heinrich Posthumus bittet 1618 verschiedene Adlige, sich ihre eigenen Betten mitzubringen.
Daß in den letzten Jahrzehnten vor dem Ausbruch des Dreißigjährigen Krieges so viel an deutschen Fürstenhöfen gefeiert wurde, hing auch da-

mit zusammen, daß in jenen Zeiten das Leben bedrohter, kürzer und härter war als heute. Heinrich Posthumus erfuhr dies selbst sehr schmerzhaft. Seinen Vater kannte er nicht, weil dieser zwei Monate vor seiner Geburt gestorben war. Seine erste Gemahlin starb 23jährig nach nur zweijähriger Ehe. Von seinen zehn Söhnen und acht Töchtern aus zwei Ehen überlebten ihn vier Söhne und sieben Töchter. Hinzu kam, daß die Pest Ende des 16. und Anfang des 17. Jahrhunderts in Europa grassierte und auch Gera wiederholt heimsuchte, so daß zum Beispiel 1607 die Hofhaltung nach Lobenstein und Saalfeld verlegt werden mußte.

Die verschwenderischen Hoffeste überforderten die finanziellen Kräfte des kleinen Landes. 1602 machten die Landstände dem Landesherren ernsthafte Vorhaltungen, weil die Schulden, die Heinrich Posthumus vom Vater übernommenen hatte, im Verlaufe von fünf Jahren um weitere 20 000 Gulden gestiegen waren. Trotz der ab 1608 ernsthaft eingeleiteten Sparmaßnahmen sah sich Heinrich Posthumus 1615 genötigt, die Herrschaft Oberkranichfeld und Schauenforst an Sachsen-Weimar zu verpfänden.

Den 1585 im reußischen Köstritz unweit von Gera geborenen Heinrich Schütz lernte der musikinteressierte Heinrich Posthumus wohl spätestens 1615 in Dresden kennen. Schütz weilte in den folgenden Jahren wiederholt auf dem Osterstein in Gera. Möglicherweise gelangte durch ihn ein Textdruck der *Dafne*, der ersten deutschen Oper, in die Schloßbibliothek des Ostersteins, wo er bis 1945 aufbewahrt wurde. Schütz hatte die Musik geschaffen, der Text der anläßlich einer Fürstenhochzeit 1627 in Torgau aufgeführten Oper stammte von Martin Opitz. 1636 komponierte Heinrich Schütz anläßlich des Todes von Heinrich Posthumus *Musikalische Exequien.* Sie kamen während der Beisetzung des Grafen in die Gruft seiner Ahnen in der St. Johanniskirche in Gera zur Aufführung.

Die vier überlebenden Söhne Heinrich Posthumus verwalteten das Land zunächst gemeinsam und begnügten sich mit einer Hofhaltung in Gera. Erst 1647, nachdem sie die ererbten Schulden abgezahlt hatten, führten sie die Teilung durch, und es entstanden die Gebiete Gera, Schleiz, Lobenstein und Saalburg. Dies hatte erhebliche Einschränkungen in der Hofhaltung zur Folge, und gemessen am verschwenderischen Treiben der meisten Thüringer Höfe, hielt sich der Aufwand des Gräflich-Reußischen Hofes in Gera nun in bescheidenen Grenzen.

Graf Heinrich XVIII. führte die Bauarbeiten am Osterstein weiter und ließ von 1713 bis 1724 zu Geburtstagen, Erinnerungsfeiern und zu den Landtagen Barockopern aufführen. Er verzichtete dabei auf eine eigene Theatertruppe und bediente sich statt dessen der Schüler des Geraer Gymnasiums, die in den Schulspielen unter ihrem Rektor Georg Ludwig Goldner für theatralische Aufführungen besonders geschult worden waren. In dem 1729 bis 1732 zu einem Ziergarten umgestalteten Küchengarten unterhalb des Ostersteins wurde neben einem massiven Orangerie- und Lusthaus auch ein kleines Heckentheater angelegt, das von wandernden Schauspieltruppen bespielt wurde.
Im Laufe des 18. Jahrhunderts schwand zunehmend die kulturelle Vorherrschaft des Geraer Hofes. Die Pflege der Theater- und Musikkultur verlagerte sich nun zusehends auf das aufstrebende Bürgertum der Stadt. In der zweiten Hälfte des 18. Jahrhunderts entwickelte sich das Konzertleben in Gera zu einer alle thüringischen Städte überragenden Höhe. Graf Heinrich XXX. nahm mit seinem Hofstaat an den Winterkonzerten in Gera in dem 1773 zweigeschossig ausgebauten Rathaussaal teil und erwarb regelmäßig 15 Billets. Auch in dem 1787 vom Hofzimmermeister Johann Gottfried Dicke auf eigene Kosten errichteten und an durchrei-

Der Osterstein im Jahre 1790.

sende Theatertruppen vermieteten dürftigen Theater saß Heinrich XXX. während der Aufführungen mitten unter seinen Untertanen.
Mit dem Tode Heinrichs XXX. im Jahre 1802 erlosch das Haus Reuß-Gera, und die Regenten der Herrschaft Gera nutzten den Osterstein nur noch gelegentlich. Erst mit der Bildung des Fürstentums Reuß j. L. im Jahre 1848 wurden alle Landesteile wieder in einer Hand vereinigt, und der Osterstein erwachte zu neuem Leben. Die Bestimmung Geras zur Haupt- und Residenzstadt erforderte die Umgestaltung des Ostersteins zum repräsentativen Fürstensitz. Anstelle der bereits um 1850 stark einsturzgefährdeten Schloßteile aus dem 15. und 16. Jahrhundert entstand 1859 der Südbau mit den Wohnungen der fürstlichen Familie. 1862 glich man die stadtwärtsgerichtete Fassade des Ostbaus derjenigen des Südbaus architektonisch an.
Im Jahre 1913 fand der Ausbau des Ostersteins seinen Abschluß. Anstelle einfacher Wirtschaftsgebäude errichtete das Dresdner Architektenbüro Lossow & Kühne den Westflügel mit Gobelinhalle, Kaminhalle, Musikzimmer und Bibliothek. Doch bereits fünf Jahre später mußte Fürst Hein-

Der im 18. Jahrhundert entstandene Ahnensaal auf dem Osterstein.

rich XXVII. Reuß j. L. seine Abdankungsurkunde unterschreiben. Der Osterstein blieb Wohnsitz der fürstlichen Familie. Heinrich XLV. Erbprinz Reuß studierte Literatur, Musikwissenschaften und Philosophie und fand als Förderer und Dramaturg des Reußischen Theaters einen neuen Lebensinhalt. Er förderte insbesondere das moderne dramatische Schaffen und hob das Reußische Theater in Gera in den zwanziger Jahren über den Durchschnitt der deutschen Theaterprovinz. Bedeutende Schriftsteller und Künstler wie Carl Zuckmayer und Ernst Barlach waren Gast auf Schloß Osterstein.

Nur noch der „Bergfried" erinnert an das reußische Residenzschloß auf dem Geraer Hainberg. Fotografie von F. Herzer (1997).

Am 6. April 1945 brannte das Schloß nach einem Luftangriff völlig aus. 1962 wurden die letzten Ruinen gesprengt. Heute erinnern an Schloß Osterstein nur noch der Bergfried aus dem 13. Jahrhundert und einige Verwaltungs- und Wirtschaftsgebäude am unteren Schloßhof.

Das Schloß in Schleiz

Anja Löffler

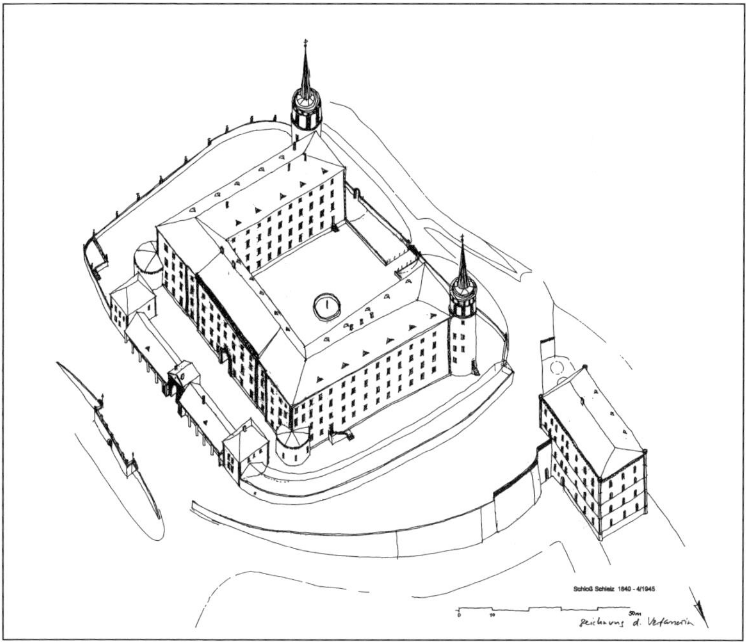

Schloß Schleiz um 1840. Zeichnung der Verfasserin.

Das 1475 aus einer abgebrannten Höhenburg errichtete Schloß wurde 1689 abermals durch Brand zerstört. Der Wiederaufbau als Dreiflügelanlage mit zwei Rundtürmen im nüchternen Barock erfolgte bis 1755. Nach einer Feuersbrunst im Jahre 1837 wurde das Schloß im klassizistischen Stil neu aufgebaut. 1945 fiel es einem Bombenangriff zum Opfer. Bereits weitgehend zerstört, wurde es radikal abgetragen, so daß heute außer den beiden Rundtürmen nur noch geringe Reste der ehemaligen Bausubstanz vorhanden sind.

Die über die Jahrhunderte hin wechselvoll veränderte Silhouette von Schleiz war und ist noch heute von den einander gegenüberstehenden Bauten der Bergkirche und des Schlosses geprägt, die durch die Talmulde der Wisenta getrennt sind.
Die erste urkundliche Erwähnung von Schleiz 1232 als „Slowicz" deutet auf eine sorbische Ansiedlung. Als Stifter der Pfarrkirche wird 1232 Hartmann IV. von Lobdeburg-Saalburg im überlieferten Urkundenschatz genannt, dessen Familienangehörige die Neustadt gegründet haben. Stadt und Burg als wirtschaftliches Verwaltungszentrum der Herrschaft entstanden an wichtigen Handelswegen. Im Jahre 1316 fiel Schleiz an die Vögte von Gera. Einen mittelbaren Beleg für die Anlage der Burg, deren Gründung durch die Lobdeburger sich quellenkundlich nicht belegen läßt, liefert der Nachweis von Burgmannen im Jahre 1303.
Die ummauerte Neustadt und die Burg bildeten eine geschlossene Anlage. Die Stadtmauer, von drei Toren durchbrochen, verlief im Nordwesten entlang dem Mühlgraben, hatte ihre östlichste Ausdehnung an der Louisenburg, einem späteren reußischen Witwensitz, führte rechtwinklig um die Stadtkirche und zog sich nach Südwesten zur Burg zurück. Diese wird 1367 urkundlich erwähnt als „Haus zu Schleiz", 1384 als Schloß. Wie dieses ausgesehen haben mag, darüber lassen sich nur noch Spekulationen anstellen. 1475 wurde die Anlage durch Feuer fast gänzlich zerstört.
Den Neubau muß Heinrich XII. veranlaßt haben, der in der Landesteilung von 1482 die Herrschaft erhielt. Ungeklärt bleibt, was damals gebaut wurde und wie sich die Verhältnisse weiter gestalteten. Licht in das historische Dunkel bringt erst die erneute Teilung von 1501, als der Neubau fertiggestellt sein mußte. Sowohl Heinrich XIV., der Ältere, als auch Heinrich XV., der Jüngere, erhielten je die Hälfte der Herrschaften Schleiz und Lobenstein. Die Stadt Schleiz blieb zusammenhängend, da das landesherrschaftliche Regiment jährlich wechselte. Die 1501 auf dem Burggelände stehende Substanz war jedenfalls die nach dem Brand von 1475 erbaute Burg mit schloßartigem Charakter. Sie bestand vermutlich aus zwei Flügeln, die annähernd parallel zueinander gestanden haben sollen. Den oberen der beiden erhielt Heinrich der Ältere, den niederen Heinrich der Jüngere, der hier seine Hofhaltung aufschlug. Der Flügel Heinrichs des Jüngeren enthielt einen langen Saal und die Schloßkapelle.

Zwischen den Flügeln befanden sich westlich und östlich Torhäuser, die vermutlich in eine Mauer mit Wehrgängen einbanden. Davor lagen ein Graben und eine Mauer, über die Zugbrücken in die Torhäuser führten. Als die Herren von Gera 1550 ausstarben, traten die Burggrafen von Meißen, die ältere Linie der Vögte von Plauen, deren Erbe an. Längere Zeit lebte Heinrich VI. in der Burg. Mit ihm begann der Ausbau der mittelalterlichen Anlage zu einem Schloß. 1560 folgten zunächst langwierige Auseinandersetzungen mit den Reußen, die gleichfalls Anspruch auf das Erbe der Herren von Gera stellten. Doch die Herrschaft Schleiz blieb bei den Burggrafen. Diese errichteten an der hofseitigen Fassade des Südflügels einen steinernen Wendelstein und an der äußeren vermutlich einen Zwerchgiebel. In Schleiz verstarb der Burggraf 1572. Lehnsrechtlich fiel die Herrschaft nun an die Reußen, stand jedoch als Leibgedinge der Witwe des Burggrafen zu. Nach einem Prozeß am kaiserlichen Hofgericht kam es 1589 zum Vergleich über die Abtretung der Herrschaft.
Nach Jahren gemeinsamer Regierung der drei reußischen Linien fiel 1596 Schleiz an Heinrich XVIII. Reuß Mittlere Linie, der selbst im Schloß wohnte und residierte. Sein Tod und das Aussterben dieser Linie hatte eine erneute Landesteilung zur Folge, wobei Schleiz unter den Regierungs- und Verwaltungssitz des Hauses Reuß Jüngere Linie gelangte. Wohnsitz im Schloß nahm 1637 nach seiner Vermählung Heinrich III., ein Sohn von Heinrich Posthumus. Unter Heinrich IX., einem weiteren Sohn von Heinrich Posthumus, wurde die Stadt zum Residenzort des Nebenhauses Reuß-Schleiz erhoben.
Das Antlitz der reußischen Residenz war geprägt vom burggräflichen Ausbau in der zweiten Hälfte des 16. Jahrhunderts. Bis 1666 hatten sich kaum Veränderungen ergeben, da sich in der Erbfolge noch immer keine Kontinuität eingestellt hatte. Ohne Nachkommen verstarb auch Heinrich IX., dessen Residenz sein Neffe, Heinrich I., der eigenen in Saalburg vorzug.
Im Jahre 1670 begann Heinrich I. mit dem Bau einer Kapelle an der Stelle des 1610 abgebrannten Backhauses und errichtete einen neuen Schloßflügel, der den Süd- und Nordflügel zu einer Dreiflügelanlage verband. Zum ersten Mal entstand eine einheitliche Anlage mit dem Anspruch eines wirklichen Residenzschlosses. Daß der dabei entstandene Ehrenhof sich nicht der Erschließungsachse öffnete, kann nur aus einer

bereits vorhandenen Bebauung an der westlichen Seite erklärt werden.
Der erste reußische Schloßumbau währte nicht lange, denn 1689 wütete ein zweiter Brand auf dem Areal. Erhalten blieb nur Weniges. Graf Heinrich I., der mit seinem Wohn- und Regierungssitz nach Köstritz auswich, begann sofort mit dem Aufbau des Schlosses. Man trug den Bergfried ab und beseitigte den Graben an der „Oberen Schütt", die in eine Terrasse verwandelt wurde, von der sich ein imposanter Ausblick auf die Bergkirche – die reußische Grablege – und das Umland bietet.
Als im 17. Jahrhundert die „reussischen Lande" sich beinahe bis zur Selbstpreisgabe teilten, führte Heinrich I. noch kurz vor seinem Tod die Primogenitur-Ordnung ein. Sein Sohn Graf Heinrich XI. setzte den Neubau des Schlosses fort. Unter ihm wurde bis 1708 der dreigeschossige Ostflügel mit einem viergeschossigen Mittelrisalit sowie der dreigeschossige Nordflügel mit dem westlichen Turm vollendet.
Anfang des 18. Jahrhunderts befand sich auf dem Schloßgelände anstelle der abgebrannten Dreiflügelanlage nur eine rechtwinklige zweiflüglige. Statt einen weiteren Flügel konzipieren zu lassen, machte sich der Graf durch das Anlegen der Heinrichstadt in den Jahren 1706/08, dem drittem Stadtteil von Schleiz, verdient. Auch war das Interesse an einer Gartenanlage stärker, die man – aufgeteilt in Herren- und Küchengarten – 1708 südlich des Schlosses anlegte. Da sich hinter dem Schloß das Vorwerk befand, welches eine direkte Anbindung des Gartens an die Rückfront des Schlosses verhinderte, wich man mit der Anlage des Gartens geschickt nach Südosten aus und entwickelte eine Achse, die vom Schloßvorplatz bis zum Lusthaus führte. Graf Heinrich I. Reuß-Schleiz legte ergänzend zu den gärtnerischen Anlagen erste Lusthäuser südlich des Residenzschlosses auf dem „Grauen Berg", dem späteren Park Heinrichsruh, an. Dort veranstaltete man regelmäßig Vogelschießen.
1752 wurde am Schloß der Südflügel nach Baurissen von Gottlieb Riedel fertiggestellt, dessen Erscheinungsbild von einem nüchternen, protestantischen Barock geprägt war. Im Jahre 1777 begann Graf Heinrich XLII. eine ausgedehnte Parkanlage auf dem „Grauen Berg" zu schaffen. Bauliche Veränderungen am Schloßareal erfolgten Ende des 18. Jahrhunderts im barocken Herrengarten, dessen Lusthaus man beseitigte, um dafür 1795 einen eingeschossigen Pavillon im Zopfstil zu errichten. Dieser bildete einen point de vue der Achse nach Süden.

Das Baubegehren hinsichtlich des „Heinrichsruh“ genannten „Grauen Berges“ lebte Anfang des 19. Jahrhunderts erneut auf und das 1805 fertiggestellte Gotische Haus im östlichen Parkgelände leitete eine neogotisch orientierte Bauwelle im Hause Reuß ein.
Nach einem verheerenden Brand im Jahre 1837 begann auf den vormaligen Grundmauern der Neuaufbau des Schlosses im klassizistischen Stil, in den man vermutlich die gesamte noch vorhandene Substanz – das Erdgeschoß und die Stümpfe sämtlicher Rundtürme an den äußeren Flügelecken – einbezog.
1839 kehrte Fürst Heinrich LXII. aus dem Ausweichquartier, dem Kammergut Oettersdorf, in das Schloß zurück. Die Errichtung der Türme nach den Plänen des Gothaer Hofbaumeisters Gustav von Eberhard begann. Am Erscheinungsbild und der Struktur des Ensembles sollte sich künftig nichts mehr ändern. Die Flügel wurden viergeschossig ausgebildet, wodurch die Dreiflügelanlage ein gleichmäßig spartanisches Äußeres erhielt und unter einem gemeinsamen Dach zusammengefaßt wurde. Den Kastellcharakter der Anlage gab man auch bei diesem Wiederaufbau nicht auf; die vier Rundtürme blieben die bedeutendsten Gestaltungselemente des Schlosses.
Der innere Aufbau erfolgte nach funktionellen Gesichtspunkten. Über eine hofseitige Galerie erschloß man sämtliche Räume. In den Seitenflügel wurden zweiläufige Treppenhäuser symmetrisch angeordnet. Über dem Erdgeschoß, das profanen Zwecken diente, lag die Beletage, die im Nordflügel die zweigeschossige Kapelle und im Südflügel das Hausarchiv einschloß. Im zweiten Obergeschoß befanden sich der zweigeschossige „Weiße Saal“, ein repräsentativer Festsaal, im Südflügel und im Nordflügel die Empore der Schloßkapelle.
Unterhalb des Schlosses ließ Fürst Heinrich LXII. 1842 eine neues Wittumshaus für seine Mutter errichten, das später als Kammergebäude und Finanzamt genutzt wurde. Auf dem Gelände des ehemaligen Vorwerks entstand als verbindendes Element zwischen Schloß und barocken Garten ein englischer Park.
In die Bebauung der nordöstliche Flanke zum Schloß ordneten sich der gegenüberliegende Marstall sowie das Reithaus unterhalb der Parkallee und das Amtshaus ein. Mit dem dreiflügligen Marstall nahm man die Grundrißkonfiguration des Schlosses auf. Durch die abschließenden zwei-

Die beiden erhaltenen Schloßtürme. Fotografien von F. Herzer (1997).

geschossigen pavillonartigen Kopfbauten wurde zumindest eine schloßähnliche Wirkung erzeugt. Das nach dem Brand von 1837 ebenfalls wiederaufgebaute Reithaus überließ das Haus Reuß-Schleiz wenig später einer Schauspielertruppe. Als am 5. Juli 1842 kurz nach Spielbeginn der komischen Oper *Zar und Zimmermann* die gipsbeworfene Bretterdecke des Theatersaales einstürzte, in dem sich etwa 800 Zuschauer, unter ihnen auch die fürstliche Familie, befanden, waren sechsundzwanzig Todesopfer und eine Vielzahl von Verletzten zu beklagen. 1920 erwarb der Schleizer Turnverein das Gebäude.

Das Schloß – für reußische Verhältnisse eine große Residenz – verlor nach 1848 mit der Abdankung von Heinrich LXXII. von Reuß-Lobenstein-Ebersdorf zugunsten des Hauses Reuß-Schleiz an Bedeutung. Acht Jahre nach dem Wiederaufbau mußte man sich im Zuge der Vereinigung zum Gesamthaus Reuß Jüngere Linie zwischen der Residenz in Gera und der in Schleiz entscheiden. Vorerst blieb das Schloß in Schleiz Sommersitz, erlag aber alsbald der Konkurrenz des Schlosses in Ebersdorf.

Im Ausgleich zwischen der Jüngeren Linie Reuß und dem Volksstaat Reuß trat Heinrich XXVII. Reuß Jüngere Linie im Jahre 1919 das Kammergut Schleiz mit Oberböhmsdorf und das vormalige Residenzschloß ab. Das Schloß wurde 1920 Sitz des Kreisamtes. Die Familie Reuß behielt bis 1930 einige Zimmer im Südflügel zur persönlichen Verfügung. Dort verblieben auch das Hausarchiv, die Bibliothek und das Rentamt. Radikale Eingriffe, wie der Einbau von Wohnungen in die Schloßkapelle, konnten verhindert werden. Im „Weißen Saal“ gründete man 1925 das „Heimatmuseum für das reußische Oberland“, in dem sich u. a. eine lebensgroße Statue von Heinrich Posthumus befand.

Am 8. April 1945 wurde das Schloß bei einem angloamerikanischen Bombenangriff zerstört wie zwei Tage zuvor schon Schloß Osterstein. Lediglich die Außenmauern der Schloßtürme und wenige Teile der Dreiflügelanlage blieben erhalten. Letztere wurden nach 1945 abgetragen. Die Silhouette der Stadt ist durch die Zerstörung des Schlosses stark beeinträchtigt worden. Nur die beiden Spitzkegelhelme wurden 1994 rekonstruiert.

Das Schloß in Lobenstein

Hagen Enke

Die Hauptfront des Schlosses. Fotografie von F. Herzer (1997).

Das Schloß wurde in barockem Stil in den Jahren 1714 bis 1718 erbaut. In der Mitte des 18. Jahrhunderts erfolgte eine teilweise Rekonstruktion und die Erweiterung um einen Park mit Pavillon. Aufwendige Umgestaltungen im Inneren fallen in die Zeit nach 1790.

Von der uralten großen Burg steht besonders noch ein hoher Wartthurm, und unterhalb desselben ist die Stätte des 1714 abgebrannten Schlosses; das heutige schöne Schloss aber, nebst Officien und großem Garten, ist am Ostrande des Ortes." Dieses Bild bot sich im Jahre 1840 dem Reisenden Albert Schiffner. Und noch heute prägt der Alte Turm als Wahrzeichen der Stadt das Bild Lobensteins. Doch welcher Zeitgenosse bemerkt die unauffällige Präsenz des Schlosses, wer weiß um einstige Residenzherrlichkeit?

Dabei residierte ein Zweig des fürstlichen Hauses Reuß annähernd 180 Jahre, von 1647 bis 1824, im oberländischen Bergstädtchen. Schon im späten Mittelalter erstritten sich die Vögte von Gera, Vorfahren der Herren Reußen, die kleine Stadt. Als in der Teilung von 1564 drei reußische Linien entstanden, fiel Lobenstein nach etlichen Querelen an die jüngere Linie, deren Mitglieder in Gera residierten. Als erster seines Hauses hielt sich der regierende Herr Heinrich Posthumus zeitweise in Lobenstein auf und betrieb dort ab 1601 den Bau eines Schlosses. Zu einer selbständigen Residenz avancierte die Stadt aber erst, als die Söhne des Posthumus im Jahre 1647 zur Teilung schritten. Hierbei entstand, neben den Häusern Gera, Schleiz und Saalburg, auch das Haus Reuß-Lobenstein, welches sich 1678 noch einmal in die Zweige Lobenstein, Hirschberg und Ebersdorf aufspaltete. Trotz geringer territorialer Zuwächse blieb Reuß-Loben-

Das Schloß im 19. Jahrhundert, Stich.

stein in seiner Ausdehnung recht beschränkt. Gegen Ende des 18. Jahrhunderts umfaßte die Herrschaft außer der Stadt gerade 21 Dörfer mit sechs Rittergütern und drei einzelne Rittersitze.
Gerade die geringe Größe des Landes aber ließ der Residenzstadt und seinem herrschaftlichen Schloß eine zentrale Bedeutung zuwachsen. Zwar kam dem Hof nie die Funktion des Hauptarbeitgebers zu, weil die einheimische Bevölkerung der traditionellen Tuchindustrie zu stark verhaftet war. Dennoch konnte Lobenstein als funktionierender Residenzstadtorganismus eine bescheidene Blüte erleben.
Heinrich X., der Stammvater des Lobensteiner Zweiges, nahm zu Beginn seiner Regierung das noch von Posthumus herrührende Renaissanceschloß in Besitz. Dieses unterhalb der alten Burg gelegene Neue Schloß bestand aus zwei rechtwinklig zueinander geordneten Trakten. Zwei hohe Treppentürme mit Kuppelaufsätzen schlossen seitlich das Gebäude ab. Im Inneren des später um eine Schloßkapelle und mehrere Nebenbauten erweiterten Schlosses hat man sich prächtige Balkenholzdecken und holzgetäfelte, dunkle Zimmer vorzustellen. Der gesamte Komplex fiel im Februar des Jahres 1714 den Flammen eines Stadtbrandes zum Opfer, verbliebene Gebäudereste wurden artfremder Nutzung zugeführt.
So sah sich Heinrich XV. gezwungen, noch im selben Jahr den Grundstein für eine neue Residenz zu legen. Da der Bau jedoch erst 1718 fertiggestellt werden konnte, mußte sich der Hof einstweilen mit dem Witwensitz der Mutter des regierenden Grafen, dem sogenannten Christianenzell, begnügen. Hierbei handelte es sich um einen schmucklosen, eingeschossigen Bau am nordwestlichen Stadtrand Lobensteins, der mit dem einstigen Renaissanceschloß mittels Sichtachse verbunden war. Das Neue Fürstliche Schloß ließ der Bauherr an der Ostseite der Stadt außerhalb der Stadtmauer errichten. In der Wahl eines Standortes, welcher weitläufigeres Bauen in der Nachfolge französischer und deutscher Vorbilder ermöglichte, deutet sich ein gewandeltes Herrschaftsverständnis an. Immerhin war die gesamte Linie 1673 in den Reichsgrafenstand erhoben worden, ein Akt, der die jahrhundertelangen Anfechtungen der Titulaturen „Vogt" bzw. „Herr" seitens reichsfürstlicher Häuser jeder Grundlage enthob. Der dreiflügelige Schloßneubau zeigt sich von außen eher schlicht und schmucklos. Nord- und Südflügel des anspruchslos verputzten Fachwerkbaus, beide sechsachsig und zweigeschossig auf U-förmigem Grundriß

errichtet, beherbergten die Gemächer von Graf und Gräfin. Die als Wendeschleife für Kutschen gedachte doppelte Tordurchfahrt des sechsachsigen Mittelflügels stellt wohl das bemerkenswerteste funktionale Detail dar. Insgesamt spiegelte die neue, wenig repräsentative Residenz die minimalen finanziellen Möglichkeiten der Lobensteiner Dynastie wider, andererseits offenbart sie den Realitätssinn des seine Möglichkeiten niemals überschätzenden Herrschergeschlechts.
Bereits in der Mitte des 18. Jahrhunderts wurden am Südflügel aufwendige Rekonstruktionsarbeiten notwendig, da sich der Flügel wegen einer Baugrundsenkung und allgemeiner Flüchtigkeit der Fachwerkausführung in Richtung Schloßmitte zu neigen begann. Der zu jener Zeit regierende Heinrich II. beließ es jedoch nicht bei den Ausbesserungsarbeiten. Ihm ist die Anlage des barocken Parks zu danken, den man von den Fenstern an der Nordseite des Schlosses aus erblicken konnte. Dieser sogenannte Herrengarten wandelte sich im Laufe von hundert Jahren zu einem Landschaftspark englischer Prägung. Diese Metamorphose dürfte durch den in östlicher Nachbarschaft zum Herrengarten liegenden Schloßteich erleichtert worden sein. Die um 1780 angelegte künstliche Insel samt Brücke imitierte bereits das Wörlitzer Vorbild. Auch der um 1850 auffallend dichte Baumbestand verstärkte den Eindruck eines englischen Landschaftsgartens. Dennoch blieb im 19. Jahrhundert das alte Achsensystem der barocken Parkgliederung erhalten. Nur in jenen Teilen im Nordosten des Parks, wo die Wegachsen sich nicht schnitten, kam das Neue zum Tragen. Der in den Jahren 1746-1748 errichtete fürstliche Gartensalon krönte die ehemals französische Schloßparkgestaltung. Auf quadratischem Grundriß erhebt sich in Sichtweite des Schlosses die zweigeschossige, dreiachsige Pavillonarchitektur. Der durch ausgewogene Längen- und Höhendimensionen sehr harmonisch wirkende Bau bildete Flucht- und Sichtpunkt innerhalb der Parkanlage. Samuel Rühling, ein Stukkateur aus Königshofen, zeichnete für den Interieur-Stuck des spätbarocken Gartensalons und Lusthäuschens verantwortlich. Des weiteren soll sich am Nordostende des Parks ein kleiner Pavillon befunden haben. Nur eine Stadtansicht vom Ende des 18. Jahrhunderts stützt diese Vermutung. Darauf ist ein auf niedrigem Sockel errichteter, eingeschossiger Bau zu erkennen. Eine Treppe führt, vom fürstlichen Gartensalon aus sichtbar, zur Tür des Bauwerks. Die weltferne Lage des kleinen Pavillons

innerhalb des Herrengartens läßt hinsichtlich seiner Funktion auf eine Eremitage schließen. Vervollständigt wurde das eindrucksvolle Ensemble von Schloß, Park, Pavillon und Eremitage später durch die Errichtung des fürstlichen Wachgebäudes. Am Schloßplatz, gegenüber der Residenz gelegen, strahlt der kleine klassizistische Bau noch heute Ruhe und Klarheit aus.

Die einschneidenden Veränderungen gegen Ende des 18. Jahrhunderts betrafen nur das Innere des Schlosses. Die Gründe für die erneuten Baumaßnahmen sind im politischen und standesrechtlichen Bereich anzusiedeln. Im Jahr 1790 erreichte Heinrich XXXV. vom Kaiser die Zuerkennung der Reichsfürstenwürde, immerhin einige Jahre vor Erlangung derselben durch die anderen Zweige der jüngeren reußischen Linie. Freilich blieb die Standeserhöhung angesichts des sich bereits in Agonie befindlichen Heiligen Römischen Reiches Deutscher Nation Makulatur. Trotzdem vermochten Heinrich XXXV. und sein Nachfolger Heinrich LIV., der bis 1824 regierte, nicht zuletzt aufgrund ihres neuen Titels die Selbständigkeit ihres Ländchens auch nach dem Wiener Kongreß zu sichern. Als kleiner Reichsfürst konnte Heinrich LIV. selbstbewußt in den Wirren

Das Gebäude der Wache gegenüber dem Schloß. Fotografie von F. Herzer (1997).

napoleonischer Kriege agieren und 1808 samt seinen regierenden Vettern mit erheblichem Aufwand sechsspännig zum Erfurter Kongreß anreisen. Das neue Selbstbewußtsein der Lobensteiner Reußen führte deshalb auch zu interieurverändernden Bauarbeiten in der Residenz. Hier waren es uns heute unbekannte Künstler, welche die Räume des Schlosses mit Stukkaturen im Stile Ludwigs XVI. versahen. Die zwischen Rokoko und Klassizismus einzuordnenden Dekorationen an den Decken des Lobensteiner Schlosses gelten als die schönsten dieser Zeit in Thüringen. Nachdem die Raumdecken vom Barockzierrat befreit worden waren, wurden um die Mittelrosette Profilrahmen in mehreren konzentrischen Kreisen gelegt, zwischen denen feingliedrige Girlanden schwingen und Ranken entlanglaufen.

Die Lobensteiner Residenz ist trotz ihrer geringen Größe der Kulturmittelpunkt des Landes gewesen und wirkte befruchtend auf ihre Umgebung. Gerade die finanzielle Notlage der regierenden Reußen verhalf ihnen zu Bildung und Weltkenntnis, da sie gezwungen waren, fremde Dienste zu nehmen. Private Reisen führten überdies Heinrich II. nach Rußland, Polen und England; Heinrich XXXV. besuchte Frankreich am Vorabend der Revolution. Die so gewonnenen Eindrücke und geistigen Anregungen wurden in der Förderung von Künsten und Wissenschaften in Lobenstein fruchtbar. Literarische Interessen darf man bei Heinrich III. vermuten, der ab 1674 als der „Spitzige" der Fruchtbringenden Gesellschaft angehörte. Die Förderung des Lobensteiner Schulwesens lag besonders Heinrich XV. am Herzen. Eine Genealogie unter dem Titel „Stella Bilingo-Ruthenieum" verfaßte Heinrich II., wobei er die Abstammung des reußischen Geschlechts von den Billungern zu beweisen suchte. Seinem Vorbild und wohl auch seinen persönlichen Anregungen verdankte Heinrich XXVI. Reuß-Ebersdorf, später bekannt als „Vater der reußischen Geschichtsschreibung", die Motivation für seine eigenen, bahnbrechenden historischen Forschungen. Der Unterstützung Heinrichs XXXV. ist es zu danken, daß von 1783 bis 1805 das „Lobensteinische Gemeinnützige Intelligenzblatt" erscheinen konnte.

Darüber hinaus banden die Regenten auch bedeutende Persönlichkeiten des geistigen Lebens an ihren Hof. Zum einen wirkte der renommierte Karthograph und Geograph Christian Gottlieb Reichard seit 1782 als Stadtschreiber in Lobenstein, bereits seit 1721 findet man dort den ange-

sehenen Musiktheoretiker und Komponisten Georg Andreas Sorge, der als Hof- und Stadtorganist sowie vierter Lehrer angestellt war.
Vom einstigen bescheidenen Glanz der Residenz kündet heute nur noch das in einem schlechten baulichen Zustand befindliche Schloß. Eine artfremde Nutzung nach 1843 (Kindergarten, Gaststätte und Sparkasse) führte zum raschen Verfall des Gebäudes. Aber der Pavillon und die Reste des in seiner Einheit zerstörten Parkes lassen noch immer das harmonische Gefüge des ursprünglichen Ensembles ahnen.

Blick in den Schloßpark. Fotografie von F. Herzer (1997).

Das Schloß in Hirschberg

Anja Löffler

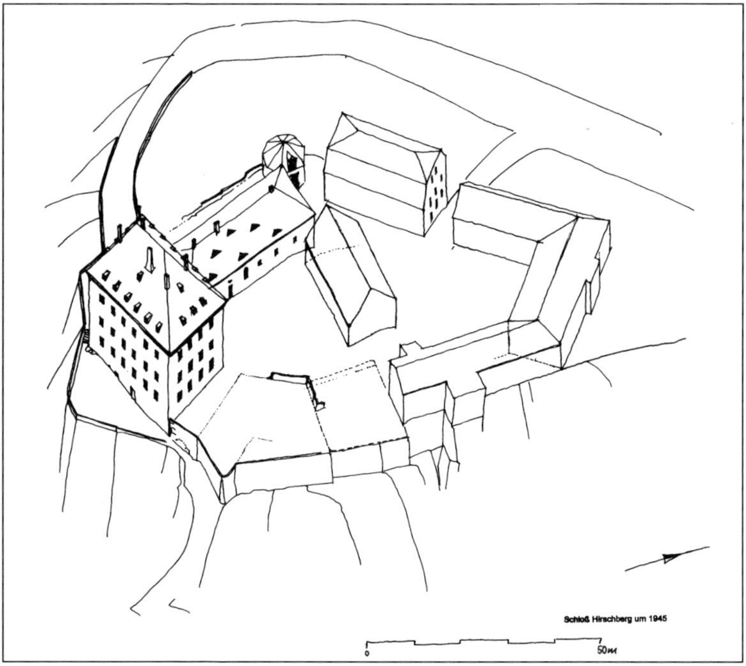

Das Schloß um 1945. Zeichnung der Verfasserin.

Das ab 1682 als schlichter schmuckloser Kasten auf dem ehemaligen Burgareal erbaute Schloß diente bis 1711 als Residenz einer reußischen Linie. Nach deren Erlöschen erfuhr es zunächst keine eindrucksvollen baulichen Veränderungen, bis es 1825 unter Heinrich LXXII. weiter ausgebaut wurde. Einzelne Teile wurden 1873 abgerissen. Die erhaltenen Bauten dienen heute Wohnzwecken. Sie haben sich die landschaftliche Dominanz auf dem Schieferfelsen gegenüber der terrassenförmig ansteigenden Stadtanlage bewahrt.

Faßbare Geschichte beginnt in Hirschberg mit einer Burg in Spornlage als einem möglichen Bollwerk an der Grenze zum ehemaligen slawischen Siedlungsgebiet. Die Burg, über der Saaleschleife errichtet, war die erste der thüringischen Festen an diesem Flusse, östlich benachbart den Burgen Sparnberg (heute ruinös) und Blankenberg (1946 gesprengt), die vermutlich mit der Hirschberger Anlage in einem Gründungszusammenhang standen.
Es bleibt offen, ob die Burg in der zweiten Hälfte des 12. Jahrhunderts oder erst Anfang des 13. Jahrhunderts angelegt wurde. Auch läßt sich nicht zweifelsfrei klären, ob zeitlich vor ihrer Errichtung an dem topographisch günstig gelegenen Flußübergang, aber abseits der Handelsstraße Hof-Gera-Leipzig, eine Siedlung existierte.
Als erster Burgherr des Reichsgutes Hirschberg wird 1223 Rudegerus de Hirsberg genannt. Nicht viel später erhielten die Vögte von Weida Hirschberg als Reichslehen, das 1296 an die Vögte von Plauen überging. Heinrich IV., Vogt von Plauen, überließ Hirschberg 1357 den thüringischen Landgrafen. 1359 ging es an die böhmische Krone über. 1549 übertrug es Ferdinand von Böhmen seinem Oberstkanzler, dem Burggrafen Heinrich IV. aus der älteren Linie der Vögte von Plauen. Nach dem Tode des letzten Burggrafen traten die Reußen, die jüngere Linie der Vögte von Plauen, 1572 in Hirschberg in Erscheinung. 1664 kaufte Heinrich X. von Reuß-Lobenstein die Herrschaft Hirschberg.
In burggräflicher Zeit hatten nur sporadische Instandhaltungsmaßnahmen stattgefunden. Als ein fortifikatorischer Standort diente die Burg funktionell im 17. Jahrhundert nicht mehr; ihr Äußeres als befestigter Wohnsitz war jedoch erhalten geblieben. Mit der Beseitigung der Wall- und Grabenanlage war ansatzweise die Umwandlung der Burg in ein Schloß eingeleitet worden.
Im Jahre 1678 erfolgte im gräflichen Haus Reuß-Lobenstein eine Landesteilung unter den Söhnen Heinrichs X. Hirschberg wurde neben Ebersdorf zur Residenz erhoben. Graf Heinrich VIII. sah sich veranlaßt, einen Wohn- und Regierungssitz zu suchen und fand ihn in der Burg Hirschberg. Die landschaftliche und städtebauliche Dominanz über der terrassenförmig ansteigenden urbanen Ansiedlung bot beste Voraussetzungen für den Ausbau zu einem Residenzschloß, das von 1682 bis 1684 entstand.

Aus den mächtigen Mauern, den Tonnengewölben und der zurückspringenden Bauflucht des Schlosses zur Ringmauer läßt sich heute kein Vorgängerbau mehr erkennen, so daß sicher ein einheitlicher Schloßbau „aus einem Guß“ entstand: ein dreigeschossiger 6 x 4achsiger Baukörper

Schloßeingang. Fotografie von F. Herzer (1997).

in einfacher Erscheinung, auf dem Schieferfelsen thronend, als sinnfälliger Ausdruck reußischer Bescheidenheit. Die nüchternen Fassaden, deren Fenster mit geohrten Gewänden geschmückt sind, wurden nur durch das Eingangsportal baukünstlerisch akzentuiert, das zwei Achsen einnahm und von einem gesprengten Segmentgiebel (nach Veränderung heute Dreiecksgiebel) bekrönt wurde. In der Eingangsachse führt eine großzügige, halbgewendelte Treppe in die Beletage. Im westlichen Teil befand sich der Festsaal, ihm gegenüber lagen das Bilderzimmer, das Speisezimmer und das Grüne Zimmer. Das zweite Obergeschoß nutzten der Graf und seine Gemahlin als Privatgemächer.

Das Schloß war nur 22 Jahre lang reußische Residenz. 1711 erlosch mit dem Ableben von Graf Heinrich VIII. das Haus Reuß-Hirschberg. Die Herrschaft wurde geteilt. Hirschberg selbst fiel an Reuß-Ebersdorf.

Genutzt wurde das Hirschberger Schloß erst wieder im Jahre 1737, als sich der zwölfjährige Graf Heinrich XXVI. Reuß-Ebersdorf ein Jahr lang im Schloß aufhielt. Ein sich unmittelbar an das Schloß anschließender Naturpark „Hag" läßt sich anhand der überlieferten Nachrichten von Spaziergängen des Grafen quellenkundlich nachweisen. Verglichen mit den reußischen Parkanlagen in Ebersdorf, Lobenstein und Schleiz, besticht der Naturpark um Hirschberg durch seine ausgezeichnete topographische Lage im Landschaftsraum. Als markante natürliche Formation zieht sich der „Hag" von dem steilen Felsen des Lohberges über die Schloßterrasse an den Hängen der Saale hin und unterscheidet sich charakteristisch von den zumeist in der Ebene angelegten Renaissancegärten, den barokken Gärten, auch den englischen Landschaftsgärten. Erhebliche künstliche Eingriffe sind unterblieben, weil der erforderliche Aufwand enorm gewesen wäre.

Ende des 18. Jahrhunderts erscheint auf bildlichen Darstellungen des Schlosses ein „Schloßturm", der an der nördlichen Ecke des östlichen Gebäudekomplexes stand. Gründe für die Errichtung dieses Turmes lassen sich nicht genau angeben. Eine Kapelle befand sich nicht auf dem Areal. Möglicherweise war der Turm als stützendes Glied gedacht, der die maroden Gebäude vor dem Absturz bewahren und zugleich als Symbol der Herrschaft fungieren sollte.

In der erste Hälfte des 19. Jahrhunderts kehrte letztmalig landesherrschaftliches Leben auf das weitgehend verpachtete Schloß zurück. Fürst

Heinrich LXXII. Reuß-Ebersdorf erkor sich das in den Waldungen schön gelegene und sich zugleich über sie erhebende Schloß als Sommerresidenz. Er ließ den einstigen Festsaal zum „Löwensaal" ausbauen und stattete die vormalige Residenz im Inneren neu aus. Landschaftliche Eingrif-

Reste der alten Burganlage. Fotografie von F. Herzer (1997).

fe erfolgten mit der Anlegung einer Allee vom Schloß nach Juchhöh, der Einfriedung der Auffahrt sowie durch den Ausbau des Naturparkes mit Wegen. Fürst Heinrichs LXXII. Interesse am Schloß versiegte jedoch bereits nach dem Ausbau desselben, wahrscheinlich weil die finanzielle Unterhaltung nicht mehr möglich war. 1873 wurden das baufällige Amtsgebäude und vermutlich auch der „Schloßturm“ abgerissen.

In dem 1919 ausgehandelten Vergleich mit dem Volksstaat Reuß trat das Haus Reuß Jüngere Linie das fürstliche Kammergut samt dem Wohnschloß, den Waldungen um Hirschberg und den Naturpark „Hag“ ab. Die verbliebenen Baulichkeiten dienten fortan als Wohnraum.

Das Schloß in Ebersdorf

Ulman Weiß

Die Gartenfront des Schlosses. Fotografie von F. Herzer (1997).

Von 1692 bis 1694 entstand das Schloß aus einem umgebauten Gutshaus. Zwischen 1709 und 1711 wurden Seitenflügel angebaut und ein barocker Garten angelegt. Unter Leitung von Christian Friedrich Schuricht erfolgte von 1788 bis 1791 der Umbau im klassizistischen Stil.

Ebersdorf ist jahrhundertelang nicht mehr als ein Gut mit zwölf kleinen Gehöften inmitten weiter Wälder. Das ändert sich seit dem Jahre 1678, dem Jahr der Teilung im reußischen Hause Lobenstein: Ebersdorf wird die Residenz eines Ländchens mit wenigen Dörfern. Graf Heinrich X. kommt in den Ort, und mit ihm kommen die Beamten und die Bediensteten. Ämter etablieren sich. Es wird geplant und gebaut. Vorerst begnügt sich die Hofhaltung mit den Gutsgebäuden, die den neuen Zwekken entsprechend wohl nur wenig angepaßt werden. Aber die Linie Reuß-Ebersdorf soll Dauer bekommen. Der Graf will heiraten und Kinder haben. Ein Schloßbau ist unerläßlich.

Mit ihm beginnt man im Frühjahr 1692, nachdem ein Baumeister aus Mühltroff seine Pläne vorgelegt hat: einen großen und einen kleinen. Der Graf, genau kalkulierend, entscheidet sich für den kleinen. So wird fürs erste nur ein mehrgeschossiges, schiefergedecktes Gebäude errichtet, in das man vom Hof über eine doppelläufige Treppe gelangt. Zwanzig Jahre später baut man noch zwei Seitenflügel an und schließt den Hof mit einer Mauer. Ende des Jahrhunderts diktiert der Zeitgeschmack einen Umbau im Stil des Klassizismus. Jetzt erhält das Schloß die Gestalt, in der es heute noch steht. Auch der barocke Garten bekommt nun die freien Formen eines Landschaftsparks mit einer Orangerie. Der Ort selbst ist im Laufe der Zeit merklich gewachsen. Er zählt fast tausend Einwohner, er hat das Marktrecht, drei Gasthöfe, zwei Mühlen und eine Druckerei und selbstverständlich eine Garnison, wenngleich nur in Kompaniegröße und nur zeitweilig: Es ist die Kleinheit, die schon mancher Zeitgenosse als bizarr empfindet. Im übrigen ist es im Jahre 1848 mit der Residenzherrlichkeit vorbei. Heinrich LXXII. dankt ab. Gleichwohl lebt hier auch späterhin die fürstliche Familie. Sommer für Sommer findet sie sich ein und bleibt bis weit in den Herbst. Gäste kommen, man geht auf die Jagd und pflegt die Konversation. Die Wirren des Zweiten Weltkriegs setzen dem ein Ende. Der Erbprinz wird verschleppt, Schloß und Park werden enteignet.

Zu diesem Zeitpunkt ist, was Ebersdorf zu einem Begriff hat werden lassen, bereits etwas durch und durch Historisches. Das weiß man auch im Hause Reuß. So sehr fürstliches comme il faut bis zuletzt bewahrt wird, es kann doch nicht verdecken, daß ein großes, geistig-geistlich geprägtes Leben nur zwei, drei Generationen lang in der Frühzeit der Residenz geherrscht hat.

Das beginnt mit Heinrich X. und seiner Frau Erdmuthe Benigna. Beide sind religiös gerichtete Menschen, Erdmuthe mehr noch als ihr Mann. Sie stammt aus dem wetterauischen Hause Solms-Laubach, in dem der Geist Philipp Jakob Speners lebendig ist. In diesem altpietistischen Geist erzieht sie ihre acht Kinder, die sieben Prinzessinnen und den Prinzen Heinrich. Allesamt sind sie dem Kindesalter noch nicht entwachsen, als im Jahre 1711 der Vater stirbt. Vormund wird Heinrich XXIV. von Reuß-Köstritz. Der Graf, selbst Vater von zwölf Kindern, ist ein erfahrener Erzieher, überdies ein praktisch bestimmter Propagator des Pietismus, der mit August Hermann Francke in Halle freundschaftlich verbunden ist. Dieser Mann, kaum daß er die Vormundschaft angetreten hat, weist Erdmuthe Dorothea auf Franckes Pädagogium hin; zudem bestellt er ausgesprochene Anhänger Franckes als Hofmeister und als Informator des jungen Prinzen. So bleibt es nicht aus, daß man das Pädagogium selbst besucht und daß man beschließt, den Prinzen hier erziehen zu lassen. Als er im Jahre 1716 herkommt, verabschiedet sich, nicht ohne einigen Eklat, Graf Nikolaus Ludwig von Zinzendorf. Jahre später, auf der Kavalierstour in Holland und Frankreich, sehen sich die beiden Grafen wieder, und jetzt befreunden sie sich. Es ist ein gewisser geistlicher Gleichklang, der den einen zum andern hinzieht. Heinrich, für vertiefte Frömmigkeit

Schloß und Park Ebersdorf. Stahlstich von Ludwig Rohbock (nach 1848).

sehr empfänglich, tritt in Amsterdam der „Gesellschaft der Bekenner Christi" bei und verpflichtet sich zu den Grundsätzen konsequenter Christlichkeit. Zinzendorf ist beeindruckt. Getrennt reist man weiter, aber daß der Reichsgraf seinen Freund, dann als Regenten, im thüringischen Ebersdorf besuchen wird, ist ausgemacht. Das geschieht im März 1721. Die Zeit der Vormundschaft ist vorbei. Seit dem Vorjahr regiert der junge Graf als Heinrich XXIX. Das Zeichen, das er sofort setzt, ist die Berufung des angesehenen, Hallisch ausgerichteten Predigers Heinrich Schubert. Er gibt der Schloß-Ecclesiola, wie sie seit einigen Jahren gewachsen ist, eine ganz eigene Gestalt. Vorher hat man den Gottesdienst in der Dorfkirche besucht, in die Heinrich X. eine Herrschaftsloge hat einbauen lassen. Sie verwaist nun. Die Herrschaft und die Dienerschaft pflegt im „Kirchstübel" des Schlosses eine betont parteiliche praxis pietatis: Der Geist des Hallischen Pietismus, den der Köstritzer vermittelt hat, wird unter Heinrich XXIX. und seiner Gemahlin beherrschend. Alle, die im „Kirchstübel" zum Gottesdienst gehen, verstehen sich als „Schwestern" und „Brüder". Sie sehnen sich nach Bekehrung und Erweckung zum wahren christlichen Leben. Kaum ist der neue Hofprediger da, erfahren einige Personen im Schlosse solch eine Bekehrung. Zu dieser Zeit kommt Zinzendorf. Er hat sich gerade mit seiner Cousine Sophie Theodore von Castell verlobt – überstürzt, wie sich gleich darauf zeigt. In Ebersdorf erlebt er die ecclesiola in ecclesia, die verschiedenen Frömmigkeitsformen Freiräume läßt, dem Gesetzlichen ebenso wie dem Mystischen, und die nur vom „Philadelphischen" überwölbt wird. Eine „philadelphische" Gemeinschaft ist das, was auch er erstrebt. In den Schwestern seines Freundes findet er aufmerksame Zuhörerinnen, vor allem in Benigna und in Erdmuthe Dorothea. Während sich jene in die Betrachtung des Leidens und der Liebe Christi versenkt, ehelos bleibt und der Welt entsagt, ist diese von nüchterner Tatkraft, eigenständig in ihrem Denken und poetisch begabt. Zinzendorf wirbt um sie und wird erhört. Ein Jahr später, im September 1722, wird die Ehe im „Kirchstübel" eingesegnet. Es ist, wie Zinzendorf sagt, eine „Berufsehe", die ganz im Dienste des Herrn steht; seine Frau soll ihm eine „Gehülfin" sein, und das ist sie auch, wiewohl nicht ohne Konflikte, zeit ihres Lebens.

Demgegenüber bleibt die Ehe, die der reußische Regent mit der Cousine seines Freundes im September 1721 eingeht, ganz konventionell. Beiden,

Heinrich XXIX. und Sophie Theodore, fehlt das religiös Rigorose, dem Grafen auch das Praktisch-Politische, das sein Vormund, der im Kirchen- und Schulwesen reformerisch wirkt, immer wieder bewiesen hat. Das Heft am Hofe hat nach wie vor die alte Gräfin in der Hand. Doch ihre Kraft läßt nach. Von Ferne versucht Zinzendorf, dem herrnhuterischen Geist in Ebersdorf Eingang zu verschaffen: Er schickt junge Männer als Erzieher der gräflichen Kinder, empfiehlt einen Gesinnungsgenossen als neuen Hofprediger und bemüht sich um die Ansiedlung lediger Schwestern, auf daß sie wie ein Sauerteig wirken. Nicht zuletzt verlegt er hier neben zahlreichen anderen Schriften eine Bibel, deren Übersetzungsvorschläge als ebenso anmaßend empfunden werden wie die beigedruckten kirchenkritischen Summarien. Heinrich XXIX. willfahrt in allem, aber als er wieder einen Hofprediger anstellt, ist es ein Hallischer, der das Herrnhutertum ablehnt. Alsbald befeinden sich Hallische und Herrnhuterische aufs erbittertste. Das währt zwei Jahre, dann gibt der Hofprediger auf und geht weg. Innerhalb kurzer Zeit wird nun die ganze Hofgemeinde herrnhuterisch organisiert, ohne sich indes mit Herrnhut zu verbinden. Es gibt „Banden" und „Chöre", „Arbeiterinnen" und „Arbeiter" und einen „Aufseher", eben den Hofprediger Friedrich Christoph Steinhofer, der das alles ins Werk setzt. Man trifft sich zu geistlichen Gesprächen und Gesängen und zu Liebesmahlen mit Kaffee und Kuchen – eine heitere Hochgestimmtheit, in der sich die Gräfin und die Kammerzofe als „Schwestern", der Graf und der Knecht als „Brüder" begegnen. Der Festsaal des Schlosses wird zum Betsaal der Gemeinde, eine Orgel wird aufgestellt, und Lieder werden gesungen, die in einem eigenen Gesangbuch stehen. Doch nicht lange, und die Wege trennen sich. Die „Schwestern" und die „Brüder", die sich im Ort niedergelassen haben, sollen eine Gemeinde für sich bilden – neben der Hofgemeinde und neben der Ortsgemeinde. Als dies erfolgt, verliert man sich eine Zeitlang im Überschwang. „Chöre" gehen singend durch die Gassen, „Schwestern" und „Brüder" herzen einander, und lustige Liebesmahle lassen die Arbeit vergessen. Wer widerstrebt, wird ausgeschlossen.

Wenig später stirbt Heinrich XXIX. bei einem Besuch in der Wetterau. Seine Frau, fortan als „Schwester" Theodore Reussin lebend, kehrt nicht wieder nach Ebersdorf zurück. Sie ahnt wohl, daß ihr Ältester die Verhältnisse verändern wird. Tatsächlich ist es mit Pietisterei und Herrnhuterei am Hofe vorbei. Der Anstaltsgemeinde zollt Heinrich XXIV. nur kalte Gnade: Er betreibt, daß sie wirtschaftlich und kirchlich eigenständig wird. Gleichwohl, auch ohne gräfliche Gunst, besteht sie fort, ja, sie wächst, und Kundige meinen gar, daß es nur die Brüdergemeine sei, die dem Ort überhaupt eine Bedeutung gebe. So richtig das ist, man wird doch nicht vergessen, daß es Haltung und Handeln der Herrschaft gewesen sind, die eine Brüdergemeine erst haben wachsen lassen: Unter den zahlreichen pietistischen Adelshöfen im Reich hat es keinen, nicht einen einzigen, gegeben, der sich so sehr dem Herrnhutertum geöffnet hat wie der Ebersdorfer im Reußenland.

Oberes und Unteres Schloß in Greiz

Hendrik Bärnighausen

Das Untere Schloß, im rechten Bildhintergrund die Stadtkirche St. Marien. Fotografie von F. Herzer (1996).

Das Obere Schloß wurde 1540 bis 1546 anstelle der abgebrannten Burg als Dreiflügelanlage errichtet und zwischen 1705 und 1764 teilweise barock umgebaut bzw. ausgestattet. Das nach 1564 erbaute Untere Schloß brannte 1802 aus, wurde bis 1809 teils wieder- und teils neuerrichtet (Südflügel) und 1884/85 erweitert (Südostflügel). Im Schloßpark entstand zwischen 1779 und 1789 das Sommerpalais.

Greiz liegt in einem allerliebsten Felsengrunde, den vier aneinanderstehende Bergrücken in Form eines Kreuzes hier gebildet haben. Das Zentrum nebst dem östlichen und nördlichen Radius füllen die Gebäude der Stadt; den südlichen und westlichen hat sich größtenteils die Elster vorbehalten, mit der die Gölzsch nun schon vereinigt ist. Die äußerste Spitze des Felsenriffs zwischen dem westlichen und nördlichen Tale trägt das uralte Regierungsschloß, das von außen sehr imponierend aussieht, inwendig sich aber nur durch einige wirkliche fürstliche Salons auszeichnet. Viel schöner aber von innen und außen ist das neue Schloß im westlichen Tale der Elster, welches allein jetzt noch von dem Fürsten, wenn er hier ist – er ist Reichs-Werbungsdirektor – bewohnt wird, während jenes die Regierungskollegien und die Ratten bezogen haben. Das ganze Tal neben dem neuen Schloß wird jetzt zu einem englischen Garten umgearbeitet und wird ein himmliches Plätzchen werden, wenn die Details so gut ausfallen, als der Plan angelegt zu sein scheint.“

Blick zum Oberen Schloß, im Bildvordergrund die Elster. Fotografie von F. Herzer (1996).

So sah Carl Müller, späterer Hofrat in Berlin, Greiz, als er 1803 – im benachbarten Netzschkau lebend – die kleine Residenz der Älteren Linie des Fürstenhauses Reuß besuchte. Seine Schilderung gibt in aller Kürze das Charakteristische der Situation wieder – die landschaftlich imposante Lage der Residenzstadt mit der merkwürdigen Konstellation zweier Residenzschlösser und den in Erweiterung und Umgestaltung begriffenen Schloßpark.

Die Burg anstelle des Oberen Schlosses, 1225 erstmals urkundlich erwähnt, diente den Linien Vorderes und Hinteres Schloß (West- bzw. Ostflügel) von 1449 bis zu deren Wiedervereinigung von 1502 als Wohnsitz. Bei der reußischen Landesteilung von 1564 in die Linien Obergreiz, Untergreiz und Gera sah sich die Linie Untergreiz zum Bau eines eigenständigen Residenzgebäudes am Fuße des Schloßberges veranlaßt, wobei das Untere Schloß entstand. Zwar erlosch die mittlere der drei Linien 1616, doch kam es bereits 1625 zu einer erneuten Landesteilung, bei der die jüngeren Linien Ober- und Untergreiz entstanden. Mit dem endgültigen Erlöschen der Linie Untergreiz 1768 und der damit gegebenenen Dominanz von Obergreiz als geeinter älterer Linie Reuß wurde für die auf dem Oberen Schloß residierenden Herren auch das Untere Schloß verfügbar.

Nachdem die Greizer Burg 1540 bis auf die Grund- und Außenmauern des Ostflügels abgebrannt war, wurde 1540 bis 1546 auf ihren Resten ein Renaissanceschloß errichtet. Damals entstand die den etwa 50 Meter hohen Kegel des Burgberges bekrönende und ellipsenförmig umrandende Dreiflügelanlage, bestehend aus Ost-, Süd- und Westflügel in der Art eines Renaissancebaus mit Schweifgiebeln an den der Stadt zugewandten Fassaden und den zeitüblichen spätgotischen Stabwerkprofilen an Tür- und Fenstergewänden. Bauherr war Heinrich der Ältere, der im Schmalkaldischen Krieg auf protestantischer Seite stand, nach der Niederlage der Reichsacht ausgesetzt wurde und so der Greizer Herrschaft verlustig ging, bis er sie 1562 wiedergewinnen konnte. Der 1625 bis 1627 erfolgte Bau eines sechseckigen Schloßturmes mit barocker Haube anstelle des früheren Bergfriedes steigerte die Würde des Gesamteindrucks des Schlosses und betonte den von hier ausgehenden Herrschaftsanspruch. Dieser Turm beherrscht den Haupthof, in den vom Vorhof aus das alte Torhaus mit dem „Stelzentor“ führt. Zwei technische Probleme überschatteten über

Jahrhunderte die Nutzung des Schlosses: Ständig war gegen Wassermangel und Feuergefahr anzukämpfen. Der in Greiz ebenso wie an den meisten größeren Thüringer Schlössern unvermeidliche Barockumbau fand phasenweise zwischen 1705/11 und 1764 statt. So entstand 1733/34 das nördliche Torhaus mit der repräsentativen Toreinfahrt, 1741 im Haupthof ein mit Bäumen bepflanzter Garten, 1745 im Bereich des Vorhofes das Kassen- und 1754 das Kavaliersgebäude. Der als Repräsentationstrakt im Mittelpunkt des Interesses stehende Südflügel wurde 1764 umgebaut, wovon seine Hoffassade mit ihren Korbbogen- und Ovalfenstern zeugt, und im Innern mit feingliedrigen Rokoko-Stukkaturen ausgestattet. Vor allem Graf Heinrich XI., der 1743 die Regierung antrat und 1778 in den Reichsfürstenstand erhoben wurde, wirkte auf eine repräsentative Barockisierung der Gebäude hin. Der Stadtbrand von 1802, eine wichtige Zäsur für die bauliche Entwicklung der Residenzstadt, erwies sich auch für die Nutzungsgeschichte des Oberen Schlosses als entscheidend. Durch den notwendig gewordenen Aus- und Neubau des abgebrannten Unteren Schlosses und dessen Herrichtung zum fürstlichen Wohnsitz wurde das Obere Schloß von nun an bis 1918 nur noch als Sitz von Behörden der Landesverwaltung benötigt und findet heute als Staatsarchiv und zu Wohnzwecken Verwendung.

Der 1564 von der Linie Untergreiz auf dem Gelände des 1539 aufgelassenen Kirchhofes der Stadtkirche St. Marien errichtete Vorgängerbau des Unteren Schlosses muß ein Renaissanceschloß mit Turm und Nebengebäuden gewesen sein, das bescheidene repräsentative Ansprüche vermittelte und sich nicht mit dem Oberen Schloß messen konnte. Bauherr war Heinrich der Ältere, Stammvater der Älteren Linie Reuß und Begründer des Hauses Untergreiz. 1722 bis 1724 ließ Heinrich XIII. das Gebäude erweitern, verlieh ihm damit erst eigentlich den Charakter eines Schlosses und glich so das repräsentative Niveau der Untergreizer Residenz dem im Oberen Schloß gegebenen etwas an. Nach Erlöschen der Linie Untergreiz diente das Schloß von 1768 an zunächst als Behördensitz, brannte beim Stadtbrand von 1802 aus und wurde als Residenzschloß der Älteren Linie Reuß wiederaufgebaut und erweitert. Zwischen 1802 und 1809 erfolgte der Wiederaufbau des Nordflügels und der Neubau des Südflügels, dessen Inneres, so der zentral gelegene Weiße Saal, 1807/08 von dem Stukkateur Johann Christian Sennewald klassizistisch dekoriert wurde. Als

besonders außergewöhnlich unter den Raumfassungen des 19. Jahrhunderts ist die des Japanischen Zimmers mit seiner ostasiatischen Tapete und in derselben Art gehaltenen Holzschnitzereien hervorzuheben. Den Charakter des Südflügels als Haupttrakt betonte man an dessen Südfassade durch einen breiten Mittelrisalit zu drei Fensterachsen, der, mit einer Pilastergliederung versehen, von einem Dreiecksgiebel mit der Bauherreninschrift Heinrichs XIII. bekrönt wurde. So entstand beim Neubau eine sich dem am rechten Ufer der Elster anstehenden Felsen anpassende unregelmäßige Dreiflügelanlage in V-Form, bestehend aus Nord-, Südflügel und einem kurzen verbindenden Westflügel. Der Südflügel wurde 1884/85 um einen südöstlichen Trakt mit Zwiebelkuppel erweitert. Das seit 1929 größtenteils als Museum genutzte Gebäude beherbergt auch heute das Greizer Heimatmuseum.
Die Stadtkirche St. Marien in der Tradition eines Baus aus dem 13. Jahrhundert wurde 1727 von dem Dresdner Architekten Anton Adam zur barocken Hallenkirche mit Ostturm umgebaut und nach dem Brand von 1802 von Christian Friedrich Schuricht im klassizistischen Stil wiedererrichtet. Schon zum Vorgängerbau des Unteren Schlosses war diese Kirche architektonisch in Beziehung gesetzt worden. Durch Einbindung ihrer

Das Wachgebäude (1819), das mit der Nutzungsgeschichte des Unteren Schlosses eng verbunden ist. Fotografie von F. Herzer (1996).

Westpartie ist sie dem Baukomplex des Unteren Schlosses zugeordnet, als dessen architektonische Steigerung der Kirchturm weithin wirkt. Den Zugang zum Schloßhof gewährt eine Tordurchfahrt zwischen der Nordwestecke der Kirche und dem Nordflügel.

Bei dem 1779/89 im Schloßpark errichteten Sommerpalais handelt es sich zwar um kein Residenzschloß, jedoch um ein den Charakter von Greiz als Residenz besonders reizvoll reflektierendes Gebäude. In dem seit 1650 am Fuß des Schloßberges existierenden Garten zum Oberen Schloß war um 1717/24 ein kleines hufeisenförmiges Sommerschloß mit einer Orangerie errichtet worden. Das damals entstandene Schlößchen fiel der Errichtung des Sommerpalais' und der damit verbundenen nächsten Gartenerweiterung zum Opfer. Schließlich kam es 1800/02 zur Umgestaltung des um 1740 im Stil des Rokoko neu angelegten Gartens zu einem englischer Park, 1872/73 zur nochmaligen Umgestaltung der Anlagen nach Plänen von Eduard Petzold. Das Sommerpalais, als einflügeliger Bau zu 11 x 3 Fensterachsen angelegt, wurde im Erdgeschoß als Orangerie, in der Beletage als fürstlicher Repräsentations- und Wohntrakt und im folgenden Halbgeschoß als Wohntrakt für Gäste und Diener konzipiert. Der Bauherr des Sommerpalais', der 1778 in den Fürstenstand erhobene Graf Heinrich XI., wählte als Inschrift für den Dreiecksgiebel des Gebäudes „Maison de la belle retraite“ – Haus der angenehmen Zurückgezogenheit. Qualitätvolle Stukkaturen im Zopfstil schmücken das Vestibül im Erdgeschoß und die Räume der Beletage. Seit 1922 beherbergt das Palais als Stiftung des Hauses Reuß Ältere Linie die Schätze der früheren Hofbibliothek, die auf eine planmäßige Gründung Graf Heinrichs XI. zurückgeht, und die Kupferstichsammlung, deren Kern die um 1840 durch Erbschaft nach Greiz gelangte Graphiksammlung der Prinzessin Elisabeth von England und späteren Landgräfin von Hessen-Homburg bildet. Die 1787 südlich des Palais' errichtete Porzellanrotunde wurde 1926 als Mahnmal für die Kriegsgefallenen mit einer Großplastik von Karl Albiker ausgestattet.

Heute ziehen vor allem die beiden museal genutzten Schlösser – das Untere Schloß und das Sommerpalais, letzteres auch wegen des Schloßparks – zahlreiche Besucher an. Daneben veranlaßt die eindrucksvolle Architektur des die Stadt überragenden Oberen Schlosses viele zum Ersteigen des Schloßberges.

Das Schloß in Burgk

Hagen Enke

Blick über die Saale zu Schloß Burgk. Fotografie von F. Herzer (1997).

Die im Kern spätgotische Bauanlage entstand in den Jahren nach 1403 und erhielt in mehreren Bauphasen vom 16. bis zum 18. Jahrhundert ihr heutiges Aussehen. Im 19. Jahrhundert erfolgten Reparaturen an den Gebäuden, während die Innenausstattung der Räume erneuert wurde. Ständige Restaurierungsarbeiten führte man seit 1952 aus.

An der Saale hellem Strande / Stehen Burgen stolz und kühn / Ihre Dächer sind verfallen,/ Und der Wind streicht durch die Hallen / Wolken ziehen drüber hin." Als Franz Kugler diese Strophe in einer lauen Sommernacht des Jahres 1826 in das Gästebuch der Rudelsburg bei Bad Kösen schrieb, dürfte er kaum an Schloß Burgk gedacht haben. Zwar thront auch Schloß Burgk trotzig und wehrhaft auf einem Felssporn über der Saale, von Verfall aber konnte weder zu seiner Zeit noch heutigen Tages die Rede sein. Das Bauwerk an der oberen Saale hat die Jahrhunderte überdauert, die Geschichte des einstigen Reußenlandes erfahren wie auch geprägt. Innerhalb dieser Zeit muß man hinsichtlich des Residenzcharakters drei Phasen unterscheiden. Residenz im eigentlichen Sinne war

Reußisches Wappen und Roter Turm. Fotografien von F. Herzer (1997).

Burgk nur im 17. Jahrhundert, vorher wie nachher hat es als Nebenresidenz mit wichtigen Verwaltungsaufgaben zu gelten.
Urkundlich wird Burgk erstmals 1365 erwähnt. Zu jener Zeit dürfte es sich bei der Burg im wesentlichen nur um eine kleine Wehranlage gehandelt haben. 1403 ließ Vogt Heinrich VII. zu Gera das alte Gebäude abreißen und ein neues errichten. Nach dem Tod Heinrichs VIII. 1426, der kurzzeitig eine eigene Herrschaft Burgk begründet hatte, wurde Burgk zunächst von dessen Brüdern gemeinsam verwaltet und gehörte dann zum Besitz verschiedener Linien der Geraer Vögte. Erst zu Beginn des 16. Jahrhunderts gelangte Burgk wieder in die Hand eines Geraer Herrn, der sich viel dort aufhielt und hier auch seine Regierungsgeschäfte erledigte. In die Regierungszeit dieses eigenwilligen Herrn fielen weitere Baumaßnahmen, welche das Befestigungssystem von Burgk abrunden sollten. Das Ergebnis konnte sich in fortifikatorischer Hinsicht sehen lassen, besitzt doch Schloß Burgk noch heute eine der am besten erhaltenen mittelalterlichen Wehranlagen Deutschlands.
Nach langjährigen Querelen und endlosen Prozessen wurde Schloß Burgk durch kaiserlichen Spruch 1590 endgültig dem Geschlecht der Reußen zu Greiz, Nachfahren der Geraer Vögte, zugesprochen. Die Reußen hatten sich bereits 1564 in drei Linien geteilt, deren ältere sich 1583 erneut in zwei Häuser – Untergreiz I und II – schied. Erst als sich Heinrich II., der Lange, zu Reuß-Untergreiz entschloß, Teile seines Untergreizer Anteils dem Bruder zu überlassen und dafür das Burgker Gebiet zu übernehmen, entstand 1596 die erste selbständige Herrschaft Reuß-Burgk. Hier folgte Heinrich II. Reuß-Burgk seinem Vater in der Regierung des winzigen Landes, das in seiner größten Ausdehnung auf ungefähr 90 Quadratkilometern etwa 15 Dörfer umfaßte. Der Reuße hatte als geheimer Rat und Landeshauptmann zu Hof im Gegensatz zu seinem Vater seinen Wohnsitz nicht in Burgk, er weilte dort nur gelegentlich für einige Wochen. Dennoch entfaltete auch er eine rege Bautätigkeit. Der Rittersaal im dritten Stock des Palas ist als Mittelpunkt des Schlosses auch dessen größter Raum und wurde ab dem 17. Jahrhundert als Festsaal genutzt. Bereits 1601 entstand der Eindruck von Weiträumigkeit mit Hilfe eines Hängewerkes, welches Stützen in der Mitte des Raumes entbehrlich werden ließ. Die an einer Hängesäule befestigte Decke ist eine zu dieser Zeit in Deutschland noch wenig gebräuchliche Konstruktion. Auch die im

Stil der Spätrenaissance gefertigte Deckenbemalung ist bemerkenswert ausgeführt, weist sie doch mit ihren Rollwerkkartuschen in Richtung eines neuen Stils, beinhaltet sie ebenfalls in Gestalt der dargestellten Blumen und Früchte volkstümliche Elemente des Thüringer Barock. Viel Energie verwandte Heinrich II. auf die Ausgestaltung der im 15. Jahrhundert entstandenen Schloßkapelle. Eine kunstvoll geschnitzte frühbarocke Kanzel wurde ebenso wie die Fürstenloge um 1625 eingebaut. Die Bildhauerarbeiten stammen vom Greizer Bildschnitzer Hans Balbierer, während für die Gemälde an der Fürstenempore der Schleizer Maler Paul Keil verantwortlich zeichnete.
Nachdem mit Heinrich II. zu Burgk im Jahre 1697 auch die zweite Herrschaft Reuß-Burgk erloschen war, verblieb das Burgker Territorium bis 1768 im Besitz von Reuß-Untergreiz, danach ging es im wieder vereinten Fürstentum Reuß ältere Linie auf. Im 18. Jahrhundert sind es Heinrich XIII. zu Reuß-Untergreiz und dessen Sohn Heinrich III., welche mit Engagement die Umgestaltung zum Lust- und Jagdschloß vorantrieben. Zu anderen Baumaßnahmen gesellte sich eine aufwendige Umgestaltung im Inneren des Schlosses. Auffällig sind hierbei die monumentalen Gemälde, welche mit ihren Sujets antiker Mythologie die einzelnen Gemächer beherrschen. Der Schloßkapelle sollte nach dem Willen Heinrichs III.

Blick in die Schloßküche. Fotografie von F. Herzer (1997).

der bedeutendste Umbau angedeihen. Im Jahr 1743 ersetzte man die alte Orgel durch eine neue, die kein geringerer als Gottfried Silbermann gefertigt und eingebaut hat. Diese Orgel zählt zu den kleinsten des Orgelbaumeisters, für deren Stimmung der in der benachbarten Grafschaft Reuß-Lobenstein angestellte Komponist, Musiktheoretiker und Orgelgutachter Georg Andreas Sorge verantwortlich war. In einer letzten Bauperiode entstand zwischen 1751 und 1753 das auf der äußersten Landzunge befindliche und durch einen Fußweg mit dem Schloß verbundene Teehäuschen, das Sophienhaus. Die äußere Gestaltung dieses Rokokopavillons ist sehr schlicht, sparsam hat der Steinmetz Kändtler die Verzierungen ausgeführt. Im Inneren hat Meister Schmidt Wände und Decke wie im Musikzimmer des Schlosses mit Musikinstrumente darstellenden Stukkaturen versehen. Der eingeschossige Zentralbau auf achteckigem Grundriß leistete als Schallhaus für höfische Bälle und Kammermusiken gute Dienste.

Seit der zweiten Hälfte des 18. Jahrhunderts wurde es ruhig auf Burgk. Erst Ende des 19. und zu Beginn des 20. Jahrhunderts kam es zu letzten kleineren Veränderungen.

Das kulturelle Profil des Burgker Hofes ähnelt dem der anderen reußischen Residenzen. Was die Hofhaltung betrifft, können auch die imposante Schloßanlage, die Wirtschafts- und Lagerräume wie auch die den Domestiken vorbehaltene erste Etage des Schlosses nicht über die allzeit mißliche finanzielle Lage der jeweiligen Schloßherrn hinwegtäuschen, weshalb von einem aufwendigen Lebensstil der Vögte, Herren, Grafen und Fürsten zu keinem Zeitpunkt die Rede sein konnte. Trotz dieser für Standesherren recht prekären pekuniären Situation kann man von einer Burgker Hofkultur sprechen.

Waren die Geraer Vögte noch recht rauhe Gesellen, so verfeinerten sich die Sitten im Laufe der Jahrhunderte. Das Interesse der Landesherren galt nicht mehr ausschließlich dem Kriegshandwerk oder dem Ausbau der Landesherrschaft. Zwar war auch Heinrich II. zu Burgk ein unerbittlicher Herrscher, doch war er ebenso ein Mann von frommer Denkungsart und milder Gesinnung, begabt mit Kunstverstand und Tatendrang. So widmete er sich mit Eifer dem Ausbau und der künstlerischen Ausgestaltung der Schloßkapelle und nahm während des Dreißigjährigen Krieges so viele Flüchtlinge auf Burgk auf, daß er sich genötigt sah, in der Stube des Hofmeisters zu wohnen. Sein Hauptaugenmerk galt jedoch, wenn auch glücklos, wirtschaftlichen Unternehmungen. Seit Anfang des 17. Jahrhunderts besaß die herrschaftliche Familie den unterhalb der Burg gelegenen Burghammer. Dieses Hammerwerk, zu welchem auch eine Müh-

Das Torhaus (und späteres Amtshaus). Fotografie von F. Herzer (1997).

le und mehrere Gruben gehörten, versuchte Heinrich II. selbst zu betreiben. Dieses Unterfangen mißlang ihm gänzlich, so daß jenes Werk bereits 1619 vor dem Ruin stand und öffentlich zum Verkauf angeboten werden mußte. Nicht entmutigt versuchte sich der Reuße an einem neuen Projekt. 1621 pachtete er im nahe gelegenen Dorf Möschlitz eine Mühle und errichtete dort eine eigene Münzstätte. Diese arbeitete immerhin mit kurzen Unterbrechungen bis April 1622, brachte aber lediglich den minderwertiges Geld prägenden Münzmeistern Nutzen, während der regierende Herr nur Verdruß und Schulden aus der Sache zog.

Erst Graf Heinrich XIII. zu Reuß-Untergreiz tritt wieder als Herrscher mit vielseitigen Interessen hervor. Der Graf, der wohl auch für die Einrichtung einer Schloßapotheke verantwortlich zeichnete, plante einen Tiergarten in der Nähe des Schlosses anzulegen, nachdem sein Schwiegervater ihm sechs Wildschweine zum Geschenk gemacht hatte. Wegen der hohen Kosten mußte der begonnene Bau jedoch wieder eingestellt werden. Kurios mag anmuten, daß sich Heinrich XIII. auch mit dem Anbau von Tabak beschäftigt hat. Ob er damit Erfolg hatte, ist heute nicht bekannt, überliefert ist lediglich eine Anordnung betreffs des Anbaus aus dem Jahr 1707. Dem Kunstsinn seines Sohnes Heinrich III. freilich verdankt die Nachwelt den Genuß, in der Schloßkapelle den Klängen einer Silbermann-Orgel und im Sophienhaus diversen Musiken lauschen zu können.

Auch zum Teil recht ambitionierte Sammlungen sind durch die Bemühungen der reußischen Herren auf die Nachwelt gekommen. Die Gemäldesammlung im Museum Schloß Burgk umfaßt neben einzelnen Werken von singulärer kunsthistorischer Bedeutung und Bildnissen habsburgischer Kaiser vor allem die in großer Zahl vorhandenen Portraits der Mitglieder des reußischen Hauses. Die Waffensammlung aus altem Familienbesitz enthält mehr als 300 Stücke hauptsächlich aus dem 16. bis 18. Jahrhundert. Hinzu kommt eine reichhaltige Sammlung von Gläsern und Pokalen. Schließlich besitzt das Museum Schloß Burgk noch andere Kostbarkeiten, die teils durch die Sammeltätigkeit der reußischen Herrscher dorthin gelangt sind. Darunter befinden sich Spieluhren, Musikinstrumente, seltene Möbel, Elfenbeinschnitzerein, Textilien, Hafnerkeramik, Gebrauchszinn sowie Fayence und Porzellan. Von regionaler Bedeutung ist der Eisenkunstguß in Gestalt der aus dem 18. Jahrhundert stammen-

den gußeisernen Ofenplatten, die im Burgkhammer gefertigt worden sind. Zuletzt sei noch auf die Jagd als festen Bestandteil des Burgker Hoflebens hingewiesen, letztlich fungierte Burgk seit dem 18. Jahrhundert nurmehr als fürstliches Jagdschloß. Freilich standen auch hier großartigen Unternehmungen die geringen Geldmittel der Reußen im Wege. So war es nicht möglich, eingestellte Jagden, bei denen das Wild in Gehege getrieben und dort von sicherem Platz aus abgeschossen wurde, zu organisieren. Auch Parforcejagd (Treibjagd) konnte in dem gebirgigen, schluchtenreichen Gelände nur selten gehalten werden. Dennoch fanden mehrfach solche Hetzjagden statt, zu denen zahlreiche Gäste geladen wurden. Allerdings beschied man sich größtenteils mit niederer Jagd, schoß auf Hasen, Füchse und Enten und pflegte insbesondere die Vogeljagd.
Heute ist Schloß Burgk nicht zuletzt dank seines Museums ein attraktiver ostthüringischer Kulturort inmitten reizvoller Landschaft. Neben der ständigen Ausstellung locken Sonderausstellungen sowie Musik- und Theaterveranstaltungen in Schloßkapelle, Rittersaal und Sophienhaus. Das Bauwerk selbst empfiehlt sich dadurch, daß in ihm alle Entwicklungsstationen vom mittelalterlichen Wehrbau bis hin zum fürstlichen Wohn- bzw. Jagdschloß nachzuvollziehen sind und das stilistische Miteinander von Gotik, Renaissance, Barock, Rokoko und Zutaten des 19. Jahrhunderts als eigenwillige und imposante Synthese zu erleben ist.

REUSSISCHES GESAMTHAUS

Gebildet durch die Rückgabe des Stammhauses Greiz nach 1560 und Überlassung der Herrschaft Gera 1562 (ohne Berücksichtigung der von 1451 / 53 bis 1615 reußischen Herrschaft Oberkranichfeld)

Teilung 1564

ÄLTERE LINIE
HERRSCHAFT
REUSS-UNTERGREIZ
(1564 – 1583)

MITTLERE LINIE
HERRSCHAFT
REUSS-OBERGREIZ I
(1564 – 1616)
Zuwachs 1596 Schleiz.
Obergreiz fällt an die ältere, Schleiz an die jüngere Linie.

JÜNGERE LINIE
HERRSCHAFT
REUSS-GERA I
(1564 – 1647)
Zuwachs 1577/97 Lobenstein, 1596 Saalburg, 1616 Schleiz.

Teilung 1583

HERRSCHAFT
REUSS-UNTERGREIZ I
(1583 – 1596)
Zuwachs 1596 Burgk; dafür Untergreizer Anteil an Untergreiz II. abgetreten. Seitdem
HERRSCHAFT REUSS-BURGK I
(1596 – 1616)

HERRSCHAFT
REUSS-UNTERGREIZ II
(1583 – 1625)
Zuwachs 1616 Obergreiz.

Teilung 1616

HERRSCHAFT
REUSS-
BURGK II
(1616 – 1640)
Zuwachs 1636 R.-Dölau. Fällt zu gleichen Teilen an R.-Untergreiz III und R.-Obergreiz.

HERRSCHAFT
REUSS-
DÖLAU I
(1616 – 1636)
Fällt an R.-Burgk.

Teilung 1625

HERRSCHAFT
REUSS-
UNTERGREIZ III
(1625 – 1668)
Zuwachs 1643 Burgk.

HERRSCHAFT
REUSS-
OBERGREIZ II
(1625 – 1694)
Zuwachs 1643 Dölau.
1673 GRAFSCHAFT

Teilung 1668

Teilung 1694

HERRSCHAFT
REUSS-
BURGK III
(1668 – 1697)
1673
GRAFSCHAFT
Fällt an R.-Untergreiz IV und an R.-Rothenthal.

HERRSCHAFT
REUSS-
UNTERGREIZ IV
(1668 – 1768)
1673
GRAFSCHAFT
Zuwachs 1697 Teile von R.-Burgk, 1698 R.-Rothenthal.
Fällt an R.-Obergreiz.

HERRSCHAFT
REUSS-
ROTHENTHAL
(1668 – 1698)
Fällt an R.-Untergreiz IV.

GRAFSCHAFT
REUSS-
OBERGREIZ III
(1694 – 1918)
Zuwachs 1698 R.-Dölau, 1768 R.-Untergreiz IV.
1778 FÜRSTENTUM
REUSS Ä.L.,
seit 1902 unter Regentschaft von F. Reuß j.L.; 1918 Abdankung des Fürsten.

Übersicht zu den reußischen Ländern

Teilung 1647

HERRSCHAFT REUSS-GERA II (1647 – 1802) Zuwachs 1666 Teile von R.-Saalburg. 1673 GRAFSCHAFT 1802 – 1848 unter gem. R. von R.-Schleiz, R.-Lobenstein (bis 1824) und R.-Ebersdorf.

HERRSCHAFT REUSS-SCHLEIZ (1647 – 1918) Zuwachs 1666 Teile von R.-Saalburg. 1673 GRAFSCHAFT 1692 R.-Köstritz als apagnierte Gft. abgezweigt. 1806 FÜRSTENTUM Zuwachs 1848 R.-Ebersdorf und R.-Lobenstein; seitdem FÜRSTENTUM REUSS J. L.; 1918 Abdankung des Fürsten.

HERRSCHAFT REUSS-LOBENSTEIN I (1647 – 1678) Zuwachs 1664 Hirschberg 1666 Teile von R.-Saalburg. 1673 GRAFSCHAFT

HERRSCHAFT REUSS-SAALBURG (1647 – 1666) Aufgelöst. Fällt an R.-Gera, R.-Schleiz, und R.-Lobenstein.

Teilung 1678

GRAFSCHAFT REUSS-DÖLAU II (1694 – 1698) Fällt an Reuß-Obergreiz.

GRAFSCHAFT REUSS-LOBENSTEIN II (1678 – 1824) Zuwachs 1712 ½ von R.-Hirschberg, 1715 Selbitz. 1790 FÜRSTENTUM Fällt an R.-Ebersdorf.

GRAFSCHAFT REUSS-HIRSCHBERG (1678 – 1711) Fällt an R.-Lobenstein und R.-Ebersdorf.

GRAFSCHAFT REUSS-EBERSDORF (1678 – 1848) Zuwachs 1712 ½ von R.-Hirschberg. 1806 FÜRSTENTUM Zuwachs 1824 R.-Lobenstein. 1848 Abdankung des Fürsten. Fällt an R.-Schleiz.

Die Residenz-Schlösser der Henneberger, der Landgrafen von Hessen-Kassel und der Kurerzbischöfe von Mainz

Schloß Bertholdsburg in Schleusingen

Rosika Hoffmann

Schloß Bertholdsburg. Fotografie aus den 50er Jahren.

Die Burganlage wurde 1226 bis 1232 erbaut und ab 1284 erweitert. 1353 zerstörte ein verheerender Brand die Stadt und große Teile der Bertholdsburg. Der Wiederaufbau erstreckte sich bis ins 15. Jahrhundert. Um 1450 entstand die Vierflügelanlage, die Schloßmauer wurde ab 1488 errichtet. Nach 1525 wurden umfangreiche Erweiterungs- und Umbauten im Renaissancestil mit retardierenden Merkmalen der Gotik vorgenommen. 1597 erfolgte die Erneuerung des Hauptturmes, 1661 entstand das Prunkportal am Eingang zur Burg. Ein Umbau des Treppenhauses im Südflügel erfolgte Anfang des 18. Jahrhunderts. 1838 bis 1844 fanden umfangreiche Renovierungen am gesamten Schloß statt, die einst „welschen Hauben" der Türme erhielten eine spitze Form.

Die Bertholdsburg in Schleusingen wurde nach 1232 als neue Residenz der Grafen von Henneberg bezogen. Sie war als Schutz für die Neusiedlungen im Schleusegebiet notwendig, den die alten Henneberger Besitztümer jenseits der Werra durch die Henneburg, Burg Straufhain, die Hartenburg, Burg Botenlauben und die Lichtenburg bei Ostheim vor der Rhön längst genossen. Durch Schleusingen, zwischen Ilmenau und Meiningen gelegen, führte einst die alte Handelsstraße Erfurt-Würzburg. Die Burg diente somit auch dem Schutz vorüberziehender Handelsreisender. Für Poppo VII. von Henneberg, Burggraf von Würzburg, und Jutta von Thüringen, verwitwete Markgräfin von Meißen, die 1223 miteinander jeweils eine zweite Ehe eingingen, in die Jutta die stolze Summe von 12 000 Mark Silber einbrachte, war der Bau der Burg zugleich eine nutzbringende Kapitalanlage. Sie förderten auch maßgeblich den Ausbau der Stadt. In diesem Zusammenhang wird Schleusingen 1268 erstmalig urkundlich als Stadt mit einer Stadtmauer erwähnt. Aber erst Berthold V., der Begründer der Linie Henneberg-Schleusingen, erhob die Burg zur Residenz.

Graf Berthold VII. mit seiner Gemahlin Adelheid. Kopie nach Christian Juncker „Ehre der Gefürsteten Grafschaft Henneberg" (um 1700).

Schloßeingang. Fotografie (Anfang des 20. Jh.s)

Unter seinem berühmten Sohn Berthold VII., dem Weisen, nach dem die Bertholdsburg wahrscheinlich benannt worden ist, diente die Burg vielfach repräsentativen Zwecken. 1337 verweilt der Freund und Gönner Bertholds VII., Kaiser Ludwig IV., der Bayer, geraume Zeit in der Bertholdsburg. Darüber schreibt Christian Juncker in seiner *Ehre der Gefürsteten Grafschaft Henneberg*: „1337 genoß die Stadt durch allerhöchste Gegenwart Kaiser Ludwigs, welcher ein geborener Herzog in Bayern war, einer sonderbaren Ehre, denn in bemeldetem Jahre stiftete dieser allda einen Vergleich zwischen Markgraf Friedrich von Meißen und fünf Heinrichen Voigten von Plauen, die Strittigkeiten des Bergwerks zum hohen Forst betreffend, am Dinstage nach Marien Würzweihe. Als anwesende Zeugen werden die Grafen Berthold, Heinrich und Johann von Henneberg, Burggraf Johann von Nürnberg, fünf Grafen Heinrich von Schwarzburg, Graf Heinrich von Hohenstein, Herr zu Sondershausen und andere mehr genannt, woraus zu schließen, was für eine ansehnliche Zusammenkunft dazumal in Schleusingen gewesen.“ Die Verwaltung oblag, wie hennebergische Urkunden bezeugen, sogenannten advocatis (Vögten), von denen Hermann Voit 1299 und Diezel Vogt um 1350 namentlich bekannt geworden sind.
Besonders prägend und markant sind die Türme der Bertholdsburg. Von einst neun sind heute nur noch sechs vollständig erhalten. Sie erhielten ihren Namen nach ihrer einstigen Funktion bzw. ihrer Bedeutung in der Geschichte der Henneberger. Der große Hauptturm, auch Schloßturm genannt, südöstlich im Innenhof gelegen, diente einst als Wachturm. Von dem über 30 Meter hohen Turm bietet sich heute bei klarem Wetter eine gute Fernsicht. Am Schloßturm befinden sich die Jahreszahlen 1597 und 1618, die an einstige Bautätigkeit am Turm erinnern. Die vergoldete Schloßturmfahne mit dem halben Adler weist auf das Burggrafenamt der Henneberger in Würzburg hin. Über der Tür fällt das in Sandstein gefaßte Henneberger Wappen mit dem Würzburger Doppeladler auf rot-weißem Schachbrett und der schwarzen Henne auf grünem Hügel im goldenen Feld auf. Letzteres ist bis heute im Stadtwappen von Schleusingen erhalten.
Die Initialien des Spruchbandes über der Tür V.G.G.W.G.V.H.Z.H. – Von Gottes Gnaden Wilhelm Graf und Herr zu Henneberg – zeugen von der regen Bautätigkeit Wilhelms IV. im 16. Jahrhundert. Der südöstliche

Blick in den Schloßhof. Fotografie von F. Herzer (1997).

äußere Turm von Schloß Bertholdsburg hat ein tiefes Burgverließ, in dem Wilhelm II., wegen seiner übermächtigen Gestalt auch „der Riese“ genannt, nach kriegerischer Auseinandersetzung im Sieg über das Raubrittergeschlecht von Haun 1442 Reinhard von Haun und seinen damals neunjährigen Sohn Philipp gefangen hielt. Die im Jahre 1834 während der Pflasterung des Burghofes ausgegrabenen Gebeine sollen die Überreste Reinhards von Haun sein. Sein Sohn Philipp war nach 10 Jahren freigekommen und hatte vermutlich den väterlichen Anteil an Burg Haun zurückerhalten. Er soll später hessischer Amtmann in Rothenburg gewesen sein. Seit dieser Zeit trägt der Turm den Namen Haunsturm. Der südliche äußere Eckturm ist der Hexenturm, der ebenfalls ein Burgverließ hat, in welchem im 16. und 17. Jahrhundert der Hexerei bezichtigte Frauen vor ihrer Hinrichtung eingekerkert waren. Allein im 17. Jahrhundert mußten 68 Frauen im Amt Schleusingen ihr Leben lassen. So ist für den 2. April 1664 die Verbrennung der Anna Ebert bei lebendigem Leib nachweisbar. Im Kapellenturm auf der Westseite befand sich die Hofkapelle des Schlosses, für die Mechthild von Baden, Gemahlin des Grafen Heinrichs X. von Henneberg, 1411 einen neuen Altar stiftete.
Im nordwestlichen Pulverturm wurden Pulver und Kugeln aufbewahrt. Davon zeugen noch Funde aus neuerer Zeit. Nahe dem ehemaligen Gottesacker auf dem heutigen Johanniskirchplatz in der nordöstlichen äußeren Ecke, der 1307 geweiht worden war und bis um 1530 dort gelegen hatte, lag der Totenturm, in dem die Toten aus dem Schloß bis zu ihrer Beisetzung aufgebahrt waren. Dieser Turm ist 1842 eingefallen und abgerissen worden. Den inneren Schloßhof zieren in nordwestlicher und nordöstlicher Ecke noch der Gerichtsturm und der Jungfernturm, die einst durch einen unterirdischen Gang miteinander verbunden waren. Im Gerichtsturm wurde, wie der Name verrät, im Kellergewölbe das geheime Gericht gehalten. Der Jungfernturm hat seinen Namen nach einem Hinrichtungsgerät, der sogenannten „küssenden Jungfrau“, einer Drahtfigur, die anstelle der Arme zwei Schwerter besaß und damit schnell und geräuschlos tötete. Hier wurden Verbrecher vornehmen Standes, die im Gerichtsturm zum Tode verurteilt waren, heimlich hingerichtet. In der südwestlichen Ecke des Innenhofes lag ein schon von alters her nicht mehr nachweisbarer Treppenturm, über den man sowohl die Rittersäle als auch die herrschaftlichen Wohnräume im Südflügel erreichen konnte. Noch

heute aber sind die äußeren Rundtürme durch einen verdeckten Wehrgang verbunden. Im Burghof befindet sich ein achteckiges Brunnenbekken mit einer Säule, die verschiedene Wappenbilder und Jahreszahlen aufweist. Vom Schloßbrunnen existiert eine Urkunde aus dem Jahre 1712, sein Becken wurde elf Jahre später in der jetzigen Form angelegt. Bereits früher muß aber ein Ziehbrunnen bestanden haben. Unterhalb der Burg im Schloßgarten zieht ein Brunnenhäuschen aus dem 16. Jahrhundert die Blicke auf sich. Die Quelle des Brunnens soll dem Historiographen Juncker zufolge das reinste und klarste Wasser der Stadt geführt haben.

War die Bertholdsburg ursprünglich als Burg zu Schutz- und Verteidigungszwecken mit Wachtürmen, Wallgraben, Ringmauer, Zugbrücke, Ziehbrunnen und Zwinger erbaut worden, erhielt sie im ausgehenden 15. und 16. Jahrhundert zunehmend den Charakter eines Schlosses. Unter Wilhelm IV., der ungeachtet seiner geringen finanziellen Mittel das Kunsthandwerk in der Stadt förderte und Renaissancekünstler zu Bauten am Schloß hinzuzog, und seinem Sohn Georg Ernst sind so umfassende Baumaßnahmen erfolgt, daß es gerechtfertigt erscheint, von einer völligen Erneuerung des Schlosses zu sprechen. Auf dem Gelände am Fuße des Schlosses, das einst der Pferdepflege diente, außerdem dem Hundezwinger und der herrschaftlichen Küche Platz bot, wurde auf Anregung der Gräfin Elisabeth von Braunschweig-Lüneburg, der ersten Gemahlin von Georg Ernst, ein Garten geschaffen, der zum Lustwandeln einlud und in dem Geselligkeit gepflegt wurde. Dieses mehr als sieben Äcker umfassende Areal war von einer Schloßgartenmauer umgeben. Darin stand ein Lusthaus, auch Lustboden genannt, wo die Schüler des Gymnasiums vor geladenen Gästen noch bis ins 18. Jahrhundert allseits beliebte Schulkomödien aufführten. Den öffentlichen künstlerischen Darbietungen der Schüler galt das besondere Interesse von Georg Ernst. Das Lusthaus war ein großer, hoher Bau mit abgerundetem Dach, vielen Fenstern und einem Kamin. Es diente zu Zeiten der Henneberger vor allem im Sommer als Tafel- und Tanzsaal. Sogar ein Vogelhaus hatte die Gräfin hier einrichten lassen. Um 1740 mußte der Lustboden, da Dach und Dielung in arg baufälligem Zustand waren, abgerissen werden. Der Garten wurde nach dem Tod der letzten im Schloß wohnenden Herzogin Maria Amalia, der Witwe des Herzogs Moritz Wilhelm von Sachsen-Naumburg-Zeitz aus dem Hause Brandenburg, aufgeteilt und ging in die Pacht hoher Beamter über.

Einer der bedeutendsten Grafen der Linie Henneberg-Schleusingen war Georg Ernst, der am 27. Mai 1511 im Schloß von Schleusingen als fünfter Sohn Wilhelms IV. und seiner Frau Anastasia von Brandenburg zur Welt kam. Im Kindesalter erfuhr er eine streng religiöse Erziehung und wuchs, der Sitte der Zeit folgend, am fürstlichen Hofe zu Jülich, in Königsberg bei Albrecht von Preußen und beim Landgrafen Philipp von Hessen auf. Letzterer wurde ihm ein vertrauter Freund. Sein Einfluß prägte den weiteren Lebensweg des als ehrlich, ernsthaft, aufrichtig und taktvoll beschriebenen Henneberger Grafen. In jungen Jahren zeichnete sich Georg Ernst als kühner Krieger aus. Im Türkenkrieg 1542 rettete er Herzog Moritz von Sachsen das Leben. Aus Dankbarkeit und zur Erinnerung an das Ereignis stiftete Moritz das Kreuz und den Halbmond für die Wetterfahne des Schleusinger Kirchturms. In späteren Jahren frönte Georg Ernst gern seiner Jagdleidenschaft. Eine große Sammlung von Waffen und Rüstungen der Henneberger befand sich einst in der Bertholdsburg. Davon wurde jedoch schon zu Lebzeiten Georg Ernsts ein großer Teil nach Schloß Maßfeld gebracht. Im 30jährigen Krieg erlitt diese Sammlung große Verluste. Reste davon sind dank Ludwig Bechstein im vergangenen Jahrhundert in den Bestand des Hennebergischen Vereins für Altertumsforschung Meiningen eingegangen. Besonders ausgeprägt war das Engagement des 1543 zur Regierung gelangten Grafen für die Förderung der lutherischen Lehre und die Hebung des Bildungniveaus seiner Landeskinder. Auf Georg Ernst geht die Einführung der Reformation 1544 im Hennebergischen zurück. Er verfaßte eine eigene Kirchenagende, die 1582 in Schmalkalden gedruckt wurde. 1577 erhob er die im ehemaligen Franziskanerkloster etablierte Landesschule zum Gymnasium und hinterließ diesem laut Testament durch Schenkung etwa 200 Bücher aus Familienbesitz. Damit legte er den Grundstock für die bis ins 18. Jahrhundert hinein erweiterte, fast 5000 Bände umfassende wertvolle historische Gymnasialbibliothek Schleusingens. Die beiden Ehen Georg Ernsts mit Elisabeth von Braunschweig-Lüneburg (1543) und Elisabeth von Württemberg (1568) blieben kinderlos, so daß mit ihm die Dynastie der Henneberger erlosch. Nach einem bereits 1554 in Kahla geschlossenen Erbfolgevertrag übernahmen die Wettiner die Verwaltung der Grafschaft.

Nachdem bereits 1606 ein Treffen der Kurfürsten Christian II. zu Sachsen und Johann Schweikart zu Mainz auf der Bertholdsburg stattgefun-

Die letzten Henneberger Wilhelm IV. und Georg Ernst. Epitaphien in der Ägidien-Kapelle der Stadtkirche zu Schleusingen (2. Hälfte des 16. Jh.s)

den hatte, versammelten sich 1624 zahlreiche Fürsten im Schloß, um über die endgültige Anerkennung Herzog Maximilians von Bayern als Kurfürst abzustimmen. Im 30jährigen Krieg hielt sich auch der Schwedenkönig Gustav Adolf für kurze Zeit in der Bertholdsburg auf. Von hier setzte er seinen Marsch, von Breitenfeld kommend, weiter über Königshofen nach Würzburg fort, von wo er der Stadt Schleusingen einen Schutzbrief ausstellte.

Anläßlich der Erb- und Landeshuldigung für den neuen Landesherren Herzog Moritz von Sachsen-Naumburg-Zeitz, der die Ämter Schleusingen, Suhl und Kühndorf erhielt, wurde 1661 das Altantor vor der Bertholdsburg erbaut. Kurz vor seinem Tod 1681 wohnte der Herzog noch einmal neun Wochen lang in der Bertholdsburg in Schleusingen. Er nutzte sie u.a. für repräsentative Empfänge. 1682 bis 1684 dienten die Räumlichkeiten seiner letzten Gemahlin Sophie Elisabeth, Herzogin von Schleswig-Holstein, als Witwensitz. Auch seine Schwiegertochter Maria Amalia, eine Tochter des Großen Kurfürsten, verbrachte viele Jahre ihres Witwendaseins auf der Bertholdsburg. Friedrich Wilhelm von Brandenburg selbst logierte während des Durchmarsches durch den Thüringer Wald zur legendären Schlacht nach Fehrbellin am 28. Mai 1675 im Schleusinger Schloß.

Im 18. und 19. Jahrhundert diente die einstige Residenz der Henneberger ausschließlich als Domizil verschiedener Ämter, zunächst sächsischer, dann, nach 1815, preußischer Verwaltung: Konsistorium, Landratsamt, Kreisgericht, Kreiskasse, Kanzlei, Forstamt, Archive fanden im Schloß Unterkunft. Zugleich bot sie in dieser Zeit Wohnräume für den Oberaufseher, den Landrat, den Forstmeister und andere Beamte. Seit 1934 ist im Schloß das Museum untergebracht.

Schloß Wilhelmsburg in Schmalkalden

Dieter Eckardt

Die Stadtseite des Schlosses. Fotografie von F. Herzer (1997).

Schloß Wilhelmsburg wurde an Stelle der aus dem 12. Jahrhundert stammenden abgebrochenen Burg Waltaff zwischen 1585 und 1590 erbaut. Am 23. Mai 1590 erfolgte die Einweihung mit der Übergabe der Schloßkapelle. Die innere Ausgestaltung zog sich bis zum Jahre 1598 hin. 1618 war der Bau der Außenanlagen und Nebengebäude abgeschlossen.

Im thüringischen Schmalkalden gelegen, ist die Wilhelmsburg ein hessisches Schloß, erbaut durch den Landgrafen Wilhelm IV. von Hessen-Kassel. Trotz der unterschiedlichen Nutzungsphasen und Nutzungsabsichten, der Restaurierungen und baulichen Veränderungen blieb es bis heute in seinen wesentlichen Bestandteilen erhalten. Als eines der wenigen thüringischen Schlösser im Renaissancestil gilt es als ein bemerkenswertes Beispiel deutscher Schloßbaukunst im 16. Jahrhundert. Umgeben ist das kastellartige Schloß von Exerzierplatz und Kanzlei im Westen, der Pfalz mit dem Schloßgarten und dem Marstall im Süden, von Zwinger, Kristallturm, Brauhaus und Backhaus im Osten. Diese Anlagen fügen sich in die naturräumlichen Gegebenheiten ein und verhelfen dem Schloß zu einer heiteren Repräsentanz gegenüber Stadt und Landschaft.

Schmalkalden, 874 erstmals urkundlich erwähnt, ist eine der ältesten Ansiedlungen in Thüringen. Eisenerzvorkommen und Kleineisenindustrie, die damals günstige Verkehrslage und der Export von Kleineisenprodukten brachten der Stadt einen beachtlichen Wohlstand. Mitte des 13. Jahrhunderts kam Schmalkalden infolge des thüringischen Erbfolgekrieges an die Grafen von Henneberg. 1360 wurde die Hälfte der Herrschaft Schmalkalden an Hessen verkauft. Die seither andauernde Doppelherrschaft

Schloß Wilhelmsburg. Zeichnung (vor 1820).

zwischen Henneberg und Hessen-Kassel endete 1583 mit dem Aussterben des hennebergischen Grafengeschlechts. Schmalkalden gelangte nun ganz in Besitz von Hessen-Kassel, und Landgraf Wilhelm IV. erbaute zur Manifestation seines Herrschaftsanspruchs die Wilhelmsburg, nachdem er die mittelalterliche Burg Waltaff und weitere Gebäude hatte abbrechen lassen.

Als Luther am 31. Oktober 1517 seine 95 Thesen an der Wittenberger Schloßkirche anschlug, war kaum vorauszusehen, daß die damit eingeleitete Reformation nicht nur den kirchlich-geistlichen Bereich, sondern auch die weltliche Herrschaft betreffen würde. Die weltlichen Fürsten übernahmen den Schutz der Kirche und ermöglichten die Ausbreitung der evangelischen Lehre. Kurfürst Johann Friedrich von Sachsen und Landgraf Philipp von Hessen gingen darin voran. 1530 ließ Kaiser Karl V. in Augsburg die neue Lehre verbieten und drohte Gewalt an. Daraufhin schlossen sich im Jahre 1531 evangelische Fürsten und freie Reichsstädte zur Wahrung ihrer Interessen zum Schmalkaldischen Bund zusammen. Der Vorgängerbau des Schlosses Wilhelmsburg diente als eine der Tagungsstätten. Einige Jahre später, 1537, fand erneut eine bedeutende Bundestagung in Schmalkalden statt, auf der die sogenannten *Schmalkaldischen Artikel* bestätigt wurden, die Luther als Bekenntnisschrift der Prote-

Blick in den Innenhof. Fotografie von F. Herzer (1997).

stanten verfaßt hatte. Die Auseinandersetzungen zwischen dem Schmalkaldischen Bund und dem Kaiser führten in den Jahren 1546/47 zum Schmalkaldischen Krieg, der mit der Niederlage und der Auflösung des Bundes sowie der Gefangennahme der Hauptleute endete. Auch nachfolgende historische Ereignisse wie der 30jährige Krieg, die französische Fremdherrschaft oder die Weltkriege, auch die wiederholten Gebietsreformen, vor allem aber die fast sechs Jahrhunderte hessischer Herrschaft bis zum Jahre 1944 haben in der Stadt Spuren hinterlassen.

Die fast quadratische Vierflügelanlage in den äußeren Maßen von etwa 65 mal 75 Metern entstand in einer Bauzeit von nur vier Jahren. Am 26. Oktober 1584 begannen die Abbrucharbeiten an dem Vorgängerbau und die Geländevorbereitungen für ein Residenzschloß in der neuen Herrschaft des Landgrafen Wilhelm IV. von Hessen-Kassel. Während seiner Regentschaft von 1567 bis 1592 entstanden Schloßneubauten in Rotenburg a.d.F. und in Schmalkalden. Weitere Bauten in Melsungen, Spangenberg, Homberg, Ziegenhain und Eschwege wurden zur Festigung landesherrlicher Positionen erneuert und erweitert.

Am 10. Dezember 1584 weilte „unseres Fürsten und Herrn zu Hessen Bauwmeister" wegen des Neubaus zum ersten Mal in Schmalkalden, am 4. Mai des folgenden Jahres wurde der Grundstein für die Wilhelmsburg gelegt. Für die Arbeiten an der Schloßkapelle, eine der bedeutendsten protestantischen Predigtkirchen in Deutschland, war vor allem der Leiter der Kasseler Hofbildhauerwerkstatt Wilhelm Vernuken zuständig. Mit dem Bau der Orgel wurde der Göttinger Orgelbaumeister Daniel Mayer beauftragt. Das Instrument, das nach aufwendiger Restaurierung heute wieder erklingt, ist eines der kostbarsten Orgelwerke in Deutschland. Es ist kammermusikalisch gestimmt, besitzt kein Pedal, alle Pfeifen bestehen aus Holz. Verschlossen wird das wertvolle Orgelgehäuse von zwei Klappflügeln mit reicher Bemalung im Renaissancestil.

Die Gesamtanlage mit den Nebengebäuden, das Hauptgebäude mit seinen Portalen, Festsälen, der künstlerischen Ausgestaltung mit überwiegend dekorativen Malereien des 16. Jahrhunderts, vor allem dem typischen Roll- und Beschlagwerk, den zahlreichen Kaminen und Öfen, schließlich auch die Raumanordnungen und -folgen betonten den Residenzcharakter des Schlosses, der ebenfalls in der Gestalt des Schloßgartens mit seiner nach italienischem Vorbild angelegten Wasserkunst, den

Wasserläufen und dem wasserspeienden Figurenwerk hervortrat. Die nach Süden vorgelagerte Pfalz bot den Raum für höfische Musik und Feste und schuf der Hofgesellschaft einen bequemen Ort, von dem aus sich die Ring- und Turnierrennen auf dem Turnierplatz vor dem Marstallgebäude verfolgen ließen. Das Mobiliar für die Wilhelmsburg ließ der Landgraf aus den Schlössern in Kassel und Rotenburg anliefern, teils auch neu beschaffen. Erwähnenswert ist die „Herrenküche" mit dem großen zentral angeordneten Kamin und den gewaltigen Tragebögen, die vermutlich bei Festlichkeiten in Betrieb genommen wurde.

Eingangsportal. Fotografie von F. Herzer (1997).

Landgraf Wilhelm IV. weilte wiederholt in der Stadt, nicht zuletzt um den Fortgang des Baugeschehens zu kontrollieren. Am 28. Juni 1586 kam er in Begleitung seines Sohnes Moritz und seines Bruders Ludwig sowie zahlreicher Gäste und konnte die ersten fertiggestellten Gemächer bewohnen. Die Stadt überreichte Geschenke. Bürger mit Braurecht waren verpflichtet, das fürstliche Gefolge aufzunehmen und Leinenzeug aufs Schloß zu liefern. Im übrigen konnte Wilhelm das neue Schloß kaum nutzen. Am 24. Juni 1592 beging er bei schwacher Gesundheit seinen 60. Geburtstag auf der Wilhelmsburg, zwei Monate darauf starb er. Sein Sohn, Landgraf Moritz der Gelehrte, der ihm 1592 in der Regentschaft folgte, vollendete die Schloßanlage. Zwischen 1600 und 1610 entstanden die Schloßgartenanlage mit der Pfalz, die Kanzlei, das Torwächterhaus sowie ein Back- und ein Brauhaus.

Moritz hat sich als Liebhaber und Förderer der Wissenschaften und Künste bleibendes Verdienst erworben. Er selbst komponierte – u. a. die *Wilhelmsburger Schloßmusik* für die Orgel der Wilhelmsburg – und musizierte, dichtete und philosophierte, schrieb Theaterstücke, fertigte Architekturzeichnungen an, betätigte sich praktisch als Chirurg und Alchemist, ließ Schulen errichten und förderte die Naturwissenschaften. Sein Hof war nicht nur ein politisches Zentrum, sondern zugleich ein Ort der Wissenschaften und Künste. 1597 wurde in der Wilhelmsburg die Hochzeit der Schwester des Landgrafen, Hedwig, mit dem Grafen

Landgraf Moritz der Gelehrte mit Familie. Kupferstich (1638).

Ernst von Schauenburg festlich begangen. Bei diesem Anlaß konnte sich das ganze Spektrum höfischer Kultur entfalten: Die vom Landgrafen verfaßte *Komödie von der Esther* wurde aufgeführt, es gab Ringelrennen, Vogelschießen, Musik und Maskeraden. Außerdem fand ein großes Armbrustschießen statt, wie auch in den folgenden Jahren noch mehrfach.

Der Herrschaftsrepräsentation dienten vor allem das an die Hofstube anschließende „Landgrafengemach" im Erdgeschoß, die Festsäle – Tafelgemach, Riesensaal und Weißer Saal -, die fürstlichen Wohnräume und die Schloßkapelle mit der Fürstenloge im ersten Obergeschoß.

Die künstlerische Gestaltung des Schlosses geht auf das von Landgraf Wilhelm IV. entwickelte Bildprogramm zurück. Es schließt Motive aus dem Alten und Neuen Testament sowie aus der antiken Mythologie und Geschichte ein und dient der Legitimierung der fürstlich-protestantischen Politik und Ethik des Landgrafenhauses. Das Rahmenwerk für die Ausgestaltung wird vom Roll- und Beschlagwerk um Tür- und Fenstergewände gebildet. Es besteht aus einem vielfältigen Formenschatz an Fruchtgehängen, Quasten, Vasen, Instrumenten, Tier- und Menschengestalten. Farb- und Raumelemente sind aufeinander abgestimmt, die illusionistische Materialveredlung sorgt für besondere Effekte der Raumwirkung. Die

Der Riesensaal der Wilhelmsburg. Fotografie (um 1920).

Malerarbeiten im Schloß wurden von den Meistern der Kasseler Hofbildhauerwerkstatt Georg Cornet, Jost vom Hoff und Caspar van der Borcht ausgeführt, die Stuckarbeiten in der Schloßkapelle und im Weißen Saal von Wilhelm Vernuken. Zur Betonung dynastischer Verbindungen beziehungsweise politischer Ansprüche der Familie benannte man die Gemächer nach verwandten und protestantischen Fürstenhäusern. Wandmalereien, Wandteppiche, Rücketücher, Tischteppiche enthielten allegorische Darstellungen und nahmen die heraldischen Farben des Hauses auf. Abgesehen von den original erhaltenen Raumanordnungen, den Wandmalereien und Stukkaturen ist von der einstigen Ausstattung nur sehr wenig überkommen.
Nach der Fertigstellung der Schloßanlagen in Kassel verlor die Wilhelmsburg als Residenz der Landgrafen von Hessen-Kassel zunehmend an Bedeutung. 1634 wurde das Schloß von kaiserlichen Truppen besetzt. Von 1677 bis 1683 nahm die Landgräfin Hedwig Sophie, die Witwe des Landgrafen Wilhelm VI., des Gerechten, von Hessen, ihren Wohnsitz im Schloß. Unter ihrer Regentschaft erfolgten größere Ausbesserungen und Umbauten. Einrichtung und Raumfassungen wurden im Stile des Barock verändert, die obere Gartenterrasse wurde angelegt. Hedwig Sophies Sohn, Landgraf Karl von Hessen, weilte gelegentlich zur Jagd in Schmalkalden. Er veranlaßte zum letzten Mal die Wiederherstellung der Wasserkunst im Garten. Nach der Schlacht bei Leipzig wurde im Schloß ein Typhuslazarett eingerichtet. Die verstorbenen französischen Soldaten begrub man hinter dem Schloß, am Abhang der Queste. Seit dieser Zeit mied die landgräfliche Herrschaft das Schloß, alles Inventar wurde nach 1819 verkauft. Nach der Aufgabe der letzten Dienstwohnungen verwahrloste das Schloß immer mehr. Eine Dachreparatur 1820 verhinderte zwar den endgültigen Verfall, jedoch fielen ihr die Zwerchhäuser mit Renaissance-Ziergiebeln zum Opfer. Die ehemals welschen Hauben der vier Treppentürme ersetzte man durch flache Pyramidendächer, das Dachgeschoß wurde zum Bodenraum.
Erst in den 70er Jahren des 19. Jahrhunderts wurde die Wilhelmsburg kunsthistorisch wiederentdeckt. Verdienste um ihre Erhaltung und Wiederherstellung hat sich der 1873 gegründete Verein für Hennebergische Geschichte und Landeskunde erworben, der ab 1878 bereits seine Bibliothek und die naturwissenschaftlichen, altertumskundlichen und landes-

kundlichen Sammlungen in vier Räumen des Schlosses unterbrachte. Mit der Auf- und Ausstellung der Sammlungen in der Hofstube, dem Riesensaal und zwei weiteren Räumen im Nordflügel begann die Arbeit des Museums in der Wilhelmsburg. 1911 wurde das Schloß unter Denkmalschutz gestellt. Zugleich begannen Restaurierungsarbeiten. 1928 konnten das instandgesetzte Tafelgemach und 1930 der wiederhergestellte Riesensaal übergeben werden. Zehn Jahre später wurden bereits 24 Räume museal genutzt. Der Zweite Weltkrieg erzwang eine Unterbrechung, die Wiedereröffnung des Museums erfolgte 1946. Genutzt wird die Wilhelmsburg nach wie vor hauptsächlich zu musealen Zwecken.

Rekonstruktionszeichnung des Schlosses von Friedrich Laske (1878).

Die Statthalterei des Kurerzstifts Mainz in Erfurt

Walter Blaha

Die Mainzer Statthalterei. Fotografie von F. Herzer.

Die Statthalterei reicht baugeschichtlich zurück auf das im Jahr 1540 errichtete Renaissancebürgerhaus „Zum Stolzen Knecht“, das zwischen 1597 und 1628 mit den benachbarten Bürgerhäusern „Zur Güldenen Flechte“ und „Zum Güldenen Rost“ zu einem stattlichen Gebäudekomplex vereint wurde. Diesen erwarb 1694 die kurmainzische Regierung in Erfurt, um ihn 1699 als Residenz der kurmainzischen Statthalter herzurichten. Von 1713 bis 1722 erfolgten Um- und Erweiterungsbauten zu einer barokken Anlage. Nach umfangreicher Sanierung und Restaurierung zwischen 1992 und 1994 ist die ehemalige Statthalterei seit dem 4. März 1995 Sitz der Thüringer Staatskanzlei und des Thüringer Ministerpräsidenten.

Im Jahre 1694 bezieht der zum kurmainzischen Statthalter gewählte Gottlieb Philipp Josef Faust von Stromberg die Statthalterei „Zum Stolzen Knecht“ in Erfurt. Schon seinem Nachfolger, Philipp Wilhelm Reichsgraf von Boineburg, erscheint das Gebäude nicht ausreichend repräsentativ. Er beauftragt den im Schloß- und Festungsbau erfahrenen Maximilian von Welsch mit der Planung des Umbaus und der Erweiterung. 1711 liegen die neuen Grundrißpläne vor, und zwei Jahre darauf beginnen die Bauarbeiten. Unter Einbeziehung des vorhandenen Gebäudekomplexes entsteht ein barocker Neubau in der Größe des Vorgängerbaus. Mit Rücksicht auf die Einheitlichkeit des Gebäudekomplexes werden Elemente des Renaissanceflügels – Eckquaderung und Fenstergewände – in das neue Gebäude übernommen. Ein risalitartiger Mittelbau verbindet Renaissance- und Barockflügel und verleiht der Anlage die angestrebte Symmetrie. Die plastischen und figürlichen Arbeiten der Fassade und des Risalits mit großem Portal und Balkon fertigt der in Münster geborene Bildhauer Gottfried Gröninger. Es entsteht ein repräsentatives dreigeschossiges Palais von beachtlichen Grundmaßen: 72 Meter in der Breite und 11 Meter in der Tiefe. Dem bis zur Dachtraufe reichenden Halbtürmchen im Ostflügel entspricht im Westflügel ein kleiner Erker im ersten Obergeschoß. Einzig hier zeigt die Fensterreihe etwas Fassadenschmuck: Fruchtgirlanden und Flachgiebel mit Reliefs. Sehr viel schmuckfreudiger stellt sich der imposante Mittelbau dar. Das Portal flankieren zwei kraftvolle Hermen, die den auf einer Abschlußplatte ruhenden Balkon auf erhobenen Händen tragen. Der Balkon, geschmückt mit Pilastern, Voluten, Rankenwerk, Gewandfiguren und Putten reicht bis zum Hauptgesims mit dem Wappen des Kurfürsten Lothar Franz von Schönborn.
Die repräsentativen Räumlichkeiten des Palais' liegen im ersten Obergeschoß des barocken Neubaus. Durch eine große Eingangshalle gelangt man über zwei Treppenaufgänge in den aufwendig gestalteten Festsaal. Der quadratische, über zwei Stockwerke reichende Saal beeindruckt durch seine von Gottfried Gröninger ausgeführten qualitativ hochwertigen Stuckversionen an Decke und Gesims. Das vermutlich von einem italienischen Meister geschaffene dekorative Deckengemälde stellt eine Gruppe allegorischer Figuren, auf Wolken schwebend, dar. Die drei anschließenden und im Barockflügel liegenden Räume bestechen ebenfalls durch ihre aufwendigen Stuckarbeiten.

In den vierziger Jahren des 18. Jahrhunderts erhielt die Residenz mit der Anlegung des Hirschgartens, einer parkähnlichen Anlage mit schattigen Promenaden, und den beiden Wachhäuschen das repräsentative Umfeld: räumliche Freiheit und aristokratische Abgeschlossenheit. Durch die unmittelbare Nähe avancierte die benachbarte Pfarr- und Klosterkirche St. Wigbert zur Hofkirche und Grablege der kurmainzischen Statthalter.
Mit etwa 15 000 Einwohnern war das kurmainzische, inmitten thüringisch-sächsischer Staaten gelegene und stark befestigte Erfurt die größte und wirtschaftlich mächtigste Stadt in Thüringen. Zahlreiche Pfarrkirchen, Stifte und Klöster, dazu die als Kathedralkirche fungierende Stiftskirche St. Marien, prägten das Stadtbild. Ein auf Gewerbe und Handel orientiertes Bürgertum bildete einen starken Wirtschaftsfaktor. Erfurt war der politische, wirtschaftliche und kirchliche Mittelpunkt der östlichen Besitzungen des Mainzer Kurstaates und Erzbistums im thüringischen Raum und wurde zur Nebenresidenz der Kurfürsten und Erzbischöfe, wenngleich diese recht selten in Erfurt weilten. Mit dem Bau der Festung Petersberg 1665 bis 1730 wurde die Herrschaft militärisch gesichert und mit dem barocken Bau der dreigeschossigen „Waage“ am Anger die entscheidende Grundlage für die weitere Hebung der städtischen Wirtschaft gelegt.
Den „Kurmainzischen Erfurter Staat“ regierten insgesamt zwölf Statthalter, allesamt hohe geistliche Würdenträger, ausgestattet mit einflußreichen Ämtern in Regierung und Verwaltung. Drei von ihnen verdienen hervorgehoben zu werden. Philipp Wilhelm Reichsgraf von Boineburg amtierte von 1702 bis 1717. In dieser Zeit wurden die „Waage“ und die Statthalterei errichtet. Er stiftete der Universität eine Professur und schenkte ihr, deren Rektor er 1705 war, seine wertvolle Privatbibliothek. Anselm Franz Ernst Freiherr von Warsberg regierte von 1732 bis 1760. Er bemühte sich vorrangig um die Hebung von Handel und Gewerbe, Landwirtschaft und Gartenbau. Schließlich residierte hier Carl Theodor Anton Maria Freiherr von Dalberg, Statthalter von 1772 bis 1802.
Unter Dalbergs Statthalterschaft erlebte das überwiegend protestantische Erfurt im letzten Drittel des 18. Jahrhunderts eine neue Blütezeit. Mit dem Ziel „das wohl des erfurter Stats zu befördern“ und den Untertanen „Glückseligkeit und Wohlfart“ angedeihen zu lassen, setzte Dalberg umfangreiche Veränderungen in Verfassung und Verwaltung durch und ver-

besserte die wirtschaftlichen und sozialen Rahmenbedingungen. Die durch merkantilistische Grundsätze und physiokratische Maßnahmen gekennzeichnete Wirtschaftspolitik führte zur Entstehung neuer und zur Stabilisierung bestehender Manufakturen besonders im Textil- und Schuhgewerbe. Neben der Bekämpfung der Armut und anderer sozialer Mißstände sowie der Hebung des Niveaus der medizinischen Versorgung galt Dalbergs ganze Aufmerksamkeit dem Bildungssystem. Es entspricht den Grundüberzeugungen des aufgeklärten Absolutismus, daß das Gedeihen eines Landes maßgeblich von einem leistungsstarken Bildungssystem abhängt. Dalberg orientierte auf neue Inhalte und Formen, er reorganisierte das katholische Schulwesen und gründete praxisorientierte Weiterbildungsschulen. Die eigentliche Bildungsreform galt jedoch nicht der Elementarbildung, sondern der Universität. Trotz gutgemeinter Reformversuche Dalbergs und dem erkennbaren Streben nach zeitgemäßer Bildung verfiel die vormals städtische und nun landesherrliche Universität immer mehr. Einerseits konnte sich das kleine Kurfürstentum die Ausstattung von zwei Universitäten nicht leisten, die den wachsenden Anforderungen voll genügten, andererseits führte die Gründung der Universitäten in Halle 1694, Fulda 1734, Göttingen 1737 und Erlangen 1743 zu einem unübersehbaren Nachteil für die Erfurter Universität. Das Bestreben Dalbergs, eine überkonfessionelle Universität als ein gleichberechtigtes Bindeglied zwischen den Höfen von Weimar, Gotha und Mainz zu schaffen, scheiterte an den Schranken geistiger Erstarrung und territorialer Ohnmacht.

Mit größerem Erfolg widmete sich Dalberg der 1754 gegründeten „Churmaynzischen Academie nützlicher Wissenschaften“, einer der ersten in den deutschen Territorien. Dalberg wurde 1775 ihr Spezialprotektor. Mit bemerkenswertem Engagement förderte er die Forschungs-, Vortrags- und Publikationstätigkeit der Sozietät, die sich – entsprechend dem Leibnizschen Anliegen – insbesondere der Vertiefung der Geistes- und Naturwissenschaften verschrieben hatte. Dalberg nahm Einfluß auf die seit 1777 von ihm wiederbelebten „Acta Academica“, er hielt selbst Vorträge und veröffentlichte eigene Abhandlungen.

Seine eigentliche Begabung entfaltete Dalberg als Integrationsfigur des gesellschaftlichen und künstlerischen Lebens. Er hatte den klassisch aristokratisch-klerikalen Bildungsweg absolviert, war hochgebildet, ein Anhänger der Ideen der Aufklärung und verkörperte in seinem Wirken die

Grundsätze von Humanität und Toleranz. Der Aufklärer Johann Andreas Georg Friedrich Rebmann, ein leidenschaftlicher Sympathisant der Französischen Revolution, der von 1794 bis 1795 in Erfurt politisch aktiv war, urteilte: „Der Coadjutor Freiherr von Dalberg gehört zu den Regenten in Deutschland, welche edel genug denken, um es zu verschmähen,

Carl Theodor von Dalberg, der letzte Mainzer Statthalter in Erfurt.

über Sklaven zu herrschen und welche die Liebe und Achtung freier Menschen zu gewinnen wissen." Die von Dalberg maßvoll gehandhabte Zensur und praktizierte Pressefreiheit veranlaßte Rebmann zu der Aussage: „In politischer Hinsicht lebt, denkt und spricht man hier ungemein frei, nicht etwa bei verschlossenen Thüren, sondern gerade ins Angesicht der Magistratspersonen." Dalberg suchte in Erfurt ein gewisses Maß an politischer und geistiger Liberalität durchzusetzen. Um ihn und den ehemaligen preußischen Kammerpräsidenten in Minden, Karl Friedrich von Dacheröden, hatte sich ein über die Grenzen der Stadt hinaus bekannter schöngeistiger Kreis gebildet. Dalbergs „Politik der Versöhnung" eröffnete der Bürgerschaft den Zugang zu den sogenannten Assembleen, die seit 1786 allwöchentlich dienstags von 17 bis 20 Uhr in den Repräsentationsräumen der Statthalterei stattfanden und „zu der jeder anständig gekleidete Bürger und Fremde Zutritt habe", schreibt nicht ohne distanzierenden Unterton der Chronist Constantin Beyer. Weiter bemerkt Beyer: „Hier war kein Unterschied der Stände zu spüren. Adelige und Bürgerliche, Staatsbeamte, Künstler und Handwerker, Fräuleins und Kaufmannstöchter; alles vereinigte hier nur ein Zweck, der, sich angenehm und völlig zwanglos zu unterhalten." Zutritt hatte allerdings nur das gehobene und gebildete Bürgertum, darunter vor allem Universitätsangehörige, Mitglieder der Akademie, hohe kurmainzische und städtische Regierungs- und Ratsmitglieder. Zuweilen erschienen auch gerade in der Stadt anwesende regierende Herren und Fürsten, unter ihnen Herzog Carl August von Sachsen-Weimar und Eisenach. Dalberg war der alles belebende Mittelpunkt dieser Gesellschaft, seine faszinierende Liebenswürdigkeit, seine Gabe geistreicher Unterhaltung, sein vielfältiges Wissen und seine mannigfaltigen Interessen konnten sich hier bestens entfalten.
Kein anderer Hof in Thüringen war einer relativ freien Geselligkeit so geöffnet wie Dalbergs noble Haushaltung. Selbst in Weimar schloß sich die Hof- und Adelsgesellschaft stärker vom Volke ab. Die Assembleen waren ohne Vorbild und blieben ohne Nachahmung.
Neben diesen offiziellen Gesellschaften hatte sich Dalberg aber auch einen engeren Freundeskreis geschaffen. Diesem gehörte der langjährige Sekretär der Akademie nützlicher Wissenschaften Hermann Ernst Rumpel an. Der humanistisch gebildete Jurist war zugleich Direktor des Ratsgymnasiums und Professor der Rechte an der Universität. Dalberg ver-

traute ihm seinen jüngeren Bruder für den juristischen Unterricht an. Zum engeren Kreis zählten auch zwei Theologen, einer katholischer, der andere evangelischer Konfession. Der aufklärerisch gesinnte, gelehrte letzte Abt des Petersklosters Plazidus Muth stand Dalberg ebenso nahe wie der

Das barocke Portal der Statthalterei. Fotografie von F. Herzer (1997).

evangelische Theologe Johann Christian Lossius, Professor der Philosophie und Theologie an der Universität. Allerdings vermied Dalberg grundsätzlich theologische Gespräche mit Theologen anderer Konfessionen, und er achtete streng darauf, daß in der Akademie niemals theologische Themen behandelt wurden. Zu den Vertrautesten unter den Erfurter Freunden des Statthalters zählte der schon mehrfach genannte Karl Friedrich von Dacheröden, der in Erfurt seinen literarischen und kulturellen Neigungen nachging. Dalberg fand in ihm einen vornehmen, liebenswürdigen und geistreichen Mann. Täglich verkehrten sie miteinander, keine Assemblee versäumte man, und Dalbergs Gäste waren auch die seinen.
Dalbergs Förderung der schöngeistigen Künste und der Wissenschaften, seine Toleranz und Kompromißbereitschaft bewirkten, daß bedeutende Persönlichkeiten wie Goethe, Schiller, Wieland, Herder und Wilhelm von Humboldt für längere oder kürzere Zeit in Erfurt wohnten und arbeiteten. Die zeitweilige Abkehr von der höfischen Gesellschaft in Weimar und die Hinwendung zu bürgerlichen Kreisen dokumentiert das gewachsene Selbstbewußtsein des gebildeten Bürgertums. Mit dem Wirken des Weimarer Dichterkreises erhielt das geistig-kulturelle Leben in Erfurt eine neue Qualität.

Besonders eng gestalteten sich die Beziehungen zwischen Dalberg und Schiller. 1787, fünf Jahre nach Aufführung seines Dramas *Die Räuber* in Erfurt, weilte Schiller erstmals in der Stadt. Seine Luise Millerin in dem gleichnamigen Stück, später in *Kabale und Liebe* umbenannt, war die Erfurter Schauspielerin Sophie Albrecht; zwischen ihnen entwickelte sich eine innige Freundschaft. Schiller war von der Stadt, ihren Bürgern und Dalbergs Gastfreundschaft so angetan, daß er den Statthalter 1789 brieflich um eine gesicherte Existenz in Erfurt bat. Sein Gesuch scheiterte jedoch an der ablehnenden Haltung des Mainzer Kurfürsten. Durch Vermittlung der Caroline von Dacheröden verlobte sich Schiller im Herbst 1789 in Erfurt mit Charlotte von Lengefeld. Nahezu sieben Wochen weilte Schiller im Frühherbst 1791 in Erfurt und nahm seine Wohnung im Haus „Zum Bürgerstreit“ am Plänchen, heute Lange Brücke 36. Hier griff er seine Arbeit an der *Geschichte des Dreißigjährigen Krieges* wieder auf, zu der ihm Dalberg geraten hatte.

Goethe hielt sich seit 1776 oft in Erfurt und in der Statthalterei auf, vorwiegend als Gesandter des Herzogs von Weimar, also in amtlicher Eigenschaft. Das weimarische Geleitshaus lag unmittelbar neben der Statthalterei. Daß er sich gern an die Erfurter Tage erinnerte, belegen unter anderem mehrere Gedichte, die er der Stadt widmete.

Das Treppenhaus der Statthalterei. – Ursprünglich hatte es noch einen zweiten Treppenaufgang gegeben, der den Umbauten der preußischen Zeit zum Opfer fiel. Fotografie von E. Bissinger (1929).

Eifrig betrieb Dalberg die Berufung Herders in das oberste Amt des weimarischen Kirchenwesens 1776, wie er zuvor bereits Goethes Einführung in den herzoglichen Staatsdienst nach Weimar maßgeblich gelenkt hatte. Herder und Dalberg lernten einander in der Statthalterei näher kennen, und es entwickelte sich ein reger Gedanken- und Schriftenaustausch.
Noch bevor Dalberg seine Statthalterschaft Anfang Oktober 1772 antrat, verließ Christoph Martin Wieland die Universität Erfurt in Richtung Weimar. Dalberg hatte nichts unversucht gelassen, Wieland in Erfurt zu halten, aber die konfessionellen Gegensätze und die veralteten Strukturen an der Universität veranlaßten ihn, der Stadt den Rücken zu kehren. Schon viele Jahre früher, 1749, hatte Wieland seine Studien an der alma mater Erffordensis begonnen und zwanzig Jahre später, 1769, übertrug man ihm die Professur für Philosophie. Hinter der Berufung des Aufklärers Wieland standen der Mainzer Kurfürst und sein Statthalter in Erfurt. Wielands Vorlesungen über Philosophie, Geschichte der Menschheit, Universal- und Literaturgeschichte fanden großen Zuspruch. In dieser Zeit entstand auch sein gesellschaftskritischer Roman *Der goldene Spiegel oder die Könige von Scheschian.* Wieland führte einen intensiven Schriftwechsel mit Dalberg, aber er scheint nicht oft nach Erfurt in die Statthalterei gekommen zu sein. Er hielt nicht viel von dieser Art Assembleen und hatte solche Gesellschaften in den *Abderiten* gar verspottet.
Unweit der Statthalterei wurde das Dacherödensche Haus auf dem Anger 37/38 zu einem weiteren schöngeistigen Zentrum, in dessen Mittelpunkt die geistvolle und hübsche Caroline, Tochter des Hausherrn Karl Friedrich von Dacheröden stand. 1789 verlobte sich Caroline von Dacheröden mit Wilhelm von Humboldt, und zwei Jahre später feierten beide in Erfurt ihre Vermählung, die in den Barockräumen der Statthalterei stattgefunden haben soll. Hier machte der spätere Staatsmann Humboldt Bekanntschaft mit Goethe und Schiller. Und im Oktober 1808, in den Tagen des Fürstenkongresses, als „die Blicke von ganz Europa eine Zeit lang“ auf Erfurt gerichtet waren und die Stadt für einige Wochen „im Mittelpunkt des Weltgeschehens“ stand, wie Constantin Beyer schreibt, empfing Kaiser Napoleon hier Goethe.

Glockenförmiger Teil des Renaissance-Erkers, der auf einer vollplastischen Mannesbüste (1540) ruht.
Fotografie von F. Herzer (1997).

Die Residenz-Schlösser der albertinischen Sekundogenituren

Schloß Neu-Augustusburg in Weißenfels

Roswitha Jacobsen

Blick zu dem hoch gelegenen Schloß Neu-Augustusburg.
Fotografie von F. Herzer (1997).

Die erste steinerne Burganlage aus dem 12. Jahrhundert war nach vorangegangenen Plünderungen und Beschädigungen im Jahre 1644 weitgehend zerstört worden. 1660 begann der Bau der Neu-Augustusburg auf den Resten der alten Burg; der erst 1694 mit der Pflasterung des Innenhofes abgeschlossen war. Der Turm des Südflügels mußte schon im 18. Jahrhundert abgenommen werden, der des Nordflügels nach Sturmschäden im Jahre 1817. Nach dem Erlöschen der Linie Sachsen-Weißenfels diente das Schloß als Lazarett, Kaserne, Fachschule, Lager und Museum.

Als Weißenfels im Jahre 1680 zur Residenz der albertinischen Nebenlinie Sachsen-Weißenfels wird, kann dieses Herrscherhaus schon auf eine eigene kulturelle Tradition zurückblicken, die der Liniengründer Herzog August in seiner Residenz Halle begründet hatte. Das Herzogtum war bereits 1656 entstanden, nach dem Tod des sächsischen Kurfürsten Johann Georg I., der zur Versorgung der drei nachgeborenen Söhne die Bildung sogenannter Sekundogenituren in den Kurlanden verfügt hatte. August, der nächstjüngere Bruder des Kurprinzen, war schon 1628 als Administrator des Erzstifts Magdeburg postuliert worden und residierte als solcher seit 1642 dauerhaft in Halle. Da das Erzstift mit der Stadt Halle laut einer Verfügung des Westfälischen Friedensvertrages nach Augusts Tod an Kurbrandenburg fallen soll, wird ein Residenzwechsel von Augusts Nachfolgern unumgänglich. Mit Weißenfels kommt eines der größten Ämter des Herzogtums in Betracht, wenngleich es mit knapp zweitausend Einwohnern zunächst auch kaum mehr als ein Landstädtchen ist. Immerhin hatte gut hundert Jahre zuvor schon einmal ein sächsischer Herzog, der Administrator des Bistums Merseburg und spätere Kurfürst August, sieben Jahre lang in Weißenfels residiert, von 1546 bis 1553. Offensichtlich knüpft Herzog August an diese Herrschaftsepisode an. Am augenscheinlichsten wird das im Bau des neuen Schlosses, das er anstelle der im Dreißigjährigen Krieg zerstörten alten Burg über der Stadt errichten läßt, und an seiner Namensgebung: Er nennt es Neu-Augustusburg, in unverkennbarer Anlehnung an das gewaltige Jagdschloß jenes Kurfürsten August im Erzgebirge. Der Schloßbau ist nicht die einzige Maßnahme Augusts zur Vorbereitung der Stadt auf ihre künftige Residenzfunktion. 1664 stiftet er eine höhere Bildungsanstalt im Stile einer Ritterakademie, das Gymnasium illustre Augusteum. Einige der hier wirksamen Professoren spielen eine Rolle im deutschen Geistesleben, wie der Historiker, Geograph und Sprachwissenschaftler Christoph Cellarius oder die Rhetorikprofessoren und Schriftsteller Christian Weise und Johann Riemer. Im Sommer 1680 stirbt Herzog August, und im August schon zieht sein Nachfolger Johann Adolf I. mit seinem Hofstaat in die Neu-Augustusburg nach Weißenfels um. Vom Schloß ist erst der Nordflügel und die Hälfte des Mittelflügels fertig. August hatte, die Bedürfnisse des eigenen Hofes vor Augen, den Bau genau durchdacht. Ein erster Entwurf für das neue Schloß, der eine Anlage im Renaissancestil vorsah, entsprach seinen

Vorstellungen nicht und war samt dem Baumeister abgelehnt worden. Statt dessen engagiert August den zuvor in Weimar tätigen Architekten Johann Moritz Richter d.Ä., der auch das neue Zeitzer Schloß entworfen hatte. Auch Richters ersten Entwurf läßt August noch einmal überarbeiten. Mit dem schließlich akzeptierten Plan einer dreistöckigen Dreiflügelanlage mit drei Türmen und einer Galerie als Abschluß gegen die Landseite ist die Entscheidung für einen „ausgesprochen modernen Bautypus“ (Ulrich Schütte) gefallen. Die Grundsteinlegung findet bereits vier Jahre nach der Entstehung des Herzogtums statt, am 25. Juli 1660. Nach Richters Tod im Jahre 1667 übernimmt sein Sohn Johann Moritz Richter d. J. die weitere Ausführung des Baus. Die Funktionalität und die symbolische Ausdruckskraft der Raumanordnung sind in der Literatur hervorgehoben worden. Zentral angeordnet im Hauptgeschoß des Mittelflügels befinden sich über die ganze Breite hin die fürstlichen Haupträume: der Thronsaal, die Gemächer von Herzog und Herzogin sowie die Antichambres. Äußere Betonung erfährt die Hauptachse des Schlosses durch das zentrale Schloßtor unter den Hauptgemächern, zu dem eine Einfahrt geplant war, jedoch nicht ausgeführt wurde, und den darüber errichteten Turm mit einer von den Zeitgenossen besonders gerühmten Uhr. Symmetrisch dazu angeordnet sind die beiden bestimmenden Institutionen der höfischen Kultur dieses Hauses: die Schloßkapelle nach Norden und der Komödiensaal nach Süden. Sie liegen einander gegenüber in den Seitenflügeln, ebenfalls jeweils unter Türmen.
Der Komödiensaal ist nicht erhalten, aber die mehrfach (1895, 1955, 1984/85) renovierte Schloßkirche demonstriert eindrücklich die künstlerische Qualität dieses protestantischen Kirchenraumes, den man als musterhaft bezeichnet hat. Bedeutende Künstler haben an seiner Gestaltung mitgewirkt: der zu dieser Zeit am Dresdener Hof angestellte Maler Johann Oswald Harms, der auch Deckengemälde für verschiedene Schloßräume entworfen hatte, die berühmten Stukkateure Giovanni Caroveri und Bartholomäus Quadri, der Schöpfer des Altars und der wertvollen Altarplastiken Johann Heinrich Böhme und nach dessen Tod der Hofbildhauer Johann Balthasar Stockhamer. Nach dem Erlöschen der Weißenfelser Linie veranlaßte der sächsische Kurfürst eine Umgestaltung der Schloßkirche für den katholischen Gottesdienst. Für den dynastischen Anspruch des Hauses von besonderer Bedeutung ist die Fürstengruft un-

ter der Schloßkirche. Seit 1670 wird sie als Grablege der Linie genutzt, in ihr sind sämtliche Mitglieder des Hauses beigesetzt.
August verleiht mit dem Schloß dynastischen und kulturellen Interessen gleichermaßen Ausdruck und schafft mit ihm einen repräsentativen und dem besonderen Profil dieser herzoglichen Hofhaltung gänzlich entsprechenden Rahmen. Schon bei den ersten Gelegenheiten wird deutlich, daß sein erster Nachfolger das höfische Leben in Weißenfels tatsächlich in ähnlicher Weise fortsetzt, wie es August in Halle praktiziert hatte. Johann Adolph bleibt ganz in den Fußstapfen seines Vaters, in bezug auf die Förderung einzelner Bereiche der Kultur – und auch in bezug auf die Geringschätzung anderer. Zum Teil ist das im weithin identischen Personalbestand der Höfe Augusts und Johann Adolfs begründet. Letzterer bestallt eine große Zahl der Halleschen Beamten erneut, darunter den Vizekapellmeister Augusts in Halle, der nun zum Kapellmeister der Weißenfelser Hofkapelle aufsteigt, Johann Philipp Krieger. Krieger gehört zu den bedeutendsten Komponisten der Zeit und prägt die Musik am Weißenfelser Hof 45 Jahre lang. Auch sechs Mitglieder der alten Hofkapelle folgen dem Hof nach Weißenfels. Johann Beer, der begabte Altist, Komponist und Romanschriftsteller, von Johann Adolf 1685 zum Konzertmeister ernannt, zählt zu ihnen.
Beer schrieb zwischen 1677 und 1685, während seiner Anstellung am Halleschen und Weißenfelser Hof, in schneller Folge etwa zwanzig teils umfangreiche Romane und Erzählungen, ohne damit irgendeine Wertschätzung seiner Herren erlangen zu können. Er wird nicht einmal in die Fruchtbringende Gesellschaft (Palmenorden) aufgenommen, als deren drittes Oberhaupt Herzog August bis zu seinem Tode fungierte. Die Fruchtbringende Gesellschaft verfolgte neben allgemeinen kulturellen vor allem sprachpatriotische Ziele und begriff sich als Förderin der deutschen Sprache und Literatur. Obwohl Beer – heute! – als einer der wichtigsten Erzähler des Jahrhunderts nach Grimmelshausen gilt und weitaus produktiver war als die meisten der Mitglieder in der Endphase des Palmenordens, erlangt er gerade auf diesem Gebiet keinerlei Anerkennung in der höfischen Gesellschaft. Ähnlich ergeht es den anderen beiden großen Dichtern und Schulmännern im Umfeld des Weißenfelser Hofes: Christian Weise und Johann Riemer, die sich beide um das protestantische Schultheater verdient machen und – wie Beer mit einigen seiner Erzähl-

Diese Gedenktafeln erinnern an bedeutende, auf Schloß Neu-Augustusburg tätige Künstler. Fotografie von F. Herzer.

texte auch – *die* Repräsentanten des sogenannten politischen Romans sind, eines satirisch-pragmatischen Texttyps, der eher ein bürgerliches als ein höfisches Weltbild entwirft.

Dennoch hat sich Herzog August Verdienste um die deutsche Sprache erworben. Die frühe Einführung des Deutschen als Unterrichtssprache am Gymnasium illustre ist kein Zufall. August nimmt persönlich Einfluß auf das Lehrprogramm, und in Christian Weise findet er einen Gewährsmann, was die deutschsprachige Lehre anbelangt. Weise hält schon 1672 deutsche Vorlesungen in Weißenfels, sechzehn Jahre vor der legendären ersten deutschen Vorlesung von Christian Thomasius in Leipzig. Kulturgeschichtlich noch wichtiger ist aber die Verbindung der deutschen Sprache mit der höfischen Kunstgattung par excellence, der Oper. Hier haben die Herzöge von Sachsen-Weißenfels in ihren beiden Residenzen Herausragendes geleistet. August hatte die Oper auf der Grundlage deutschsprachiger Libretti in Halle eingeführt in bewußt sprachpatriotischer Absicht und gegen den Vormarsch der italienischen Oper an anderen deutschen Höfen der Zeit, namentlich in Opposition zum Dresdener Hof seines ungeliebten kurfürstlichen Bruders. Seine Weißenfelser Nachfolger führen die deutschsprachige Oper zu noch größerem Glanze. Durch ihr Engagement wird die Neu-Augustusburg zu *der* Pflegestätte der frühdeutschen Oper in Thüringen mit Ausstrahlungen auf andere Höfe der Region. Fünfzig Jahre lang ist an diesem Hof das Musiktheater eine der tragenden Säulen der höfischen Festkultur. Bezüglich der Anzahl und der Qualität der Opernaufführungen kann Weißenfels mit den großen Zentren der frühen Barockoper wie Hamburg oder Braunschweig-Wolfenbüttel durchaus konkurrieren.

Trotz ungünstiger äußerer Bedingungen am Anfang, als der Komödiensaal und der große Redoutensaal im Südflügel der Neu-Augustusburg noch nicht zur Verfügung stehen, beginnt die Praxis des Musiktheaters bereits gut eineinhalb Jahre nach der Übersiedlung des Hofes, und zwar anläßlich des Kirchgangs der Herzogin Johanna Magdalena nach einer Prinzengeburt im April 1682. Die erste musikalisch-theatralische Aufführung ist ein *Freuden-Spiel* unter dem Titel *Der witzige Freyer Oder der Rosabelle Schäferey.*

Höhepunkte in der Entfaltung des ganzen Spektrums höfischer Festkultur in der Regierungsperiode Johann Adolphs sind zunächst durch den Abschluß einzelner Bauphasen des Schlosses gegeben. Die Schloßkirche ist 1682 fertiggestellt. Ihre Einweihung wird – passend zum Reformationsfest und zum Herzogsgeburtstag am 2. November – mit einem Fest vom 1. bis zum 5. November begangen. Außer einer Serie von Predigten werden auch ganz weltliche Elemente der höfischen Festkultur geboten: Feuerwerk, festliche Tafeln, Musik und eine Theateraufführung. Auch an den darauf folgenden Geburtstagen von Herzog und Herzogin gibt es regelmäßig musikdramatische Aufführungen. Ihr Ort ist vermutlich das Tafelgemach, bis dann schließlich im November 1685 der Komödiensaal fertiggestellt ist, mit dem eine Spielstätte zur Verfügung steht, die anscheinend höchsten Ansprüchen genügt. Ab jetzt taucht in den gedruckten Spieltexten eine neue Gattungsbezeichnung auf, Singspiel, die zeitgenössische Bezeichnung für die Oper in Deutschland. Das erste große Singspiel aber, mit dem der Rang der neuen Bühne vor den angereisten fürstlichen Gästen benachbarter Höfe demonstriert wird, ist ein Stück, das 22 Jahre zuvor schon an Augusts Hoftheater in Halle gespielt worden war: *Nero Der verzweifelte Selbst-Mörder.* Es ist indes nicht die einzige musiktheatralische Aufführung. Die festliche Einweihung des Komödiensaales wird als Beginn einer Ära des Theaters auf der Neu-Augustusburg inszeniert, zu der alles Vorangegangene nur Vorspiel war. Formuliert wird das anspruchsvolle Programm in einer *kleinen Operetta*, deren Textdruck immerhin 16 Folioseiten umfaßt, unter dem Titel *Eröffnung Des Neu-Eingerichteten Schau-Platzes Auff der Neuen Augustus-Burg.* Der Text feiert mit der Ankunft der Musen Clio, Thalia, Calliope die kulturelle und darüber hinaus die allgemeine zivilisatorische Bedeutung dieser Theatereröffnung, und er erinnert an die Tradition, die – einst durch Herzog August begründet – nun prächtiger denn je fortgesetzt werde. Besonders an diesem Text wird deutlich, daß die Bedeutung des Weißenfelser Hoftheaters nicht als ein mehr oder weniger zufälliger Effekt fürstlichen Unterhaltungsbedürfnisses anzusehen ist, sondern das Ergebnis eines sehr bewußten kulturellen Anspruchs darstellt.

Jährlich gibt es mehrere Theateraufführungen, unterbrochen nur durch Trauerfälle in der fürstlichen Familie. Kulturgeschichtlich bedeutsam geworden aber ist die konsequent deutsche Opernpflege auch über die Existenz der Fruchtbringenden Gesellschaft hinaus. Das zeigt sich in der Wiederaufnahme und Neuinszenierung Hallescher Stücke ebenso wie in

der Produktion einer sehr großen Zahl eigener. Sind es in den ersten Weißenfelser Jahren nur ein oder zwei musiktheatralische Stücke, die zur Aufführung kommen, so steigt ihre Anzahl seit Ende der achtziger Jahre immens, unter anderem auch dadurch, daß solche Theaterformen verstärkt praktiziert werden, in denen die Spitze der Hofgesellschaft selbst agiert, die fürstlichen Kinder und adlige Damen und Herren, später – unter Herzog Johann Georg – auch das Fürstenpaar selbst. Opern und Schauspiele werden von ihnen allerdings nicht ausgeführt, sondern Ballette und Maskeraden. Die Sänger und Musiker werden zum Teil von anderen Höfen berufen, wie auch Weißenfelser Musiker und Sänger bei Aufführungen an fremden Höfen mitwirken. Nach der Spielfrequenz und nach seiner Ausstrahlung auf andere Bühnen ist das Weißenfelser Hoftheater bis in die zwanziger Jahre des 18. Jahrhunderts eines der führenden in Deutschland und das mit Abstand wichtigste in Thüringen.
Hinzu kommen die Gastspiele von Wandertheatern. Auch in Halle engagiert man schon Theatertruppen. In Weißenfels finden sie sich seit der Fertigstellung des Komödiensaales regelmäßig ein: die Komödienbande Velthens, die auch eine Zeitlang am Dresdener Hof bestallt war, Hausers

Schloß Neu-Augustusburg um 1790.
Kolorierter Stich von B. Schwarz.

Compagnie, die Spiegelbergsche Truppe. In diese letzte sollen im Jahre 1717 im Weißenfelser Schloß zwei junge Schauspieler eingetreten sein: Friederike Caroline Weißenborn und ihr späterer Mann Johann Neuber. Beide sind noch mehrfach am Weißenfelser Hof zu finden mit verschiedenen Truppen, schließlich dann, 1727 und 1731, mit der eigenen, der Neuberschen Bande.

Um die Jahrhundertwende wird der Weißenfelser Hof von Zeitgenossen als einer der galantesten in Deutschland gerühmt. Mit dem erst neunzehnjährigen Herzog Johann Georg übernimmt 1697 ein Vertreter der dritten Generation der Sachsen-Weißenfelsischen Herzöge die Regentschaft, zunächst unter der Vormundschaft des sächsischen Kurfürsten stehend. Johann Georg verbindet eine innige freundschaftliche Beziehung mit dem Kurfürsten Friedrich August I., und König in Polen, August dem Starken. Beide haben ähnliche Interessen und Leidenschaften, für große Jagden, Turnierspiele, Karnevale. Johann Georg ist nicht nur häufig zu Gast in Dresden bei derartigen Lustbarkeiten, er führt sie auch in großem Stile in Weißenfels ein. Der Oper in Weißenfels tut das keinen Abbruch, sie wird mit unvermindertem Glanz fortgeführt. Von großer Bedeutung sind dabei die Beziehungen zu den führenden Bühnen Deutschlands, namentlich zu den städtischen Opernunternehmen in Hamburg und Leipzig. Andererseits bleibt gerade in Weißenfels die Oper eine ausschließlich höfische Vergnügung, zu der städtisches Bürgertum keinen Zutritt hat.

Erstreckte sich die Dauer der Feste unter Herzog Johann Adolph I. stets nur über wenige Tage, ganz selten, bei besonderen Anlässen, einmal über eine ganze Woche, so werden sie unter Johann Georgs Ägide auf mehrere Wochen ausgedehnt. Der von ihm betriebene Repräsentationsaufwand übertrifft alles in Weißenfels und Halle Vorangegangene bei weitem. Die jährlichen Karnevale dauern drei oder gar vier Wochen lang. Dazu werden fürstliche und adlige Gäste der benachbarten Höfe in Jena, Eisenach und Gotha eingeladen, die ganze Stadt muß Quartiere stellen. Angefüllt sind diese Festwochen mit den verschiedensten Lustbarkeiten, mit Rennen auf der Reitbahn, Armbrustschießen, Aufzügen durch die Stadt, Wirtschaften, Kramermärkten, Feuerwerken, allabendlichen Bällen und stets auch bis zu einem Dutzend Komödien und Opern. Fast täglich finden auch Gottesdienste statt. Doch ist der Karneval keineswegs der einzige Festanlaß. Am Geburtstag des Herzogs werden stets Turnierspiele veranstaltet, es gibt Schiffermaskeraden, allegorische Schlittenfahrten, immer wieder Wirtschaften, eine Art thematischer Maskenball. Außerdem werden große Jagden veranstaltet und die entsprechenden Räumlichkeiten dazu geschaffen. 1703 baut Johann Georg das Lust- und Jagdschloß Klein-Friedensthal. Die Neuenburg in Freyburg, die Herzog August schon 1666 umgebaut hatte, läßt er instand setzen. Sie dient ihm wie jenem schon als Jagdschloß und als Sommerresidenz. 1703 entsteht ein „Lusthafen" an der Saale für die Vergnügungen zu Schiffe. In Weißenfels baut Johann Georg ein Reithaus, und er kauft das Haus seines Kanzlers Bünau, um es als fürstliches Ballhaus einzurichten. Bevorzugten Untertanen macht er großzügige Geschenke. So stellt er seinem Jägermeister eines der größten Häuser in Weißenfels zur Verfügung, den sogenannten Jägerhof. Die Hofgesellschaft versammelt sich mitunter in den Häusern der höheren Hofbeamten, um Feste zu feiern. So etwa im Februar 1713 im Jägerhof, um die Uraufführung der zum Geburtstag des Herzogs Christian geschaffenen Jagdkantate zu hören, der Fama nach vom Komponisten selbst dirigiert: Johann Sebastian Bach. Bach wird später von Herzog Christian zum Kapellmeister „von Haus aus" ernannt.

Wenn es das Ziel der aufwendigen Hofhaltung war, den kleinen Hof auf diese Weise für bedeutende Persönlichkeiten der europäischen Politik interessant zu machen, so ist es erreicht worden. Nicht nur der Kurfürst und König von Polen findet sich auf der Neu-Augustusburg ein, sondern auch internationale Herrscherelite spricht am Hofe vor, so Erzherzog Karl von Österreich und Zar Peter I. von Rußland.

Von Johann Georgs sieben Kindern überlebt nur die Prinzessin Johanna Magdalena das Kindesalter, fünf Kinder sterben zwischen 1703 und 1706, eine 1712 geborene Prinzessin stirbt 1714. Beim Tod Johann Georgs im Jahre 1712 fällt deshalb die Regentschaft an seinen Bruder Christian. Unter Christian flammt die alte Rivalität gegen das Kurhaus wieder auf, zum einen wegen erneuter, in der Tat abenteuerlicher Autonomiebestrebungen, wie sie im Versuch, das Weißenfelser Gymnasium in eine Universität umzuwandeln, zum Ausdruck kommen, und generell wegen der hemmungslosen Überforderung der Finanzkraft des Herzogtums. Die unangemessen üppige Hofhaltung auch unter Christian droht nun, nachdem sie schon jahrelang währt, zum Desaster zu führen. Mit Genehmigung des Kaisers setzt das Kurhaus eine Schuldentilgungskommission ein, die den Finanzhaushalt zu kontrollieren hat. Zum anderen betreibt Christian aus religiösen Gründen die Abgrenzung vom Kurfürsten. Die Konversion Friedrich August I. anläßlich seiner Prätendenz auf die polnische Königskrone im Jahre 1697 war nicht nur von den lutherischen Geistlichen mit Entrüstung aufgenommen worden, sie fand auch die Mißbilligung vieler der protestantischen Fürsten in Sachsen und Thüringen. Als im Jahre 1717 dann noch die Konversion des Kurprinzen zum Katholizismus bekannt wird, schlagen die Wellen der Empörung im protestantischen Lager erneut hoch. Herzog Christian gestaltet jenes Reformationsjubiläum zum Lob des evangelischen Glaubensbekenntnisses besonders aufwendig aus, ganz offensichtlich demonstrativ gegen das abtrünnige Kurhaus gerich-

Das Corps de logis vom Innenhof aus. Fotografie von F. Herzer.

tet. Auch sonst unternimmt er eine Reihe von Maßnahmen, die ihn als Förderer der evangelischen Lehre und der Kirche in seinem Herrschaftsbereich ausweisen. Schon ein halbes Jahr nach seinem Machtantritt legt er den Grundstein zum Bau einer Schloßkapelle in Sangerhausen, wo er in den Jahren 1711/12, nach der Quittierung militärischer Dienste und vor seiner Sukzession als regierender Herzog, residiert hatte. Im Jahr darauf bereits finden die Einweihungsfeierlichkeiten statt, die drei Tage lang andauern und fortan Jahr für Jahr wiederholt werden. Zudem läßt er für die Schloßkapellen in Weißenfels und Sangerhausen ein „vollständiges Gesang- und Kirchenbuch“ schaffen.

Im übrigen führt Christian den von Johann Georg eingeführten Stil des Hoflebens auf ähnlichem Niveau weiter. Auch er hat eine Leidenschaft für die Jagd, baut dafür ein weiteres Lusthaus und veranstaltet alljährlich im Herbst ein großes Prunftlager im Freyburger Schloß. Die Blütezeit der Oper und des Theaters auf der Neu-Augustusburg hält unter ihm unvermindert an. Wie schon erwähnt, gelingt es Christian sogar, Johann Sebastian Bach dem Hof enger zu verbinden. Daß Gottsched den Text zu einer Oper lieferte, muß als literaturgeschichtliches Kuriosum angesehen werden. Schärfster Kritiker der Oper, verfaßt Gottsched den Text, um sich Herzog Christian zu empfehlen. Er hoffte – erfolgreich -, eine Professur an der Universität Leipzig zu bekommen. Die Weißenfelser Herzöge besaßen das Recht, im Wechsel mit den Zeitzer und Merseburger Regenten zwei Professorenstellen an der gemeinsamen Landesuniversität zu besetzen.

Christian stirbt kinderlos, so daß nach seinem Tod 1736 der dritte von Johann Adolphs Söhnen zur Regentschaft gelangt: Johann Adolph II. Er ist vor allem Militär – im Dienste Hessen-Kassels, dann Kursachsens. Er hält sich sehr oft am Dresdener Hof auf, sofern er nicht in den Feldzügen des Kurfürsten und Königs unterwegs ist. Sicher hängt es mit seiner häufigen Abwesenheit vom eigenen Hof zusammen, daß unter Johann Adolph II. die Hofkultur in Weißenfels andere Formen annimmt. Er reformiert die Justiz und das Kammerwesen und reduziert den Hofstaat beträchtlich. Seiner Residenzstadt sucht er ein zeitgemäßes Aussehen zu verleihen. Das Schloß wird renoviert, die weitere Pflasterung der Straßen veranlaßt, eine Kastanienallee angelegt, ein neuer Reit- und Marstall gebaut. Besonderes Augenmerk widmet er dem Defensionswerk. Dennoch stellt

Johann Adolph II., der letzte Weißenfelser Herzog.

er die Pflege der künstlerischen Kultur an seinem Hofe nicht ein. Auch er gilt noch, wenn auch vielleicht nicht mit dem gleichen Recht wie seine Vorgänger, als Liebhaber der Musen. An der fürstlichen Kapelle macht er keine Abstriche. Bis zu seinem Tode besteht sie aus 30-40 Musikern. Opernaufführungen aber finden nicht mehr statt.

Mit seinen Nachkommen ergeht es Johann Adolph und seinen beiden Gemahlinnen nicht besser als seinem Bruder Johann Georg. Eine Prinzessin erreicht lediglich ihr zehntes Lebensjahr, alle fünf Prinzen sterben als Säuglinge oder Kleinkinder. So wird schließlich auf natürlichem Wege die Erbteilung von 1656 wieder rückgängig gemacht. Die einst so prächtige Neu-Augustusburg aber verliert für immer ihre Funktion als Rahmen fürstlicher Hofhaltung. Die Waffensammlung, Teile der Bildersammlung und des Mobiliars werden nach Dresden übernommen, die eher bescheidene Bibliothek des Hofes wird verteilt. Die Neu-Augustusburg wird fortan für alles Mögliche genutzt und dem jeweiligen Bedarf entsprechend im Inneren teils gravierend verändert.

Dem Vorbeireisenden aber kündet das kompakte Schloß hoch über der Stadt noch immer vom einstigen Glanz jener barocken Hofhaltung in Weißenfels.

Schloß Moritzburg in Zeitz

Simone Häuser

Blick auf Schloß Moritzburg. Fotografie von F. Herzer (1998).

1657 erfolgte die Grundsteinlegung für das Residenzschloß, das an Stelle des mittelalterlichen Bischofssitzes entstand und bereits zehn Jahre später fertiggestellt war. 1659 entfernte man das Turmpaar des Domes. Ab 1664 wurden die Fortifikationen errichtet. Der Bau des Torhauses begann 1661 und war 1672 abgeschlossen.

Der Neubau des Residenzschlosses wie auch die Errichtung der Bauten in seinem Umfeld wurden mit der Gründung des Sekundogeniturfürstentums Sachsen-Zeitz 1657 erforderlich. Nachdem der sächsische Kurfürst Johann Georg I. im Jahre 1656 verstorben war, wurden seinem Testament zufolge den nachgeborenen Prinzen ehemals bischöfliche Territorien zugeteilt, zu denen erbländische Besitzungen gefügt wurden – entsprechend ihren bereits bestehenden Funktionen als Administratoren der Erzstifte Magdeburg, Naumburg und Merseburg. Der 1619 geborene Herzog Moritz erhält im Zuge dieser Neugliederung des sächsischen Territoriums als weltliches Oberhaupt des Stiftes Naumburg-Zeitz, zu dem er bereits 1622 ernannt worden war, das in Thüringen liegende Gebiet des Stiftes Naumburg, das seit 1564 von den Albertinern verwaltet wird. Mit Inkrafttreten des 1657 abgeschlossenen „freundbrüderlichen Hauptvergleichs“ kommt es zur Gründung der Nebenlinien Sachsen-Weißenfels, Sachsen-Merseburg und Sachsen-Zeitz, die vom Kurstaat abhängig bleiben. Alle drei Linien sterben schon nach wenigen Generationen aus, die Lande fallen an das sächsische Kurhaus zurück.

Schloß Moritzburg. Kupferstich von Johann Georg Schreiber.

Auf die Regentschaft des Liniengründers Herzog Moritz von Sachsen-Zeitz, der im Jahre 1681 stirbt, folgt nur noch sein Sohn Moritz Wilhelm. Er regiert bis zu seinem Tode 1718 und sorgt mit einer Doppelkonversion für Aufsehen: Als er 1715 zum Katholizismus übertritt, verwirkt er die Administration des Stiftslandes, weil die Domherren protestantisch bleiben. Drei Jahre später jedoch, im Jahr seines Todes, konvertiert er unerklärlicherweise ein zweites Mal, und zwar erneut zum Protestantismus.
Das Schloß in Zeitz wird nach dem Erbauer benannt. Moritz, Herzog zu Sachsen, Jülich, Cleve und Berg etc., und postulierter Administrator des Stifts Naumburg wird am 28. März 1619 in Dresden als Sohn des Kurfürsten Johann Georg I. von Sachsen und seiner Frau Magdalena Sibylla von Brandenburg geboren. Mit seiner Volljährigkeit 1653 wird die vormundschaftliche Administration des Stifts Naumburg-Zeitz auf Moritz übertragen „...und Selbige an 4. Octobris zu ermeldtem Naumburg introduciret, allwo Sie Auch Dero Residenz genommen und so lange behalten, bis die zu Zeitz mit vielen Kosten neu erbauete Moritz-Burg an der Elster fertig worden (...)." Moritz' erste Gemahlin Sophia Hedwig stammt aus dem Hause Holstein-Sonderburg-Glücksburg. Die Hochzeit findet 1650 in Dresden statt. Nach ihrem und der beiden Söhne frühen Tod heiratet Moritz 1656 die Tochter des Herzogs von Sachsen-Weimar, Dorothea Maria, in Weimar. Aus dieser zweiten, kinderreichen Ehe geht auch der spätere Nachfolger des Herzogs, Moritz Wilhelm, hervor. Nachdem auch Dorothea Maria im Jahre 1675 verstorben ist, heiratet Moritz ein drittes Mal, Sophia Elisabeth von Holstein-Wiesenburg, die er als Witwe zurückläßt. Am 4. Dezember 1681 stirbt Herzog Moritz und wird in der Familiengruft unter der Schloßkirche beigesetzt.
Die Entscheidung des Herzogs Moritz, die Stadt Zeitz als Residenzort seines Herzogtums zu wählen, ist keine willkürliche. Einerseits diente seit langem das alte Zeitzer Schloß den Bischöfen als Residenz, andererseits war die Verwaltung des Stifts Naumburg schon seit 1542 im Schloß untergebracht. Mit der Gründung des Bistums Zeitz im Jahre 968 im Zuge der Bildung geistlicher Verwaltungsbezirke während der Ostkolonisation war in Zeitz ein Bischofssitz errichtet und seit dem 10. Jahrhundert ausgebaut worden. Zwar verlegte man das Bistum 1028 aufgrund wiederkehrender Unsicherheiten in das sicherere Naumburg. In Zeitz aber ver-

Herzog Moritz, der Gründer der Linie von Sachsen-Zeitz. Kupferstich von Johann Jacob von Sandrart (um 1690).

blieb ein Chorherren- und Kollegiatsstift, das eine reiche Bibliothek theologischer Schriften anlegte, und der Dom wurde in eine Stiftskirche umgewandelt. Es hat also durchaus seine Logik, daß Moritz als Administrator des Stifts und faktischer Rechtsnachfolger der Naumburger Bischöfe den Ort der Stiftsregierung zu seinem Herrschaftsmittelpunkt wählt.
Die Entwicklung der Stadt Zeitz ist eng mit der Stellung der Stadt als Residenzort der Zeitzer Bischöfe verknüpft. Ihre Lage an der alten, den Fluß querenden Straße von Altenburg nach Naumburg und Weißenfels und an der Kreuzung der alten Salzstraße von Nürnberg über Halle nach Leipzig sind wohl die auslösenden Faktoren für die Entstehung einer Siedlung ab dem 8. Jahrhundert. Ab der Mitte des 13. Jahrhunderts werden die Ober- und die Unterstadt befestigt, zwischen 1450 und 1550 wird die Stadtbefestigung zu einem starken Mauerring ausgebaut, und die Ummauerung wird im Laufe der Zeit bis an die Domfreiheit herangeführt. Die Vorstadt entwickelt sich aus dem Dom- und Burgbezirk, der die Domherrenstraße und den Bereich der Domfreiheit umfaßt, die von der übrigen Stadt durch eine Mauer separiert wurde.
Der Grund für den Neubau des Schlosses liegt in der Zerstörung großer Bauteile des alten Bischofsschlosses während des Dreißigjährigen Krieges. Der alte Schloßkomplex bildete mit dem Schloßgebäude, dem Dom mit einem westlichen Turmpaar, einem Hausmannsturm und dem Marstall innerhalb einer von Türmen besetzten Ringmauer ein von einem Wassergraben umgebenes Konglomerat verschiedener Baugruppen. 1644 wurden bei der Belagerung des von kurfürstlichen Truppen besetzten Schlosses durch die schwedische Armee Granaten ins Schloß geworfen. Im Dezember ergaben sich die kurfürstlichen Truppen unter der Bedingung, daß gleichzeitig mit der „Demolirung“ des Schlosses begonnen würde. Der Befehl des schwedischen Generals wurde jedoch nur bedingt ausgeführt, denn die zur Schloßkirche umgewandelte Stiftskirche und die alte Befestigungsmauer stehen noch heute.
Mit dem Antritt der Regierung des Herzogs 1657 läßt Moritz innerhalb des Terrains des alten Dombezirkes das neue Schloß erbauen. Als Baumeister kann er Johann Moritz Richter gewinnen, der zu dieser Zeit noch in Weimar tätig ist. Bis 1663 scheint der Schloßbau teilweise abgeschlossen zu sein, da der Herzog seine Residenz im Juli von Naumburg nach Zeitz verlegt und in den Südflügel des noch nicht vollendeten Schlosses

einzieht. Die Einweihung der Schloßkirche findet am 1. Mai 1664 statt. Am 11. September 1667 ist der Turm des Westflügels „zu seiner kegenwerthigen Vollkommenheit gebracht worden“, und die Moritzburg ist „biß auf etliche inwendige Zimmer außgebaut“. Die Kassettendecke des Hauptsaales wird zwischen 1663 und 1665 ausgeführt. Mit einem Dankfest 1678 werden der Umbau des Domes und der Schloßneubau als fertiggestellt angesehen. Nur noch vereinzelt finden sich Hinweise auf die das Schloß umgebenden Gebäude und deren Baudaten. Im Bereich der Domfreiheit liegen die Orangerie und das Reithaus, das 1680 erbaut wird.

Blick auf den Fürstenstuhl in der Schloßkirche.

Der sich westlich der Stadt erstreckende Schloßbezirk setzt sich aus mehreren Elementen zusammen. Im Zentrum der Anlage steht die Moritzburg. Das dreiflügelige Residenzschloß auf gespreiztem Grundriß begrenzt mit seinem Mittelflügel den westlichen Schloßbereich. Der Südflügel des

Schlosses grenzt an den Kreuzgang der Schloßkirche, die im Westen mit einem angebauten Trakt des Schlosses vom Schloßhof getrennt ist. Dieser kurze und schmale „Ostflügel" ist mit dem Nordflügel durch eine niedrige Hofabschlußmauer verbunden, die gleichzeitig das Schloßgebäude von den anderen Bauten trennt. Im Norden wird der innere Schloßbezirk von dem sich längs ziehenden Marstallgebäude begrenzt. Ihm schließen sich im Osten das quadratische Torhaus und die ihn nördlich und südlich flankierenden Wälle mit Kanonenschießplätzen an. Den südlichen Bereich des Schloßareals nehmen ein Teil des Südwalls und die Schloßkirche ein. Um dieses Areal legt sich ringartig die alte Befestigungsmauer der ehemaligen bischöflichen Burganlage. Durch einen Graben ist sie von der unter Herzog Moritz errichteten bastionären Fortifikation getrennt, die den gesamten Schloßbezirk umschließt.
Der Hauptzugang zum Schloß befindet sich stadtseitig. Durch den der alten Befestigungsmauer vorgelagerten Ravelin geht es zu Zeiten des Herzogs über die Brücke des Mühlgrabens zum Torhaus mit seiner prächtigen Fassade. Dieses in seiner Form und Größe einzigartige Gebäude beherrscht neben dem das Schloß überragenden und dominierenden Turm auf dem Westflügel als zweiter „Turm" den Schloßkomplex. Seiner Funktion als kontrollierender Zugang zum Schloß wird er mit der hohen Mitteldurchfahrt und den beiden seitlich gelegenen, kleineren Pforten im Stil antiker Triumphbogenarchitektur gerecht. Auf quadratischem Grundriß erheben sich drei volle Geschosse mit je sieben Achsen. Das auf allen vier Seiten mit je drei Dachgaupen versehene Zeltdach wird durch einen turmartigen Aufsatz unterbrochen. Seine drei Achsen korrespondieren mit dem Turm des Schlosses. Die Ost- und Westfassade des Torgebäudes weisen jeweils massige Portale auf, welche die breite, tonnengewölbte Durchfahrt auszeichnen und schmücken. Diese an seiner stadt- und schloßseitigen Fassade angebrachten Portale sind der einzige Fassadenschmuck des gesamten Schloßkomplexes und erfüllen mit ihrem ikonographischen Programm die Funktion eines Schloßportals. Die große rundbogige Hofdurchfahrt wird von zwei niedrigeren Seitendurchgängen flankiert. Die nach oben hin schmaler werdende Rustizierung der Fassade wird durch vier vorgestellte dorische Säulen gegliedert. Über einem Konsolgesims mit Schmuckschießscharten bildet sich der Aufsatz oberhalb des Zwischengeschosses. Er wird von dem großen, aus zwanzig Länderwappen und ei-

nem Regalienschild zusammengesetzten Wappenrelief des Herzogs von Sachsen-Zeitz beherrscht. Die Inschrift der Kartusche über dem Wappen gibt die Jahreszahl 1672 als Weihedatum des Torhauses an und benennt Moritz mit seinen Titeln. Das kulturelle Profil des Herzogs wird hier schon deutlich: Es geht ihm in erster Linie um die Repräsentation des neu gegründeten Herzogtums und um die Bildung einer Residenz, in der er seine Regierungsgeschäfte ausführen kann. Auch das hofseitige Portal wird von diesem Thema her bestimmt. Der Giebel wird durch eine von Fruchtgehängen gerahmten Kartusche unterbrochen, deren Inschrift auf den Erbauer des Schlosses hinweist: Moritz hat die Burg seines Machtbereiches sichern und ausschmücken lassen.
Das Schloßinnere wird über die Zimmerabfolge mit dem Korridorschema und die sich unter dem Turm des Mittelflügels befindende mächtige Treppe gegliedert. Leider ist über die Nutzung der einzelnen Räume sehr wenig bekannt. In Teilen des Nordflügels scheint die herzogliche Rüstkammer mit Waffen, Zaumzeug und Schlitten untergebracht gewesen zu sein. Die Gemächer des Herzogs befanden sich im ersten Obergeschoß des Südflügels mit Zugang zum Fürstenstand an der Ostfront der Schloßkirche. Vermutlich hat sich im zweiten Obergeschoß des Nordflügels das herzogliche Theater befunden, da der Grundriß dort einen über zehn Achsen sich erstreckenden Saal aufweist. Der Haupt- oder Festsaal des Schlosses befindet sich im ersten Obergeschoß. Er erstreckt sich in der südwestlichen Ecke über je vier Achsen und bietet so einen Blick in zwei Himmelsrichtungen auf die das Schloß umgebende Landschaft. Seine hölzerne Kassettendecke enthält die Darstellungen der vier Jahreszeiten, der vier Erdteile Europa, Asien, Afrika und Amerika, und der Tierkreiszeichen. Dicht unter der Kassettendecke läuft eine Namenszeile über alle vier Wände. Es ist eine Genealogie des wettinischen Herrscherhauses seit der 1485 erfolgten Teilung in eine Ernestinische und eine Albertinische Linie. Die Bezugnahme des Herzogs auf seine Vorfahren und die seiner zweiten Gemahlin wird hier explizit geleistet. Herzog Moritz und Dorothea Maria sind mittig an der Südwand des Festsaales plaziert. Die Verbindung des Schloßbaus mit den Ahnen wird durch einen Engel, der die Bauzeichnung einer mehrflügeligen Schloßanlage über Kurfürst Johann Georg I. hält, ausgedrückt. Formuliert wird hier die Verbindung von Dynastie und Bautätigkeit.

Der ehemalige Dom St. Peter und Paul wird unter der Regentschaft des Herzogs nicht nur einem anderen Patrozinium unterstellt, die Schloß-kirche heißt fortan St. Trinitatis, ihr werden auch 1659 das Turmpaar

Die Einfahrt in die Moritzburg. Fotografie von F. Herzer.

und die Westseite des gotischen Kreuzganges entfernt, um die Anbindung des Schlosses an die Kirche zu ermöglichen. Der dreischiffigen gotischen Hallenkirche werden damit ihre Identifikationszeichen und ein Teil ihres Funktionsbereiches nach außen hin genommen. Der anstelle der Türme errichtete Ostflügel des Schlosses und der Fürstenstuhl übernehmen diese Funktion im übertragenen Sinne. Der ganz in Holz errichtete Fürstenstuhl zieht sich über alle drei Schiffe der Kirche hin und bildet den Abschluß der Schloßkirche im Westen. Die Giebelinschrift weist seine Fertigstellung 1664 aus. Die Loge im Mittelschiff erfährt eine Hervorhebung durch die Nennung des Herzogs an der zentralen Stelle über dem mittleren Bogenfenster sowie durch das darüber befindliche Wappen des Herzogs, das von Festons und Engeln umfaßt und mit einer von Putten gehaltenen Krone versehen ist. Die Schildmauern der beiden Seitenschiffe werden jeweils von Kartuschen gefüllt, die mit prallen Fruchtschnüren seitlich geschmückt sind. Während die Inschrift der Kartusche über dem Zu- und Ausgang der sich im südlichen Seitenschiff längs ziehenden Empore auf die Legitimation der Herrschaft durch Gott hinweist, ermahnt die Kartusche im nördlichen Seitenschiff nahe des Ausgangs die Untertanen, ihren Regenten in Ehren zu halten. Alle für den Gottesdienst und den Kultus benötigten Ausstattungsstücke werden unter Herzog Moritz neu angefertigt und in ihrer Komposition und Gestaltung aufeinander und den auf Fürstenstuhl bezogen. So wird die von dem Bildhauer Heinrich Schau und dem Hofmaler Christian Schäfer gestaltete Kanzel dem Fürstenstuhl gegenüber angebracht. 1671 wird der dreigeschossige, holzgeschnitzte Altaraufbau mit den Altarschranken und dem Pultengel in der Schloßkirche aufgestellt. Auf zwei hölzernen Emporen beiderseits der Vierung werden 1662 unter der Weisung des Komponisten Heinrich Schütz, der zeitweise zwischen 1659 bis 1666 am Zeitzer Hof wirkt, je ein Orgelprospekt eingebaut, wobei nur der südliche Prospekt klingend ist und der nördliche der Symmetrie halber als stummer Prospekt angefertigt wurde. Die Umgestaltung der ottonischen dreischiffigen Krypta unter dem erhöhten Chor bildet den Abschluß der Inbesitznahme des ehemaligen Domes durch die Dynastie des Herzogs. Sie wird zur Begräbnisstätte für die herzogliche Familie umfunktioniert.Das kulturelle Profil des Herzogs steht in auffallendem Widerspruch zu dem höfischen Leben seines Bruders August in Halle, unter dem sich dort ein Musenhof entwikkelt. Der Schloßneubau in Zeitz muß vor allem als Ausdruck administrativer Aktivitäten des Herzogs interpretiert werden. Mittels des Rückgriffs auf die Verwaltung der alten stiftischen Behördenorganisation kann Moritz die Einbindung des stiftischen Besitzes in sein Territorium vollstän-

Das Wappen des Herzogtums Sachsen-Zeitz. Fotografie von F. Herzer.

dig umsetzen. Mit dem Neubau der Moritzburg zieht auch die Regierung des Herzogtums, die, wie der Herzog seit 1655 in Naumburg ihren Sitz hatte, in ihr neues „Verwaltungsgebäude“ ein. Moritz gelingt es, den bedeutenden Gelehrten und – dank seines *Teutschen Fürstenstaates* – Begründer der wissenschaftlichen Verwaltungslehre Veit Ludwig von Seckendorff als Konsistorialpräsidenten, Geheimen Rat und Kanzler in Sachsen-Zeitz zu verpflichten. Seckendorff steht an der Spitze der Verwaltung des Herzogtums, nachdem er zuvor in Gotha am Hof Herzog Ernsts I., des Frommen, in gleicher Funktion gewirkt hatte.

Der Neubau der Moritzburg in Zeitz und die Umgestaltung des Schloßareals sind Ausdruck neuzeitlicher Residenzbildung, die aufgrund ihrer Funktionen als Herrschaftssitz, als Ort der Regierung und der Verwaltung, wie auch als Landesfestung eine entsprechende bauliche Ausgestaltung bekommen hat.

Das Schloß in Merseburg

Juliane Brandsch

Blick von der Saale zum Schloß und zum Dom.
Fotografie von F. Herzer (1998).

Der nord-südlich ausgestreckte Hügelzug am linken Saaleufer war bereits in frühgeschichtlicher Zeit als Fluchtburg benutzt worden. Die Grenzburg der Grafen von Merseburg wurde unter Heinrich I. um 900 zur Kaiserpfalz ausgebaut. Neben dem Anfang des 11. Jahrhunderts gegründeten Dom des Bistums befand sich seit der Mitte des 13. Jahrhunderts ein bischöfliches Wohnschloß, das Ende des 15. Jahrhunderts von Bischof Thilo von Trotha niedergerissen und durch das heutige dreiflügelige Schloß ersetzt wurde, das nördlich des Domes angegliedert ist und mit ihm einen stimmungsvollen rechteckigen Schloßhof umschließt. Anfang des 17. Jahrhunderts erhielt das Schloß seine Renaissance-Gestalt. Vor allem Herzog Christian I. von Sachsen-Merseburg stattete den Dom, der nun als Schloßkirche diente, barock aus, und errichtete westlich des Schlosses Verwaltungsgebäude.

Die geschriebene Geschichte des Burgberges von Merseburg beginnt mit einer „Liebesgeschichte“: Der Liudolfinger Herzog Heinrich, seit 919 als Heinrich I. erster deutscher König, hörte „von einer allseits gepriesenen Frau namens Hatheburg. Er verliebte sich in sie und wollte sie besitzen. Sie war die Tochter Erwins, dem größtenteils die Altstadt Merseburgs gehörte. Dieses Erbe hinterließ er seinen beiden Töchtern, da er keinen Sohn hatte. Angezogen von der Schönheit und dem reichen Erbe Hatheburgs ließ er schnell durch Boten um sie werben, indem er sein Wort verpfändete. (...) Sie folgte den Boten, wurde ehrenvoll empfangen und von allen mit respektvoller Zuneigung aufgenommen“, schreibt Thietmar von Merseburg in seiner Chronik. Doch schon drei Jahre später ließ Heinrich sich von Hatheburg scheiden und heiratete Mathilde. Die Grafschaft Merseburg aber behielt er und errichtete hier, an der östlichen Reichsgrenze, eine Kaiserpfalz, deren Hofhaltung im ganzen Reich berühmt wurde. Alle Sachsenkaiser liebten diesen Ort. Der letzte von ihnen, Heinrich II., schließlich gründete im Jahre 1004 das Bistum neu, das bereits 968 eingerichtet, aber schon wenige Jahre später wieder aufgeteilt worden war, und übergab dem Bischof Wigbert die Kaiserpfalz Merseburg mit allen Rechten und Freiheiten. Dieser Wigbert war es, der das Kanonikerstift gründete und jene Stiftsbibliothek schuf, bei deren Revision im Jahre 1841 die Merseburger Zaubersprüche entdeckt wurden. Wigberts Nachfolger wurde im Jahre 1009 Thietmar von Merseburg, jener bereits zitierte Chronist der Sachsenkaiser. Er legte den Grundstein zu einem Domneubau, auf dessen Mauern wohl fast der gesamte heutige südliche Querhausflügel fußt: „Inzwischen begann auch in Anwesenheit des Erzbischofes Gero der Bau unserer Kirche. Ich selbst legte am 18. Mai (1015) den Grundstein in Form eines heiligen Kreuzes“, vermerkt Thietmar. Der Kaiser, der das Bistum gestiftet hatte, unterstützte diesen Bau, der 1021 geweiht wurde, mit großzügigen Schenkungen.
Nach der Schlacht bei Hohenmölsen im Jahre 1080, in der Heinrich IV. mit dem Gegenkönig Rudolf von Schwaben um den deutschen Königsthron kämpfte, brachte man den verwundeten Rudolf nach Merseburg. Dort erlag er seinen Verletzungen und wurde im Dom beigesetzt. Seine im Kampf abgeschlagene Schwurhand dagegen wurde mumifiziert und in einem Kästchen bis vor nicht allzu langer Zeit im Dom gezeigt. Rudolfs prächtig gestaltete Grabstätte veranlaßte seinen früheren Gegner

Der Merseburger Dom. Fotografie von F. Herzer (1998).

Heinrich bei einem Besuch 1087 im Dom zu dem Ausruf: „O, daß doch alle meine Feinde so herrlich begraben lägen!" Unter dem damaligen Bischof Werner wurde der Dom vorläufig als eine doppelchörige, dreischiffige Basilika mit vier Türmen, die noch von einem „mittleren Turm" überragt wurde, vollendet. Festung und Kirche in einem, versinnbildlichte der imposante Bau die militärische und missionarische Funktion des Grenzbistums. Das Grabmal Rudolfs ist das erste einer langen Reihe von Grabdenkmälern, deren stilistische Entwicklung bis zum Jahre 1786, in dem ein klassizistisches Epitaph für Christian Ernst Schmidt entstand, im Merseburger Dom lückenlos nachzuvollziehen ist.

Obwohl Merseburg als Grenzfestung bald an politischer Bedeutung verlor, gedieh die Stadt unterhalb der Domfreiheit prächtig. Bischof Ekkehard ordnete 1225 eine umfassende Erneuerung des Domes an: Man fügte im Westen einen Vorbau an, baute eine neue Glockenstube ein, stattete die Chorapsis mit fünf großen Fenstern aus. Auch die Innenausstattung wurde verändert: Chor und Querhaus wurden durch noch erhaltene hohe Chorschranken, Chor und Langhaus durch einen 1588 wieder abgerissenen Lettner abgegrenzt; man erhöhte die Osttürme und veränderte das Obergeschoß der Westtürme in frühgotischer Form. Zugleich ließ Ekkehard die weit über ihre Mauern hinaus gewachsene Stadt mit neuen Befestigungsanlagen umgeben.

Doch in den folgenden Jahrhunderten wüteten fünf verheerende Brände in der Stadt und riefen wieder baufreudige Bischöfe auf den Plan. Thilo von Trotha, von 1466 bis 1514 regierend, gilt als der bedeutendste unter den 43 Bischöfen zu Merseburg. Seine Bautätigkeit war außerordentlich umfangreich und prägte das bis heute erhaltene Antlitz der Merseburger Residenz. Zunächst wandte er sich der Errichtung eines bischöflichen Schlosses zu. Um die Mitte des 13. Jahrhunderts hatte Bischof Heinrich von Wahren ein Wohnschloß errichten lassen. Bis dahin wohnten die Bischöfe in der kaiserlichen Burg. Dieses Schloß ließ Thilo niederreißen und durch ein neues, großes Haus ersetzen, das in seiner Grundanlage dem heutigen Bau entsprach: Nördlich des Domes wurden drei Flügel errichtet, die in einem Rechteck von 54,20 Metern Länge und 42,65 Metern Breite einen stimmungsvollen Schloßhof umgaben. Allerdings stießen der östliche und der westliche Flügel damals nicht direkt an den Dom. Im Osten führte ein Tor zu den Pferdeställen, im Westen befand sich die Einfahrt in den Schloßhof. Erst danach wandte sich Thilo der Erneuerung des Domes zu, wie die *Merseburgische Bischofschronik* vermerkt, „damit sein Haus nicht kostbarer erscheine als seine Kirche und damit niemand meine, er sei weltlichen Dingen mehr als geistlichen zugetan.“ Bereits zu Beginn seines Episkopats hatte Thilo im nördlichen Querhausarm des Domes eine Grabkapelle für sich eingerichtet, mit deren Ausschmückung er sich immer wieder beschäftigte, seit er in den 70er Jahren des 15. Jahrhunderts schon seine Grabplatte dort hatte aufstellen lassen. Nun, im Jahre 1510, schuf er durch einen Finanzierungsplan zwischen sich und dem Domkapitel die Grundlage für einen umfassenden Domumbau. In den vier Jahren bis zu seinem Tod wurde das Langhaus abgerissen und mindestens 125 Steinmetze und viele andere Bauarbeiter schafften es, ein neues Langhaus unter Dach und Fach zu bringen. Das Hauptportal, das 1517 von Ulrich Creutz geschaffene Sandsteinrelief auf dem einzig aus vorreformatorischer Zeit am Ort erhaltenen Kunigundenaltar, der große schmiedeeiserne Kronleuchter im Mittelschiff, das Gestühl in den Seitenschiffen und die Kanzel mit ihren spielerisch anmutenden Verzierungen, all dies stammt aus jener spätgotischen Zeit. Legendär wurde Bischof Thilo durch die Rabensage: Der Bischof besaß einen goldenen Siegelring, den ihm ein befreundeter Amtsbruder geschenkt hatte. Eines Morgens ließ er das Schmuckstück am offenen Fenster liegen und mußte nach kurzer Abwesenheit seinen Verlust bemerken. In seinem Zorn bezichtigte er seinen treuen Diener des Diebstahls, und obwohl jener seine Unschuld immer wieder beteuerte, wurde er hingerichtet. Jahre später mußten, wohl nach einer Gewitternacht, die Dachverkleidungen an einem der sieben Türme des Schlosses ausgebessert werden. Dabei wurde hoch oben ein Rabennest gefunden und in ihm der goldene Ring des Bischofs. Die Unschuld des Dieners war erwiesen, aber es war zu spät. Aus Reue über sein Fehlurteil soll der Bischof sein altes Wappen abgelegt und ein neues, einen Raben mit einem Ring, angenommen haben. Zur Mahnung, niemals im Jähzorn ein Urteil zu fällen, ließ er eine prächtige Voliere errichten, in der seither ein Kolkrabe für die Schuld seines Artgenossen büßt. Doch die Legende entstand erst nach des Bischofs Tod. Der Rabe verdankt sein Käfigdasein wohl weniger dem Diebstahl eines bischöflichen Ringes als vielmehr einer aus dem Mittelalter herrührenden Tradition, ein lebendiges Exemplar des Wappentieres am Hofe zu halten.

Die Voliere für den Kolkraben im Schloßhof. Fotografie von F. Herzer (1998).

Der letzte vorreformatorische Bischof in Merseburg war Sigismund von Lindenau, der von 1535 bis 1544 regierte. Er ließ die Gewölbe im Mittelschiff fertigen und richtete sich, gewissermaßen als Abschluß der spätgotischen Domerneuerung, eine private Grabkapelle ein. Auch am Westflügel des Schlosses nahm er Veränderungen vor, indem er dort eine Kanzlei einrichten ließ. Vom Schloßhof aus war diese durch eine Tür zugänglich, die von steinernen Candelabern flankiert und mit gleichem Stabwerk gesäumt ist, wie es auch am Portal des Domes zu finden ist. Über dieser Tür stehen die beiden Patrone des Bistums, Johannes und Laurentius. Eigentlicher Wohntrakt war der Ostflügel des Schlosses, jedoch waren die Zimmer eng und unbequem. Sie sollen eher Kapellen zum Gottesdienst als Wohnstuben geähnelt haben.
Und so war es nicht verwunderlich, daß die mit der Verwaltung des Bistums beauftragten Administratoren, insbesondere der Kurfürst Johann Georg I. von Sachsen, ab 1605 daran gingen, vor allem Nord- und Ostflügel völlig zu verändern. Sie wurden nach dem Schloßhof zu ebenso wie an der Außenfront mit Frontgiebeln besetzt, die die Massigkeit der Bauten relativierten. In die Innenfassaden paßte der Baumeister Melchior Brenner drei Erker und ein Hauptportal im Nordflügel ein. Letzteres ist, wie auch der Erker dieses Flügels, überaus reich mit Postamenten, Säulen, Gesimsen, Figuren und anderen dekorativen Elementen ausgestattet. Später wurde in der Südostecke des Schloßhofes noch ein wunderschöner Neptunbrunnen errichtet, auf welchem sich der Meeresgott, mit seinem Dreizack auf einen Delphin gestützt, über drei springende See-Pferde erhebt.
Im südlich des Domes gelegenen Kreuzgang befand sich damals das 1575 gegründete Domgymnasium, dessen Förderung sich die späteren sächsischen Herzöge, vor allem Christian I. von Sachsen-Merseburg, stets angelegen sein ließen, auch nachdem die Fürstenschule mit ihren 70 Schülern und den dazugehörigen Stiftungsgeldern nach Grimma verlegt worden war. Der Klostergarten, auf dem nördlich des Schlosses gelegenen mittelalterlichen Königshofsgelände angelegt, wurde unter Kurfürst Johann Georg I. in einen Tiergarten verwandelt, in den man zunächst elf Stück Wild setzte. Schon sechs Jahre später, 1612, hatte sich dieses so vermehrt, daß über vierzig Stück in die Aue hinausgejagt werden konnten.
Nach dem Tode des Kurfürsten wurde Merseburg Residenz einer der albertinischen Sekundogenituren. Herzog Christian I. von Sachsen-Mer-

seburg gründete 1656 eine eigene Nebenlinie, die bis 1738 bestand. Wahrscheinlich war die politische und finanzielle Beschränkung dieses kleinen Fürstentums ein Grund für das Engagement des Herzogs, seine Residenz auszubauen und ihr den Glanz eines kulturellen Zentrums zu verleihen. „Mit Gott und der Zeit“ war der Wahlspruch des Fürsten, der eigentlich ein stilles, zurückgezogenes Leben führte. Der Merseburger Dom wurde nun die Hofkirche der Herzöge. Christian I. ließ 1668 in der Apsis einen der ältesten mitteldeutschen Barockaltäre errichten und schuf so ein optisches Gegengewicht zur Orgel. Er wirkt trotz seiner Größe recht zierlich. Drei übereinander angeordnete Gemälde – das Abendmahl, der vom herzoglichen Stifterpaar angebetete Gekreuzigte und die Wächter am leeren Grab Christi – sind von reichen Ornamenten gerahmt. Gleichsam triumphierend schwebt über dem Altar der auferstandene Christus. Das Langhaus des Doms wird von dem prächtigen Orgelprospekt beherrscht, dessen weiß-goldene Bemalung und barocktypisches Schnitzwerk ebenfalls auf Christian zurückgehen. Der gotische Taufstein des Domes, ein großer sechseckiger Sandsteinkelch, wurde 1665 „zierlich ausgehauen und gemahlet“, mit dem Wappen Christians I. von Sachsen-Merseburg versehen. Als Gründer einer neuen Linie war Christian auch um eine neue Grablege für seine Nachkommen bemüht. Im südlichen Arm des Domquerhauses öffnet sich ein Portal (1670), das monumentalste Zeugnis barocker Grabmalkunst im Dom, zur Fürstengruft: Erschütternd ist die Vielzahl von Kindersärgen (20 von 37 Zinksarkophagen) in der Gruft, denn nicht die Kinderlosigkeit der Merseburger Herzöge führte zum Aussterben ihres Hauses, sondern der frühe Tod der meisten ihrer Nachkommen. Herzog Christian I. zeugte mit seiner Gemahlin Christiane elf Kinder, aber nur vier überlebten ihn. Sein Nachfolger Christian II. hatte mit seiner Gemahlin Erdmuthe Dorothea sieben Kinder, doch seine ersten vier Söhne Christian Moritz, Johann Wilhelm, August Friedrich, Philipp Ludwig und seine letztgeborene Tochter Christiane Eleonore Dorothea starben im Alter zwischen einem halben und vierzehn Jahren. Sein Sohn Moritz Wilhelm hatte nur eine Tochter Friederike Ulrike, die sogleich am Tage ihrer Geburt am 23. Juni 1720 verstarb, und der letzte Herzog von Sachsen-Merseburg, Moritz Wilhelms Onkel Heinrich, hatte seine drei Kinder Moritz, Christiane Friederike und Gustava Magdalena bereits verloren, als er die Residenz in Merseburg als Sukzedent bezog. Die Sage sieht in einem fatalen Irrtum bei der Einweihung der Fürstengruft den Grund für diesen vielfachen Tod: Man entdeckte, daß auf dem prunkvollen Gemälde über dem Eingang, das die Herzogsfamilie darstellte, ein Prinz vergessen worden war – eben jener Heinrich, der der letzte Herzog von Sachsen-Merseburg werden sollte.

Auch am Schloß nahm Christian I. Veränderungen vor: Westlich des Schlosses ließ er 1667 eine „nova cancellaria et consistorialis curia" errichten. Statt der früheren Schloßeinfahrt neben dem Dom erbaute der Herzog 1665 ein nach Süden gerichtetes, barock ausgestaltetes Portal, das in den durch Kanzlei und Konsistorium neu entstandenen, zweiten Schloßhof führte, in dem auch die Voliere mit dem Merseburger Raben steht. Von diesem kleinen Hof aus gelangte man nun durch einen Durchbruch im Westflügel des Schlosses in den großen Schloßhof. Den um den mittelalterlichen Wirtschaftshof erweiterten Schloßgarten, der über eine alte Brücke, die schon zu Zeiten Bischof Thilos von Trotha über den nördlichen Wallgraben führte, und durch ein schlichtes Barocktor zugänglich war, gestaltete Christian neu und ließ nahe am Wall zum Gedächtnis seines Namens mit Blumen- und Fruchtgirlanden geschmückte Obelisken aufrichten. Am Schloß selbst ergänzte Christian u.a. die Giebel, die zu seiner Zeit geschmacklos wirkten, durch flankierende Voluten und kleine, krönende Obelisken. Die Hoffischerei in der Nähe der Hälterbrücke, deren Hälterbecken 250 Zentner Fisch faßte, war ebenso Zeugnis seiner umfassenden Bautätigkeit wie das Teichhaus am Ostufer des Gotthardteiches, die 1904 abgerissene Reithalle südwestlich des Schloßkomplexes, die anstelle einer den Domherren abgekauften Kurie gebaut wurde, oder der nach einem Brand 1661 neu errichtete Jägerhof westlich des Schloßgartens. Eines der letzten Bauvorhaben Christians I. war eine Fasanerie, denn 1691 noch bestallte er Johann Michael Hartung als ersten fürstlichen Fasanenwärter. Sein Sohn Christian II. baute dann 1692 das zugehörige Gebäude, doch starb er nur zwei Jahre später und konnte keinen größeren Einfluß auf die bauliche Struktur seiner Residenz ausüben.

Moritz Wilhelm von Sachsen-Merseburg und seinem Nachfolger Heinrich hingegen stand mit dem Landesbaumeister Johann Michael Hoppenhaupt d.Ä. ein bedeutender Architekt und Bildhauer zur Verfügung, der in seiner stilistischen Ausrichtung dem Berlin-Potsdamer Rokoko nahestand. Er gab dem Teichhaus am Gotthardteich, das nach sei-

Portal im Schloßhof. Fotografie von F. Herzer (1998).

Renaissance-Erker im Schloßhof. Fotografie von F. Herzer (1998).

nem Erbauer den Namen „Herzog Christian“ trug, 1734 einen neuen Lusthauscharakter. Um 1712 gestaltete er im Ostflügel des Schlosses ein „Porcellan-Cabinett“, das heute, nachdem es zunächst 1925 in das Schloß-Museum nach Berlin gebracht und im Krieg beschädigt wurde, im Köpenicker Schloß magaziniert ist. Wie an vielen anderen Höfen der Zeit auch, wurde um 1700 in der nordöstlichen Rundbastion der Schloßbefestigung, dem „Dicken Heinrich“, der seit 1693 als Speisesaal bei Gartenfesten gedient hatte, eine „Alchimistenstube“ eingerichtet. Den fürstlichen Tiergarten gestaltete man 1717 in einen Baumgarten um. Ein Schloßgartensalon am Nordende des Gartens wurde unter Moritz Wilhelm im Jahre 1727 begonnen, doch erst Herzog Heinrich konnte den Bau des zweigeschossigen Musikpavillons mit seinen flankierenden Treibhäusern vollenden. Baumeister war auch hier Johann Michael Hoppenhaupt.

Herzog Moritz Wilhelm wurde der „Geigenherzog“ genannt, denn er hatte für Streichinstrumente eine gelegentlich kurios anmutende Vorliebe. Er spielte selbst Gambe und war ein passionierter Sammler von Streichinstrumenten. Im Jahre 1722 zum Beispiel erstand er nach langen Verhandlungen von der Stadt Guben eine Riesenbaßgeige. Zuletzt umfaßte seine Sammlung etwa 70 Instrumente. Der Herzog hatte die seltsame Angewohnheit, während der Gottesdienste jede Stelle der Predigt, die sein Wohlgefallen fand, mit einem Geigenstrich zu kennzeichnen. Den Prediger freute dies besonders, denn jeder Geigenstrich war gleichbedeutend mit einer Flasche Wein, die ihm aus dem herzoglichen Weinkeller zugestellt wurde. Eine wichtige Persönlichkeit am Hofe Moritz Wilhelms war offenbar der als Stück- oder Gänsetoffel bekannte, 1727 verstorbene Hofnarr Christoph Bernd, über den unter anderem auch gedruckte Geschichten kursierten.

Das letzte Bauwerk der merseburgischen Herzöge, die Wasserkunst in der oberen Altenburg, dort, wo um das Jahr 900 Graf Erwins Burg gelegen hatte, wurde erst 1739 vollendet. Der fromme Wunsch der Inschrift an diesem Bauwerk ging nicht in Erfüllung:

So faßt die Kunst in Blei und Röhren
des Wassers eingeschränkte Flut.
Ein Druckwerk muß das Steigen mehren,
das doppelt treibt und niemals ruht.
Dies, teurer Heinrich, ist dein eigen,
du baust es neu und nutzbar auf;
Gott lasse deiner Jahre Lauf
wie diese Kunst beständig steigen!

Herzog Heinrichs Tod im selben Jahr bedeutete den Heimfall des Hochstifts Merseburg an Kursachsen, und kaum war der Herzog gestorben, da eilte von Dresden der kurfürstliche Oberstallmeister von Brühl herbei, um alle Schätze des herzoglichen Hauses nach Dresden zu schaffen: angeblich 170 Zentner Edelmetall aus der Silberkammer, 40 000 Taler Bargeld, dazu das Glas- und das Münzkabinett, kostbare Tapeten, Kutschen und Pferde. Vielleicht ließ diese Gier des Kurfürsten von Sachsen und Königs von Polen ja den gelegentlich geäußerten Verdacht aufkommen, daß es beim Aussterben der Merseburger Herzöge nicht mit rechten Dingen zugegangen sein könnte.
Von da an war das Schloß kaum noch bewohnt. Der Siebenjährige Krieg (1756/63) und die Befreiungskriege von 1813/14 hinterließen ihre Spuren in Stadt und Schloß. 1815 fiel Merseburg an Preußen. Seitdem wurden die Gebäude des Schlosses von regionalen und städtischen Behörden genutzt. In dem im Zweiten Weltkrieg teilweise zerstörten Ostflügel sind heute das Kulturhistorische Museum und die Musikschule untergebracht. Der Schloßgartensalon wurde mit Theateraufführungen, Konzerten, Ausstellungen ein kultureller Mittelpunkt der Stadt.

Übersicht zum albertinischen Herrschaftsbereich

ALBERTINISCHES GESAMTHAUS

Gebildet in der Leipziger Teilung 1485,
mehrfach verändert,
1547 zum Kurfürstentum Sachsen erhoben.
1806 zum Königreich,
1815 Abgabe von Gebieten an Preußen,
daraus Provinz Sachsen

SACHSEN-WEISSENFELS
(Seitenlinie 1657 – 1746)
Fällt zurück
an das Gesamthaus,
1815 an Preußen

SACHSEN-MERSEBURG
(Seitenlinie 1657 – 1738)
Fällt zurück
an das Gesamthaus,
1815 an Preußen

SACHSEN-(NAUMBURG-) ZEITZ
(1657 – 1718)
Fällt zurück
an das Gesamthaus,
1815 an Preußen

SACHSEN-WEISSENFELS-BARBY
(Nebenlinie 1680 – 1739)
Fällt zurück
an die Seitenlinie

Literaturverzeichnis

400 Jahre Schloßpark Altenburg. (Altenburgica 2. 1993), S. 6 f.

Alberti, Julius: Zur Geschichte des Schlosses Burgk bei Schleiz. Schleiz 1879.

Apfelstedt, Friedrich: Heimathskunde für die Bewohner des Fürstenthums Schwarzburg-Sondershausen I-III. Sondershausen 1854-56. Reprint Arnstadt 1998.

Apfelstedt, Friedrich: Beschreibende Darstellung der älteren Bau- und Kunstdenkmäler des Fürstenthums Schwarzburg-Sondershausen. Heft 1: Unterherrschaft, Heft 2: Oberherrschaft, Sondershausen 1886/87. Reprint Arnstadt 1991/93.

Auerbach, Heinrich Alfred: Geschichte der Reichsfeste Hirschberg a. d. S. bis zu ihrem Übergang an die Reußen, in: Jahrbuch Hohenleuben 74, 75. 1905.

Bad Frankenhausen, in: Der Kyffhäuser und seine Umgebung. Berlin 1976, S. 133 ff.

Baier-Schröcke, Helga: Der Stuckdekor in Thüringen vom 16. bis zum 18. Jahrhundert. Berlin 1968. (Schriften zur Kunstgeschichte, 10)

Bärnighausen, Bettina / Bärnighausen, Hendrik: Abtsbessinger Fayencen. Rudolstadt 1997.

Bärnighausen, Hendrik / Ohl, Manfred / Thimm, Günther: Schloß Sondershausen mit Park. Amtlicher Führer der Stiftung Thüringer Schlösser und Gärten. Rudolstadt, München 1997.

Bärnighausen, Hendrik: Die Fürsten von Schwarzburg-Sondershausen. Sondershausen 1990.

Bärnighausen, Hendrik: Historische Bauten und Sehenswürdigkeiten in Sondershausen. Arnstadt 1990.

Bärnighausen, Hendrik: Schloß Sondershausen. Leipzig 1991.

Bärnighausen, Hendrik: Das Fürstliche Palais zu Arnstadt, in: Burgen und Schlösser. Heft 1994/II, S. 104 ff.

Barth, Carl: Federzeichnungen nach dem Leben, in: National-Bibliothek der Deutschen Classiker, Bd. 93. Hildburghausen u. New York 1854, S. 97 - 165.

Bau- und Kunstdenkmäler Thüringens, bearbeitet von Paul Lehfeldt und Georg Voß. Teil 1: Sachsen-Weimar-Eisenach. Teil 2: Sachsen-Meiningen. Teil 3: Sachsen-Altenburg.Teil 4: Sachsen-Coburg-Gotha. Teil 5: Schwarzburg-Rudolstadt. Teil 6: Reuß ältere Linie. Teil 7: Reuß jüngere Linie. Jena 1888-1917.

Beck, August: Ernst der Fromme, Herzog zu Sachsen-Gotha und Altenburg. Ein Beitrag zur Geschichte des siebzehnten Jahrhunderts. 2 Tle. Weimar 1865.

Beck, August: Geschichte der Regenten des gothaischen Landes. Gotha 1868.(Geschichte des gothaischen Landes, Bd.I)

Becker, Werner: Das Bild der Stadt Greiz gestern und heute, Greiz 1966.

Bergmann, Gerd: Ältere Geschichte Eisenachs. Eisenach 1994.

Bergner, Heinrich: Beschreibende Darstellung der älteren Bau-und Kunstdenkmäler der Kreise Ziegenrück und Schleusingen. Halle 1901.

Bericht über die Verwaltung und den Stand der Gemeinde-Angelegenheiten der Stadt Schleusingen für die Jahre 1895-1899. Schleusingen o. J.

Berns, Jörg Jochen / Ignasiak, Detlef (Hg.): Frühneuzeitliche Hofkultur in Hessen und Thüringen. Erlangen und Jena 1993.

Beschreibende Darstellung der älteren Bau- und Kunstdenkmäler der Provinz Sachsen und angrenzender Gebiete, hg. v. Historischen Commission der Provinz Sachsen. VIII. Halle 1883.

Bircher, Martin: Historische Miniaturen aus dem Herzogtum Sachsen-Weißenfels, in: 300 Jahre Vollendung der Neuen Augustusburg - Residenz der Herzöge von Sachen-Weißenfels. Ausstellung zum Weißenfelser Schloß und zur barocken Hofkultur. Katalog. Weißenfels 1994, S. 9-51.

Bircher, Martin: „ein jeder lebt allda vergnüglich". Herzog August, der Wohlgeratene, Begründer der Hofkultur von Halle-Weißenfels, in: Die Oper am Weißenfelser Hof, hg. v. Eleonore Sent. Rudolstadt 1996, S. 33-62.

Blaha, Walter: Erzbischof Johann Philipp von Schönborn, in: Kaiser, König, Kardinal. Deutsche Fürsten 1500-1800, hg. von Rudolf Straubel und Ulman Weiß. Leipzig, Jena, Berlin, 1991, S.180-187.

Blaha, Walter: Kurmainzische absolutistische Herrschaft von 1664-1789, in: Geschichte der Stadt Erfurt, hg. im Auftrag des Rates der Stadt Erfurt von Willibald Gutsche. Zweite, bearbeitete Auflage. Weimar 1989, S. 145-185.

Blaha, Walter: Vom Bürgerhaus zum Kaiserpalast. Die Kurmainzische Statthalterei in Erfurt. München 1992.

Boxberger, Robert: Erfurts Stellung zu unserer klassischen Literaturperiode. Erfurt 1869.

Braun, Ernst v.: Die Stadt Altenburg in den Jahren 1350-1525. Altenburg 1872.

Brecht, Martin: Der Hallische Pietismus in der Mitte des 18. Jahrhunderts, in: Geschichte des Pietismus, hg. v. Martin Brecht. Bd. 2: Der Pietismus im 18. Jahrhundert. Göttingen 1995, S. 350 f.

Bretschneider, Christa: Greizer Park, Rudolstadt 1995.

Brodbeck, Christian: Philipp Wilhelm Reichsgraf zu Boineburg. Kurmainzischer Statthalter in Erfurt (1656-1717), in: Mitteilungen des Vereins für die Geschichte und Altertumskunde von Erfurt 44. 1927, S. 1-175.

Brunner, Herbert / Seelig, Lorenz: Coburg - Schloß Ehrenburg. Amtlicher Führer. München 1990.

Bube, Adolf: Die Erbauung des Residenzschlosses Friedenstein, in: Friedenstein. Gedenkbuch, hg. v. Ludwig Storch. Gotha 1843, S. 18-41.

Christ, Günther: Lehrjahre eines Erzkanzlers - Dalberg als Statthalter in Erfurt, in: Carl von Dalberg 1744-1817. Beiträge zu seiner Biographie, hg. von Hans-Bernd Spieß. Aschaffenburg 1994, S. 29-52 (Veröffentlichungen des Geschichts- und Kunstvereins Aschaffenburg e.V., 40).

Christ-Fürstl. Lebenslauff des (...) Herrn Wilhelm Heinrichs (...) Eisenach o. J. [1741].

Deubler, Heinz / Koch, Ursula: Kaisersaal Schwarzburg. Beiträge zur Baugeschichte eines barocken Baudenkmals. Rudolstadt 1972.

Deubler, Heinz: Die Grafen und Fürsten von Schwarzburg-Rudolstadt, hg. v. Landkreis Rudolstadt. Rudolstadt 1991. (Sonderausgabe der Rudolstädter Heimathefte)

Die Fürsten von Schwarzburg-Rudolstadt. 1710-1918, hg. v. Thüringer Landesmuseum Heidecksburg Rudolstadt. Rudolstadt 1997.

Dittrich, Christian: Seivert Lammers 1648-1711. Ein Beitrag zur thüringischen Kunstgeschichte im Zeitalter des Barock. Dresden 1980.

Doebber, Adolph: Das Schloß in Weimar. Seine Geschichte vom Brande 1774 bis zur Wiederherstellung 1804. Jena 1911.

Dolgner, Dieter: Schloß Weimar. Leipzig 1983.

Donhof, Manfred u. a.: Denkmale im Kreis Arnstadt. Arnstadt 1988 (Veröffentlichungen der Museen der Stadt Arnstadt, Heft 12).

Donhof, Manfred / Scheidt, Helga: Arnstadt-Bildende Kunst der Bachzeit. 1685-1750. Arnstadt 1983 (Veröffentlichungen der Museen der Stadt Arnstadt, Heft 11).

Donhof, Manfred: Das Neue Palais zu Arnstadt. Leipzig 1988.

Donhof, Manfred: Barockplastik in Thüringen. Meister und Werke im Fürstentum Schwarzburg-Sondershausen. Arnstadt 1993.

Döpel, Waldemar: Geschichte von Marksuhl. Eisenach 1909.

Erck, Alfred / Schneider, Hannelore: Georg II. von Sachsen-Meiningen. Ein Leben zwischen ererbter Macht und künstlerischer Freiheit. Zella-Mehlis, Meiningen 1997.

Fischer, Marie: Der Schloßgarten zu Hildburghausen, in: Jahrbuch des Hennebergisch Fränkischen Geschichtsvereins 1938. Meiningen 1938, S. 89-109.

Fleischer, Horst : Die Festräume der Heidecksburg, in: Rudolstadt - eine Residenz in Thüringen, hg. v. Thüringer Landesmuseum Heidecksburg Rudolstadt. Leipzig 1993. (Beiträge zur schwarzburgischen Kunst- und Kulturgeschichte, Bd. 1)

Fleischer, Horst: Rudolstadt vom 17. zum 19. Jahrhundert - Die Entstehung bürgerlicher Kultur in einer fürstlichen Residenz, in: Residenzstädte und ihre Bedeutung im Territorialstaat des 17. und 18. Jahrhunderts. Gotha 1991.

Fleischer, Horst: Vom Leben in der Residenz Rudolstadt 1646-1818, hg. v. Thüringer Landesmuseum Heidecksburg Rudostadt. Rudolstadt 1996. (Beiträge zur schwarzburgischen Kunst- und Kulturgeschichte, Bd. 4)

Franke, Peter / Kleinbauer, Dieter: Merseburg. Berlin 1992.

Gabler, Karl: Ballsport am Altenburger Hofe ab 1594, in: Altenburgische Heimatblätter 1937, S. 41-43.

Geisthirt, Johann Conrad: Historia Schmalcaldica, in: Zeitschrift des Vereins für Hennebergische Geschichte und Landeskunde zu Schmalkalden. Heft I-IV. Schmalkalden, Leipzig 1881 - 1889. Reprint. Schmalkalden 1992.

Gottschalg, Johann Gottlieb: Geschichte des Herzoglichen Fürstenhauses Sachsen-Weimar und Eisenach. Weißenfels und Leipzig 1797.

Gresky, Wolfgang: Vom Ebeleber Schloßgarten, in: Thüringer Heimatkalender. Würzburg 1960, S. 38-40.

Griebel, August: Friedrich Schiller und Erfurt, in: Aus der Vergangenheit der Geschichte der Stadt Erfurt. Bd. I. 1955, S. 27-50.

Griebel, August: Johann Wolfgang Goethe und Erfurt, in: Aus der Vergangenheit der Stadt Erfurt. Bd. IV. 1967, S. 151-178.

Groß, Franz: Die Friedensburg in Leutenberg, in: Thüringer Heimat 1. 1957, S. 1-7.

Haardt, Fritz: Geschichte der Stadt Hirschberg Saale. Bde. 2, 3. Hirschberg/Saale 1938.

Hahn, Ottomar: Heimatkunde für das Fürstentum Schwarzburg-Sondershausen. Sondershausen 1914.

Handy, Peter: Geschichte des Schlosses - Baugeschichte, in: Schloß Wilhelmsburg Schmalkalden, hg. v. Dieter Eckardt. Schmalkalden 1991, S. 11-20.

Hänsel, Robert: Schloß Burg und der Burgkhammer an der oberen Saale. Jena 1941. (Beiträge zur mittelalterlichen, neueren und allgemeinen Geschichte, Bd. 15)

Hänsel, Robert: Wiederaufbau nach dem großen Brande, in: Reußischer Erzähler. Unterhaltungsbeilage zur Schleizer Zeitung, 24. Jg. (1938) 15, S. 57-60.

Helmbold, Hermann: Geschichte der Stadt Eisenach. Eisenach 1936.

Hempel, Wolfgang: Schloss Burgk als Zentrum der Jagd an der oberen Saale von 1600-1945. Fachschulabschlußarbeit an der Fachhochschule für Museologen Leipzig. Leipzig 1975.

Henkel, Jens: Die Fürsten von Schwarzburg-Rudolstadt und das Zeughaus Schwarzburg, in: Das Schwarzburger Militär. Truppengeschichte, Bewaffnung, Uniformierung, hg. v. Thüringer Landesmuseum Heidecksburg Rudolstadt. Rudolstadt 1994. (Beiträge zur schwarzburgischen Kunst-und Kulturgeschichte, Bd. 2)

Hentschel, Walter / May, Walter: Johann Christoph Knöffel - Der Architekt des sächischen Rokoko, in: Abhandlungen der Sächsischen Akademie der Wissenschaften Leipzig. Phil. hist. Klasse. Bd. 64, H. 1, Berlin 1973.

Herrmann, Rudolf: Thüringische Kirchengeschichte, Bd. 2. Jena 1947.

Herz, Hans: Der Territorialstaat Schwarzburg-Rudolstadt in der Neuzeit, in: Rudolstadt - eine Residenz in Thüringen, hg. v. Thüringer Landesmuseum Heidecksburg Rudolstadt. Leipzig 1993. (Beiträge zur schwarzburgischen Kunst- und Kulturgeschichte Bd. 1).

Herz, Hans: Ständische Land- und Ausschußtage in Schwarzburg-Rudolstadt vom 16. bis zum Beginn des 18. Jahrhunderts. Weimar und Jena 1995. (Schriften zur Geschichte des Parlamentarismus in Thüringen, Heft 6)

Heß, Ludwig von: Durchflüge durch Deutschland. Bd. 1. Hamburg 1793.

Heubach, Hans Heinrich: Geschichte des Schloßbaus in Thüringen 1620-1670. Jena 1927.

Hönn, Georg Paul: Sachsen-Coburgische Historia. Leipzig und Coburg 1700.

Human, Rudolf Armin: Chronik der Stadt Hildburghausen. Hildburghausen 1886.

Hummel, Georg: Erfurt und Goethes west-östlicher Divan, in: Aus der Vergangenheit der Stadt Erfurt. Bd. III. 1963, S. 64-71.

Hyss, Lothar: Johann Wolfgang von Goethe und das Residenzschloß zu Weimar. Die Geschichte vom Wiederaufbau des Weimarer Residenzschlosses in den Jahren 1789 - 1803. Meckenheim 1997.

Ignasiak, Detlef (Hg.): Herrscher und Mäzene. Thüringer Fürsten von Hermenefred bis Georg II. Rudolstadt & Jena 1994.

Ignasiak, Detlef: Regenten-Tafeln Thüringischer Fürstenhäuser. Mit einer Einführung in die Geschichte der Dynastien in Thüringen. Jena 1996.

Jacob, Gottlieb: Heinrich, Herzog von Römhild 1676-1710, in: Schriften des Vereins für Sachsen-Meiningische Geschichte und Landeskunde. 21. Heft. Hildburghausen 1896.

Jacobsen, Roswitha / Schütte, Ulrich: Die Künstlichkeit und die Dauerhaftigkeit der Sinnproduktion. Die Feste am Hof von Sachsen-Römhild, in: Kunst als ästhetisches Ereignis. Marburg 1997, S. 231-247. (Marburger Jahrbuch für Kunstwissenschaft, 24. Bd.)

Jacobsen, Roswitha: Die Festkultur am Hof von Sachsen-Römhild, in: Mitteldeutsches Jahrbuch für Kultur und Geschichte. Bd. 4. 1997, S. 45-58.

Jacobsen, Roswitha: Der Hof von Sachsen-Weißenfels und das kulturelle Verdienst seiner Herzöge, in: Mitteldeutsches Jahrbuch für Kultur und Geschichte. Bd. 3. 1996, S. 75-96.

Jacobsen, Roswitha (Hgn.): Weißenfels als Ort literarischer und künstlerischer Kultur im Barockzeitalter. Amsterdam, Atlanta, GA 1994. (Chloe. Beihefte zum Daphnis, Bd. 18)

Jacobsen, Roswitha (Hgn.): Thüringische Residenzkultur vom 16. bis zum 19. Jahrhundert. Bucha b. Jena 1998 (in Vorbereitung).

Jahn, Wolfgang: Die Stukkaturen des Rokoko. Sigmaringen 1990.

Jankofsky, Jürgen: Merseburger Chronik. Merseburg 1991.

Jankofsky, Jürgen: Merseburg - 50 Persönlichkeiten aus 1 000 Jahren Geschichte. Böblingen 1992.

Jannasch, Wilhelm: Erdmuthe Dorothea, Gräfin von Zinzendorf, geborene Gräfin Reuß zu Plauen. Ihr Leben als Beitrag zur Geschichte des Pietismus und der Brüdergemeine dargestellt. Herrnhut 1915. (Zeitschrift für Brüdergeschichte, 8. 1914)

John, Jürgen (Hg.): Kleinstaaten und Kultur in Thüringen vom 16. bis zum 20. Jahrhundert. Weimar und Köln 1994.

Keil, Günther: Der sächsische Prinzenraub zu Altenburg anno 1455. (Altenburgica 5. 1995)

Klein, Matthias / Müller, Carola: Die Puppenstadt im Schloßmuseum zu Arnstadt. Königstein/Taunus 1992.

Koch, Alfred: Schloß Heidecksburg. München und Zürich 1991.

Koch, Alfred: Schloß Schwarzburg im 2. Weltkrieg, in: Rudolstädter Heimathefte H. 5, 7, S. 112-115, 149-153. Rudolstadt 1996.
Koch, Ursula: Kaisersaal Schwarzburg. München/Zürich 1993. (Schnell Kunstführer Nr. 1934)
Kortüm, Albert: Die Bauthätigkeit des kurfürstlichen Statthalters Philipp Wilhelm von Boineburg in Erfurt, in: Jahrbuch für die Denkmalpflege in der Provinz Sachsen. Bd. 3. 1939, S. 34-39.
Kretschmer, Ernst Paul: Geschichte der Stadt Gera und ihrer nächsten Umgebung. Gera 1926.
Kühnlenz, Fritz: Eisenacher Porträts. Rudolstadt 1967.
Künzl, Uta: Der Barockneu- und -ausbau des Altenburger Schlosses 1706-1744. (Altenburgica 3. 1993), S. 11f.
Lang, Elke: Schloss Burgk. Geschichte und Gegenwart. Staatliches Museum Schloss Burgk 1989.
Laske, Friedrich: Schloß Wilhelmsburg bei Schmalkalden. Aufgenommen, Dargestellt und Kunstgeschichtlich geschildert. Berlin 1895.
Limmer, Karl August: Entwurf einer urkundlichen Geschichte des gesamten Vogtlandes. Bd. 3. Gera 1827.
Löbe, Julius: Das Schloß zu Eisenberg um die Mitte des 16. Jahrhunderts, in: Mitteilungen des Geschichts- und Altertumsforschenden Vereins zu Eisenberg im Herzogtum Sachsen-Altenburg. 26.und 27. Heft. Eisenberg 1910. Ndr.: Schriftenreihe des Historischen Vereins Eisenberg/Thür. und Umgebung e. V., Heft 1 (1995).
Löbe, Julius: Beschreibung und Geschichte der Residenzstadt Altenburg und ihrer Umgebung für Einheimische und Fremde. Altenburg 1848.
Lobensteinisches Gemeinnütziges Intelligenzblatt. 22 Jge. Lobenstein 1783-1805.
Lohse, Hans: Die Wilhelmsburg zu Schmalkalden als Heimatmuseum, in: Heimatbuch für den Kreis Herrschaft Schmalkalden. Heimatkalender auf das Jahr 1936. Schmalkalden 1936.
Lorentzen, Theodor: Ursprung und Anfänge der Stadt Schleusingen Meiningen 1932.
Lorentzen, Theodor: Aus Schleusingens Vergangenheit, vornehmlich des 17. Jahrhunderts. Schleusingen 1897.
Lürgen, Bernd: Chronik des Theaters in Altenburg. Leipzig 1937. S. 19f.
Lutze, Günther: Aus Sondershausens Vergangenheit. Bde. I-III. Sondershausen 1905, 1909, 1919.
Mendner, Richard: Burgker Urkundenbuch. Urkunden und Urkundenauszüge der Herrschaft Burgk bis zu ihrer Angliederung an das Haus Reuss-Greiz 1596/1616. Leipzig 1917.
Mendner, Richard: Die Herrschaft Burgk bis zu ihrer Angliederung an das Haus Reuss-Greiz 1596/1616. 2., erw. Aufl. Leipzig 1917.
Merseburg, hg. v. Magistrat Merseburg. Berlin-Halensee 1929.
Meyer, Dietrich: Zinzendorf und Herrnhut. In Geschichte des Pietismus, hg. v. Martin Brecht. Bd. 2: Der Pietismus im 18. Jahrhundert. Göttingen 1995, S. 14-18.
Möller, Hans Herbert: Gottfried Heinrich Krohne und die Baukunst des 18. Jahrhunderts in Thüringen. Berlin 1956.
Müller von Raueneck, Georg Karl Wilhelm: Nachrichten über die Urkunde im Turmknopf der St. Johanniskirche zu Schleusingen, in: Henneberger Kreisblatt 1833, Nr. 33 u. 34.
Musik am Rudolstädter Hof, hg. v. Thüringer Landesmuseum Heidecksburg Rudolstadt. Rudolstadt 1997. (Beiträge zur schwarzburgischen Kunst- und Kulturgeschichte, Bd 5)

Ortenburg, Georg: Das Militär in Schwarzburg-Rudolstadt, in: Das Schwarzburger Militär, Truppengeschichte, Bewaffnung, Uniformierung, hg. v. Thüringer Landesmuseum Heidecksburg Rudolstadt. Rudolstadt 1994. (Beiträge zur schwarzburgischen Kunst- und Kulturgeschichte, Bd. 2)
Overmann, Alfred: Das Regierungsgebäude zu Erfurt. Der Bau, seine Geschichte, seine Bewohner, in: Mitteilungen des Vereins für die Geschichte und Altertumskunde von Erfurt, Heft 33. Erfurt 1912, S. 1-124.
Patze, Hans / Schlesinger, Walter (Hg.): Geschichte Thüringens, Bde. 1-6. Köln, Wien 1967-1984.
Patze, Hans (Hg.): Thüringen. Stuttgart 1968. (Handbuch der Historischen Stätten Deutschlands, Bd. 9)
Peter, Hugo: Die herzogliche Residenz in Eisenach. Eisenach 1910. (Beiträge zur Geschichte Eisenachs, 20)
Pflaumenbaum, Liselotte: Beitrag zur Frankenhäuser Stadtentwicklung. Bad Frankenhausen 1987. (Veröffentlichungen des Kreisheimatmuseums Bad Frankenhausen, Heft 1)
Posse, Otto: Die Wettiner. Genealogie des Gesamthauses. Reprint der Originalausgabe Leipzig, Berlin 1897, mit Berichtigungen und Ergänzungen der Stammtafeln bis 1993 von Manfred Kobuch. Leipzig 1994.
Pretzien, Gustav: Auszug aus der Geschichte der Stadt Merseburg. Merseburg 1928.
Querfeld, Werner: Das Untere Schloß in Greiz, in: Jahrbuch des Museums Hohenleuben-Reichenfels, Heft 26, Hohenleuben 1981, S. 33 ff.
Querfeld, Werner: Das Obere Schloß in Greiz, in: Jahrbuch des Kreismuseums Hohenleuben-Reichenfels, Heft 4, Hohenleuben 1954/55, S. 59 ff.
Ramm, Peter: Der Dom zu Merseburg. Merseburg 1993.
Redslob, Edwin: Des Reiches Straße. Leipzig 1940.
Rein, Berthold: Die Friedensburg. Rudolstadt 1925.
Reißland, Ingrid: Schloß Elisabethenburg Meiningen. München, Zürich 1992. (Schnell Kunstführer Nr. 2015)
Residenzstädte und ihre Bedeutung im Territorialstaat des 17. und 18. Jahrhunderts. Vorträge des Kolloquiums vom 22. und 23. Juni 1990 im Spiegelsaal der Forschungs- und Landesbibliothek Gotha, Schloß Friedenstein. Gotha 1991. (Veröffentlichungen der Forschungs- und Landesbibliothek Gotha, H. 29)
Reußische Burgen, Schlösser & Gärten. Staatliches Museum Schloß Burgk. Katalog 34. Neue Galerie und Pirckheimer-Kabinett. Schloß Burgk 1990/91.
Romantische Reise durch Thüringen. Auf den Spuren bedeutender Reisender des 19. Jahrhunderts erkundete Georg Menchén das freundliche Land mit seinen Reizen, die Frank Schenke ins rechte Bild setzte. Leipzig 1985.
Scheidig, Dieter: Lobenstein. Ein historischer Stadtführer. Stadtverwaltung Moorbad. Lobenstein 1996.
Scheidig, Walter: Das Schloß in Weimar. Weimar 1949.
Scherf, Helmut: Bau- und Kunstdenkmale in Stadt und Kreis Eisenach. Teil I. Kreisgebiet. Eisenach 1980. (Eisenacher Schriften zur Heimatkunde, Heft 12)
Schiffner, Albert: Beschreibung von Sachsen und der Ernestinischen, Reußischen und Schwarzburgischen Lande. Stuttgart 1849.
Schmidt, Berthold: Geschichte des Reußenlandes. 2 Halbbde. Gera 1923/1927.
Schmidt, Berthold: Die Reußen. Genealogie des Gesamthauses Reuß älterer und jüngerer Linie sowie der ausgestorbenen Vogtslinien zu Weida, Gera und Plauen und der Burggrafen zu Meißen aus dem Hause Plauen. Schleiz 1903.
Schmidt, Berthold: Geschichte der Stadt Schleiz. Bde. 1-3. Schleiz 1908-1916.

Schoeppl, Ferdinand: Die Herzöge von Sachsen-Altenburg ehem. von Hildburghausen. Bozen 1917.

Schütte, Ulrich: Schloß Neu-Augustusburg in Weißenfels und die Schloßbaukunst des 17. Jahrhunderts, in: Die Oper am Weißenfelser Hof, hg. v. Eleonore Sent. Rudolstadt 1996, S. 11-32.

Schütterle, Michael: Die Historische Bibliothek der Stadt Rudolstadt. Geschichte und Sammlungen im Überblick, hg. v. d. Historischen Bibliothek der Stadt Rudolstadt. Rudolstadt. 1995. (Schriften der historischen Bibliothek der Stadt Rudolstadt, Bd.1)

Schütz, Friedrich: Das Mainzer Rad an der Gera. Kurmainz und Erfurt 742-1802. Eine Ausstellung der Stadt Mainz zum Erfurter Stadtjubiläum 742-1992. Mainz 1992.

Sent, Eleonore (Hgn.): Die Oper am Weißenfelser Hof, Rudolstadt 1996.

Sesselmann, Kurt: Die Friedensburg, in: Kreuz und quer durch Thüringen, 6, 7. 1927, S. 121-141.

Sigismund, Bernhard: Landeskunde des Fürstentums Schwarzburg-Rudolstadt. 2. Teil: Ortskunde der Oberherrschaft. Rudolstadt 1863.

Staatliche Museen Greiz: Das Untere Schloß zu Greiz und seine Kulturschätze, Greiz 1985.

Staatliche Museen Greiz: Das Sommerpalais zu Greiz und seine Kulturschätze, Greiz 1983.

Steiner, Gerhard: Geschichte des Theaters zu Hildburghausen. Rodach 1990. (Schriften des Rodacher Rückert-Kreises e.V., Nr. 14)

Stopfel, W.: Die Bauten des kurmainzischen Baudirektors Maximilian von Welsch in Erfurt. Diplomarbeit (Masch.). Jena 1957.

Thietmar von Merseburg: Chronik. 2 Bde., hg. v. Franz Huf. Kettwig 1990.

Thomae, Walter: Thüringische Kunstgeschichte. Jena 1942. (Beiträge zur mittelalterlichen und neueren Geschichte, 21)

Thoß, Alfred: Die Geschichte der Stadt Greiz von den Anfängen bis zum Ausgang des 17. Jahrhunderts, Jena 1933.

Thüringen im Mittelalter. Die Schwarzburger. Rudolstadt 1995.

Trapp, Johann Wilhelm: Eisenach in den Jahren 1739 bis 1805. Eisenach 1908 (Beiträge zur Geschichte Eisenachs, 18)

Unbehaun, Lutz: Die höfische Kultur unter der Regentschaft des Fürsten Friedrich Anton und Johann Friedrich von Schwarzburg-Rudolstadt, in: Rudolstadt, eine Residenz in Thüringen. Leipzig 1993. (Beiträge zur schwarzburgischen Kunst- und Kulturgeschichte, Bd. 1)

Ungelenk, Manfred: Die Baugeschichte des Schlosses Burgk/Saale. Burgk 1959. (Museumsreihe, Heft 3)

Unger, Peter: Schloß Neideck in Arnstadt. Arnstadt 1997. (Faltblatt des Neideck-Vereins)

Vehse, Eduard: Geschichte der deutschen Höfe seit der Reformation. 5. Abtheilung: Sachsen. 7. Bd. Hamburg 1854.

Wagner, J. G.: Geschichte der Stadt und Herrschaft Schmalkalden. Marburg und Leipzig 1849.

Wahle, Hermann: Schloß Bertholdsburg, in: Henneberger Kreisblatt 1940, Nr. 193, 197, 198, 201.

Warsitzka, Wilfried: Herzog Christian von Sachsen und der Bau der Schloßkirche zu Eisenberg. Jena 1992.

Weber, Hans-Eberhard: Ebersdorf in früher Zeit und als Residenz der Reußen (1694-1848). Lobenstein 1987. (Schriftenreihe zur Geschichte Ebersdorfs im Kreise Lobenstein, 2)

Weber, Paul: Etwas von Thüringer Fürstenschlössern und der Wilhelmsburg in Schmalkalden, in: Heimatkalender für Thüringen und das Oberland. Dresden 1914.

Weber, Paul: Die Bau- und Kunstdenkmäler im Regierungsbezirk Cassel. Band V, Kreis Herrschaft Schmalkalden. Textband. Marburg 1913.
Weber, Waldemar: Die Geschichte des Geraer Musiklebens, in: Beiträge zur Geschichte der Stadt Gera. Eine Festgabe zur 700-Jahrfeier. Gera 1937.
Weiß, Ulman: Erfurt - eine Nebenresidenz der kurmainzischen Erzbischöfe. In: Residenzstädte und ihre Bedeutung im Territorialstaat des 17. und 18. Jahrhunderts. Gotha 1991, S. 77-80.
Wendlandt, Wilhelm: Die Wilhelmsburg, in: Zeitschrift für Wehrbau, Wohnbau und Städtebau. Der Burgwart. XV. Jg. Nr. 1, o. J.
Werner, Gerhard: Saalfelder Bau-und Kunstdenkmäler. Saalfeld 1982.
Werner, Gerhard: Geschichte der Stadt Saalfeld. Bde. 1-4. Saalfeld 1995-1998.
Werner, Gerhard: Residenzschloß Saalfeld mit Schloßkapelle. Saalfeld 1995.
Wissenschaftliche Festschrift zum Jubiläum „900 Jahre Henneberger Land. 1096-1996", hg. in Verbindung mit dem Hennebergischen Museum Kloster Veßra. Kloster Veßra, Meiningen/Münnerstadt. (Jahrbuch 1996 des Hennebergisch-Fränkischen Geschichtsvereins, Bd.11)
Zedler, Johann Heinrich: Großes vollständiges Universallexikon aller Wissenschaften und Künste. Halle-Leipzig 1732-1750.
Zschommler, Max: Interessante und berühmte Vogtländer, ein Ehrenbuch des Vogtlandes. Plauen 1913.

Die Museen in den thüringischen Residenzschlössern

04600 Altenburg
Schloß 2-4

Schloß- und Spielkartenmuseum
Öffnungszeiten

	Di - So	9.00 - 17.00 Uhr

Führungen zu jeder vollen Stunde bzw. nach Vereinbarung; Besichtigung des Hausmanns- und des Nikolaiturmes von Mai bis Oktober; Orgelvorspiel an der Trost-Orgel in der Schloßkirche nach Voranmeldung.

99301 Arnstadt
Schloßplatz 1

Schloßmuseum (im Neuen Palais)
Öffnungszeiten

September - März	Di - So	9.30 - 16.00 Uhr
April - Oktober	Di - So	8.30 - 12.00 Uhr
		13.00 - 16.30 Uhr

Wegen umfassender Sanierung ist für längere Zeit mit Einschränkungen zu rechnen; diese betreffen aber nicht die Puppensammlung „Mon plaisir". - Besichtigungen des Neideck-Geländes über den Verein Schloßruine Neideck zu Arnstadt e. V., Schulplan 2.

96567 Bad Frankenhausen

Kreisheimatmuseum (im Schloß)
Öffnungszeiten

	Di - So	10.00 - 17.00 Uhr

07907 Burgk/Saale

Museum Schloß Burgk
Öffnungszeiten

April - Oktober	Di - So	10.00 - 12.30 Uhr
		13.30 - 16.30 Uhr
November - März	Di - So	10.00 - 15.30 Uhr

Führungen und kleine Orgelkonzerte nach Voranmeldung; Konzerte und Sonderausstellungen siehe Jahresprogramm (kann angefordert werden).

99817 Eisenach
Markt 24

Thüringer Museum (im Schloß)
Öffnungszeiten

	Di - So	10.00 - 17.00 Uhr

Wegen Bau- und Restaurirungsmaßnahmen sind nicht alle Räume zugänglich.

07607 Eisenberg	**Schloßkapelle** Öffnungszeiten		
	April - Oktober	Di - Do	10.00 - 12.00 Uhr 14.00 - 16.00 Uhr
		Fr	10.00 - 12.00 Uhr
		Wochenende/Feiertag	14.00 - 16.00 Uhr
	November - März	Di - Do	10.00 - 11.00 Uhr 14.00 - 15.00 Uhr
		Fr	10.00 - 11.00 Uhr
		Wochenende/Feiertag	14.00 - 15.00 Uhr

Informationen sind einzuholen über das Stadtmuseum, Markt 13/14. Das Schloß selbst kann nur sehr eingeschränkt besichtigt werden, Informationen über das Landratsamt im Schloß.

99984 Erfurt
Regierungsstr. 73

Statthalterei des Kurerzstifts Mainz
Keine öffentliche Nutzung.
Nach umfangreicher Sanierung und Restaurierung befindet sich in dem Gebäude seit dem 4. März 1995 die Thüringer Staatskanzlei und der Sitz des Thüringer Ministerpräsidenten. - Die Festräume können zu Veranstaltungen und bei Sonderführungen besichtigt werden.

07548 Gera
Küchengartenallee 4

Kunstsammlung (in der Orangerie)
Öffnungszeiten

Di	13.00 - 20.00 Uhr
Mi - Fr	10.00 - 17.00 Uhr
Wochenende	10.00 - 18.00 Uhr

99853 Gotha
Schloß Friedenstein
PF 217

Schloßmuseum (im Schloß Friedenstein)
Museum für Regionalgeschichte und Volkskunde
(mit Ekhoftheater, im Schloß Friedenstein)
Öffnungszeiten

Mai - Oktober	Di - So	10.00 - 17.00 Uhr
November - April	Di - So	10.00 - 16.00 Uhr

Führungen nach Voranmeldung.

07961 Greiz
Burgplatz 12

Heimatmuseum (im Unteren Schloß)
Öffnungszeiten

Sa - Do	10.00 - 12.30 Uhr
	13.00 - 17.00 Uhr

Greizer Park
PF 239

Staatliche Bücher- und Kupferstichsammlung
(im Sommerpalais)
Stiftung der Älteren Linie des Hauses Reuß
Öffnungszeiten

April - September	Di - So	10.00 - 17.00 Uhr
Oktober - März	Di - So	10.00 - 16.00 Uhr

99713 Keula

Die Überreste des Schlosses sind als eingegrenztes Ruinengelände zu besichtigen; der Heimatverein Keula e. V. erteilt Auskünfte und ermöglicht die Besichtigung des Heimatmuseums.

98605 Meiningen
Schloßplatz 1
PF 221

Staatliche Museen (im Schloß Elisabethenburg)
Kunstsammlungen, Theatermuseum,
Musikmuseum, Schloßkirche,
Sonderausstellungen
Öffnungszeiten

Mai - September	Di - So	10.00 - 18.00 Uhr
Oktober - April	Di - So	9.00 - 17.00 Uhr

Führungen nach Vereinbarung.

98631 Römhild
Griebelstr. 28

Museum Schloß Glücksburg
Öffnungszeiten

März - Oktober	täglich	10.00 - 16.00 Uhr
November - Februar	Mo - Fr	10.00 - 16.00 Uhr

07407 Rudolstadt
Schloßbezirk 1

Thüringer Landesmuseum
(im Schloß Heidecksburg)
Schloßmuseum und Geschichtsmuseum
Öffnungszeiten

Mai - September	Di - So	10.00 - 18.00 Uhr
Oktober - April	Di - So	9.00 - 17.00 Uhr

07318 Saalfeld
Schloßstr. 24

Schloßkapelle
Außerhalb der Konzerte Besichtigung nur nach Vereinbarung (über Verein Schloßkapelle Saalfeld e.V., Schloßstr. 24, im Landratsamt/Kulturreferat). Das Thüringer Heimatmuseum, Münzplatz 5, wird nach mehrjähriger Sanierung von 1999 an schrittweise wiedereröffnet, u. a. mit einer Ausstellung zur Residenzkultur.

98553 Schleusingen Burgstr. 6	**Naturhistorisches Museum Schloß Bertholdsburg** (mit Regionalgeschichtlicher Abteilung) Öffnungszeiten		
	Mai - September	Di - So	10.00 - 18.00 Uhr
	Oktober - April	Di - So	9.00 - 17.00 Uhr
98574 Schmalkalden Schloßberg 9	**Museum Schloß Wilhelmsburg** Öffnungszeiten		
	Februar - Oktober	Di - So	9.00 - 17.00 Uhr
	November - Januar	Di - So	10.00 - 16.00 Uhr
07427 Schwarzburg	**Thüringer Landesmuseum** (im Kaisersaal) Öffnungszeiten		
	April - Oktober	Mi - So	10.00 - 12.00 Uhr 13.00 - 17.00 Uhr
	November - März	Mi - So	10.00 - 12.00 Uhr 13.00 - 16.00 Uhr
99702 Sondershausen PF 83	**Schloßmuseum** Öffnungszeiten		
	Sommerhalbjahr	Di - Fr	10.00 - 17.00 Uhr
		Sa - So	10.00 - 18.00 Uhr
	Winterhalbjahr	Di - So	10.00 - 16.00 Uhr
	Führungen 10 - 15 Uhr zu jeder vollen Stunde.		
99423 Weimar Burgplatz 4	**Kunstsammlungen zu Weimar** Schloßmuseum Öffnungszeiten		
		Di - So	10.00 - 18.00 Uhr

Die Museen in den Residenzschlössern von Merseburg, Weissenfels und Zeitz (Sachsen-Anhalt)

06212 Merseburg	**Kulturhistorisches Museum** (Schloß) Öffnungszeiten		
		Di - So	9.00 - 17.00 Uhr
		(Mittagspause12.30 - 13.00 Uhr)	
	Führungen nach Vereinbarung. Der Dom ist Di - Sa von 10.00 - 17.00 Uhr (im Winter nur bis 16.00 Uhr) geöffnet, am So von 13.00 - 17.00 bzw. 16.00 Uhr.		
06667 Weißenfels Zeitzer Str. 4	**Museum Weißenfels** (Schloß Neu-Augustusburg) Öffnungszeiten		
		Di - So	10.00 - 17.00 Uhr
06712 Zeitz Schloßstr. 6	**Museum Schloß Moritzburg** Öffnungszeiten		
		Di - So	10.00 - 17.00 Uhr

Personenregister

Die Ordnung der fürstlichen Personen erfolgt unter dem Namen des Hauses, sofern mehr als eine Person auftritt.

Abkürzungen:

Fst./Fstn.	Fürst/Fürstin
Gf./Gfn.	Graf/Gräfin
Großhz./Großhzn.	Großherzog/Großherzogin
Hz./Hzn.	Herzog/Herzogin
Kf./Kfn.	Kurfürst/Kurfürstin
Ks./Ksn.	Kaiser/Kaiserin
Landgf./Landgfn.	Langraf/Landgräfin
Pz./Pzn.	Prinz/Prinzessin
a.d.H.	aus dem Hause
eig.	eigentlich
geb.	geboren
gest.	gestorben
nachw.	nachweisbar
reg.	regierte
s.	siehe
v.	von
verw.	verwitwete

Die Autoren

Harald Bachmann, Dr. phil., geb. 1931 in Lindau/Bodensee, lebt in Coburg. Historiker, Oberstudiendirektor i. R., Vorsitzender der Historischen Gesellschaft Coburg e. V.; Autor zahlreicher Publikationen zur Geschichte Sachsen-Coburgs und zur Kulturgeschichte des Coburger Landes.

Ingrid Bachmeier, M. A., geb. 1963 in Nürnberg, lebt in Saalfeld. Kunsthistorikerin und Archäologin, angestellt in einem Architekturbüro für Sanierungsaufgaben.

Hendrik Bärnighausen, geb. 1955 in Karl-Marx-Stadt (Chemnitz), lebt in Saalfeld. Museologe und Kunsthistoriker, wiss. Mitarbeiter am Thüringer Heimatmuseum in Saalfeld; Vf. zahlreicher kunsthistorischer Schriften, darunter „Historische Bauten in Sondershausen" (1990), „Schloß Sondershausen" (1991) sowie Beiträge zur Wezel-Forschung, zuletzt „‚Einer der vorzüglichsten Schriftsteller Deutschlands'. Johann Karl Wezels Jahre in Sondershausen" (1997).

Gerd Bergmann, Dr. jur., geb. 1928 in Großrudestedt bei Sömmerda, lebt in Eisenach. Rechtsanwalt i. R., Veröffentlichungen vor allem zur Geschichte Eisenachs, darunter die Bücher „Ältere Geschichte Eisenachs" (1994) und „Eisenacher Eisenbahngeschichten" (1997).

Juliane Brandsch, Dr. phil., geb. 1958 in Halle/Saale, lebt in Leipzig. Germanistin, wiss. Mitarbeiterin am Institut für Germanistik der Pädagogischen Hochschule Erfurt; Veröffentlichungen vor allem zur althochdeutschen Sprache und Literatur, Mitautorin des Buches „Das literarische Leipzig" (1995).

Walter Blaha, geb. 1946 in Mackenrode bei Nordhausen, lebt in Hochstedt b. Erfurt. Dipl.-Archivar, Abteilungsleiter am Stadtarchiv Erfurt; Veröffentlichungen vor allem zur Geschichte Erfurts.

Dieter Eckardt, Dr. phil., geb. 1938 in Weimar, lebt in Schmalkalden. Literatur- und Kunstwissenschaftler, Direktor des Museums Schloß Wilhelmsburg; Veröffentlichungen vor allem zu Goethe, zum Goethe-Nationalmuseum (1982) und zum Schloß Wilhelmsburg in Schmalkalden (1991).

Hagen Enke, geb. 1971 in Halle/Saale, lebt in Lengenfeld unterm Stein/Eichsfeld. Gymnasiallehrer für Geschichte und Deutsch.

Alfred Erck, Dr. phil., Prof., geb. 1934 in Meiningen, lebt ebendort. Kulturwissenschaftler und Ästhetiker; Vf. zahlreicher Aufsätze zur Kulturgeschichte Meiningens, Autor (zus. mit H. Schneider) des Buches „Georg II. von Sachsen-Meiningen. Ein Leben zwischen ererbter Macht und künstlerischer Freiheit" (1997).

Simone Häuser, M. A., geb. 1967 in Wiesbaden, lebt in Marburg. Kunsthistorikerin, seit 1996 Mitarbeiterin am Marburger Forschungsprojekt „Architektur, Hof und Staat - Schloß- und Residenzbau in Thüringen 1600 bis 1800".

Rosika Hoffmann, geb. 1953 in Halle/Saale, lebt in Schleusingen. Bibliothekarin, Mitarbeiterin am Naturhistorischen Museum Schloß Bertholdsburg.

Detlef Ignasiak, Dr. phil., geb. 1950 in Berlin, lebt in Bucha b. Jena. Germanist und Kulturhistoriker, Vorsitzender der Thüringischen Literarhistorischen Gesellschaft Palmbaum e. V.; Autor und Hg. zahlreicher Bücher vornehmlich zur thür. Kulturgeschichte, darunter „Herrscher und Mäzene. Thüringer Fürsten von Hermenefred bis Georg II." (1994), „Luther in Thüringen" (1996), „An der Saale und im Holzland. Ein kulturhistorischer Führer" (1997), (zus. mit F. Lindner) „Das philosophische Thüringen" (1998).

Roswitha Jacobsen, Dr. phil., geb. 1952 in Finsterbergen/Thür. Wald, lebt in Erfurt. Germanistin, wiss. Mitarbeiterin an der Pädagogischen Hochschule Erfurt; Vfn. zahlreicher Publikationen zur dt. Literatur des Mittelalters und der Frühen Neuzeit, Hgn. des Buches „Weißenfels als Ort literarischer und künstlerischer Kultur im Barockzeitalter" (1994) sowie der „Tagebücher" Herzog Friedrichs I. von Sachsen-Gotha (1. Bd. 1998).

Heiko Laß, M. A., geb. 1968 in Hamburg, lebt in Marburg. Kunsthistoriker und Historiker, wiss. Mitarbeiter am Kunstgeschichtlichen Institut der Universität Marburg; Veröffentlichungen zur frühneuzeitlichen Stadtplanung und zur höfischen Jagd sowie Mitarbeit an einem Burgeninventar des Landkreises Marburg-Biedenkopf.

Anja Löffler, geb. 1972 in Gera, lebt in Geißen bei Gera. Architektin, Mitarbeiterin in einem Architektur- und Ingenieurbüro, war u. a. beschäftigt mit Neubebauungsplänen des Osterstein-Areals in Gera.

Michael Ludscheidt, M. A., geb. 1965 in Merseburg, lebt in Erfurt. Germanist, Leiter der Bibliothek des Evangelischen Ministeriums zu Erfurt; Vf. von Aufsätzen zur dt. Literatur und zur Bibliotheksgeschichte, Hg. des Buches „Die Bibliothek des Evangelischen Ministeriums zu Erfurt" (1998) und Mit-Hg. der Jenaer Wezel-Ausgabe.

Siegfried Mues, geb. 1934 in Gera, lebt ebendort. Dipl.-Historiker, Museumsrat, Direktor des Stadtmuseums Gera; Vf. der Bücher „Gera. Aus Vergangenheit und Gegenwart", 2 Teile (1985 und 1988), „Gera. Ein historischer Spaziergang" (1993), (zus. mit K. Brodale) „Stadtführer Gera" (1995).

Melanie Oelgeschläger, M. A., geb. 1966 in Barsinghausen bei Hannover, lebt in London (England). Kunsthistorikerin, Mitarbeiterin am DFG-Projekt „Architektur, Hof und Staat. Schloß- und Residenzbau in Thüringen 1600 bis 1800"; Publikationen vor allem zum gothaischen Schloß Friedrichswerth.

Michael Römhild, geb. 1963 in Hildburghausen, lebt in Reurieth bei Hildburghausen. Dipl.-Museologe, wiss. Mitarbeiter am Stadtmuseum Hildburghausen; Vf. von Aufsätzen vornehmlich zur mittelalterlichen Stadtgeschichte Hildburghausens und des Buches „Die Osterburg über der Werra" (1997).

Hannelore Schneider, Dr. phil., geb. 1954 in Straßberg/Harz, lebt in Meiningen. Historikerin und Archivarin; Autorin (zus. mit A. Erck) des Buches „Georg II. von Sachsen-Meiningen. Ein Leben zwischen ererbter Macht und künstlerischer Freiheit" (1997).

Lutz Unbehaun, Dr. phil., geb. 1955 in Rudolstadt, lebt ebendort. Kunsthistoriker, Kustos am Thüringer Landesmuseum Schloß Heidecksburg in Rudolstadt; Vf. zahlreicher kunstwiss. Aufsätze, Autor und Hg. zahlreicher Bücher vornehmlich zur thür. Kulturgeschichte, darunter „Romantisches Thüringen“ (1995), „‚Ein wertes Band der Freundschaft‘. Schiller und seine Zeit in Rudolstadt“ (1996), „Die Goethezeit in Silhouetten“ (1997).

Ulman Weiß, Dr. phil., geb. 1951 in Erfurt, lebt ebendort. Historiker, wiss. Mitarbeiter am Institut für Geschichte der Pädagogischen Hochschule Erfurt; Vf. zahlreicher Aufsätze, Autor bzw. Hg. der Bücher „Ein fruchtbar Bethlehem. Luther und Erfurt“ (1982), „Die frommen Bürger von Erfurt“ (1988), „Erfurt 742-1992. Stadtgeschichte-Universitätsgeschichte“ (1992), „Erfurt. Geschichte und Gegenwart“ (1995).

Anka Zinserling, geb. 1950 in Halle/Saale, lebt in Jena. Kunsthistorikerin, wiss. Mitarbeiterin bei der Kustodie der Friedrich-Schiller-Universität Jena; Veröffentlichungen vor allem zur Architekturgeschichte und zum Kunstbesitz der Universität Jena.

Abbildungsnachweise

Bayerische Verwaltung der Staatlichen Schlösser, Gärten und Seen, München 49, 50
Coburger Landesstiftung, Coburg 52, 53
Friedrich-Schiller-Universität Jena 69, 75, 76, 205
Museum Schloß Glücksburg, Römhild 105, 106
Museum Weißenfels 300, 305
Museum Schloß Wilhelmsburg, Schmalkalden 270, 275, 277
Naturhistorisches Museum Schloß Bertholdsburg, Schleusingen 259, 261
Photo-König, Lobenstein 220
Schloß- und Spielkartenmuseum Altenburg 67
Schloßmuseum Arnstadt 167, 172, 173
Schloßmuseum Gotha 80, 87
Schloßmuseum Sondershausen 157, 158, 160, 162, 176, 187
Staatliche Museen Meiningen 93, 99, 193
Stadtarchiv Erfurt 287
Stadtmuseum Gera 203, 204, 208, 209
Stadtmuseum Hildburghausen 121, 123, 124
Stiftung Weimarer Klassik, Weimar 17, 18, 19, 20, 22, 24, 25, 26
Thüringer Landesmuseum Schloß Heidecksburg, Rudolstadt 141, 146
Thüringer Museum Eisenach 31, 33, 34, 37
Verlagsarchiv: Alle übrigen Abbildungen

Verlag und Autoren danken allen Rechteinhabern für die komplikationslose Bereitstellung der Bildvorlagen.

Nordhausen
Sondershausen
Heiligenstadt
Mühlhausen
Sömmerda
Bad Langensalza
Eisenach
Gotha
Erfurt
Weimar
Jena
Altenburg
Bad Berka
Arnstadt
Gera
Kahla
Schmalkalden
Zella-Mehlis
Oberhof
Rudolstadt
Greiz
Ilmenau
Saalfeld
Suhl
Meiningen
Schleusingen
Eisfeld
Sonneberg